Wilfried und Lisa Bahnmüller

BANKERL- UND SCHMANKERL-TOUREN

Oberbayern

J. BERG

Liebe Leserinnen und Leser,

Die Gegend südlich von München, das Herzstück des bayerischen Oberlands, ist das gesamte Jahr über ein beliebtes Wander- und Ausflugsziel. Vom Frühjahr bis in den Herbst hinein hat diese Region sowohl landschaftlich als auch kulturell viel zu bieten: von den sanften Hügeln der Moränenlandschaft über die zahlreichen großen und kleinen Seen bis hin zu den nahen Bergen.

Seit Jahren lieben wir es, diese Region zu erkunden und zu erwandern. Im vorliegenden Buch haben wir den Fokus auf einfache und gemütliche, aber nicht weniger erlebnisreiche Touren gelegt. Hier geht es nicht um ehrgeizige Bergziele – das Vergnügen beim Spazierengehen und das Genießen von schönen Landschaften rücken in den Vordergrund. Die Höhenunterschiede sind überschaubar, ja geradezu minimal und für jeden zu schaffen. Alle Wege wurden von uns so ausgesucht, dass jederzeit Verschnaufpausen möglich sind, am besten natürlich auf wunderbaren Rastbankerln mit Aussicht. Die meisten Touren führen über einfachen Untergrund, also gut befestigte Wege, die man auch mit einem Rollstuhl oder Rollator befahren kann.

Zudem war uns bei der Auswahl der Touren wichtig, immer eine schöne Einkehrmöglichkeit mit anzugeben – in diesem Buch verraten wir Ihnen also einige der besten Wirtshäuser und Bauernhofcafés, die wir kennen!

Wir wünschen Ihnen viel Freude bei diesen kurzen Spaziergängen – genießen Sie die wunderbare Natur, die traumhaften Ausblicke und die kulinarischen Versuchungen der oberbayerischen Küche, und vor allem: Bleiben Sie in Bewegung!

Herzlichst,

Lisa und Wilfried

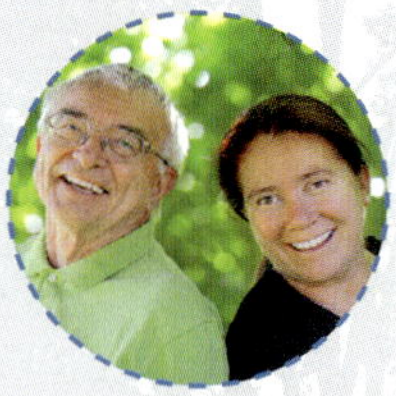

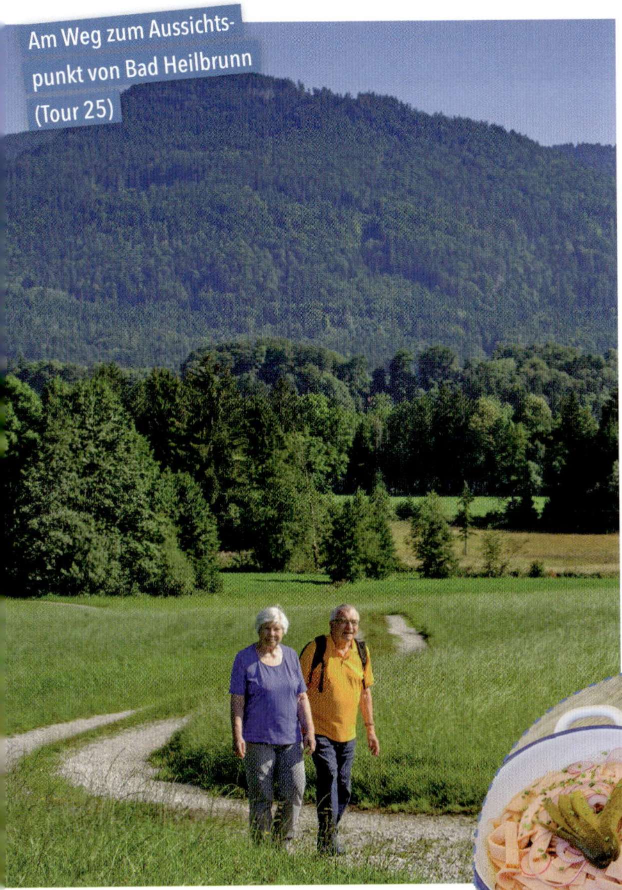

Am Weg zum Aussichtspunkt von Bad Heilbrunn (Tour 25)

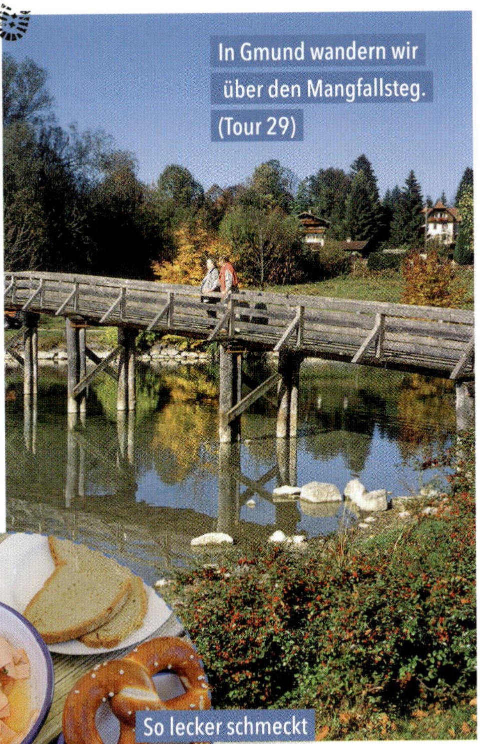

In Gmund wandern wir über den Mangfallsteg. (Tour 29)

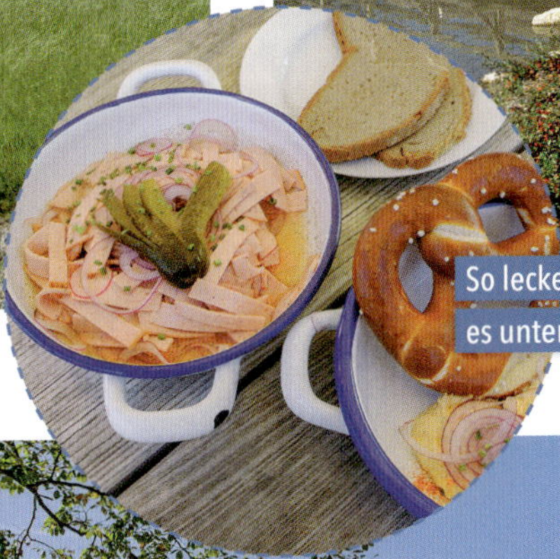

So lecker schmeckt es unterwegs.

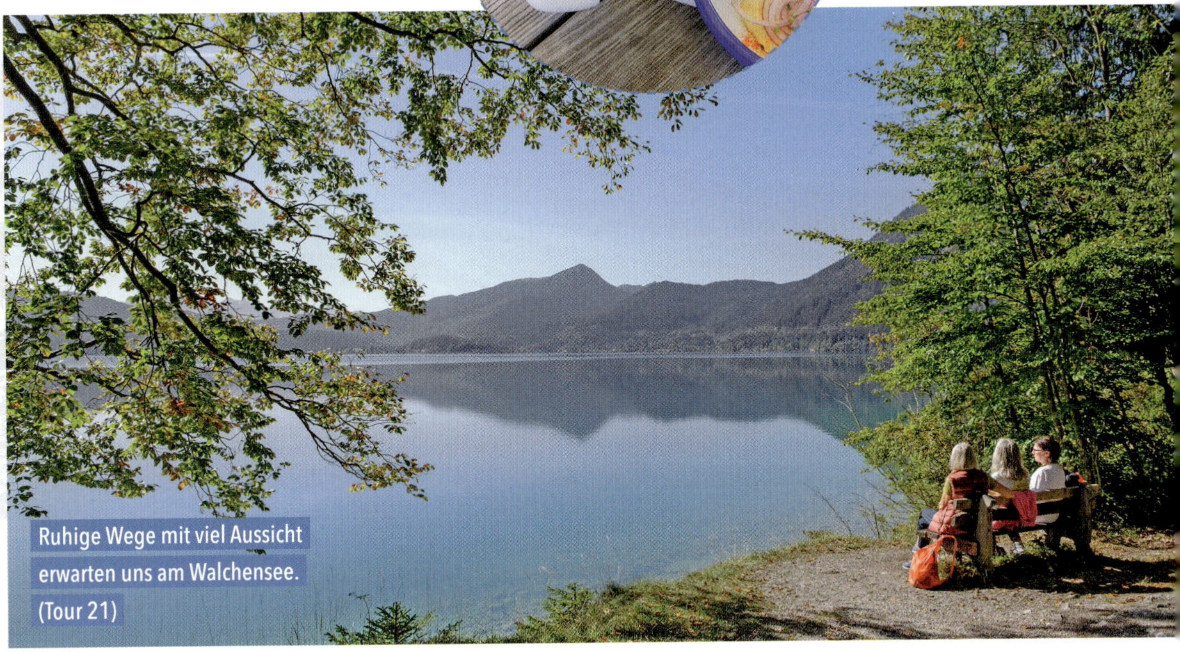

Ruhige Wege mit viel Aussicht erwarten uns am Walchensee. (Tour 21)

INHALTSVERZEICHNIS

Ihre Touren im Überblick

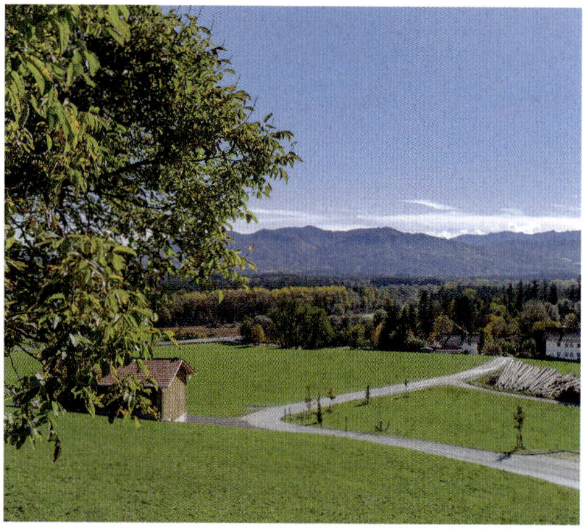

Bankerl und Schmankerl Oberbayern

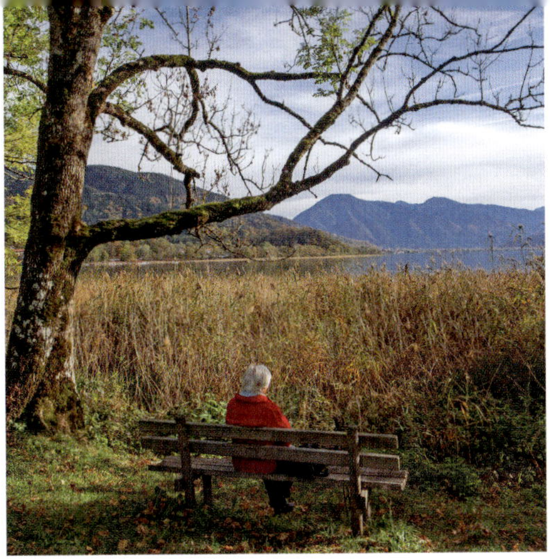

Kulinarische Höhepunkte

Zum Frühstück ins Café Servus nach Gelting (Tour 6), Mittagessen im Klosterbräustüberl am Reutberg (Tour 28), Kaffee und Kuchen im Hofladen Oberbuchbergler's am Tegernsee (Tour 30) und zum Abendessen mit Sonnenuntergang zum Buchscharner Seewirt (Tour 3)

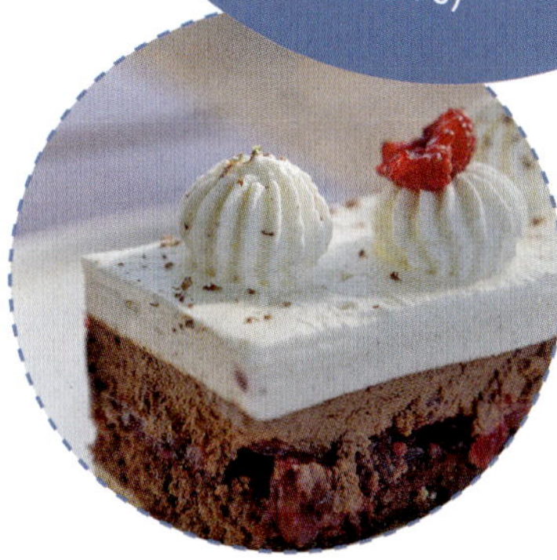

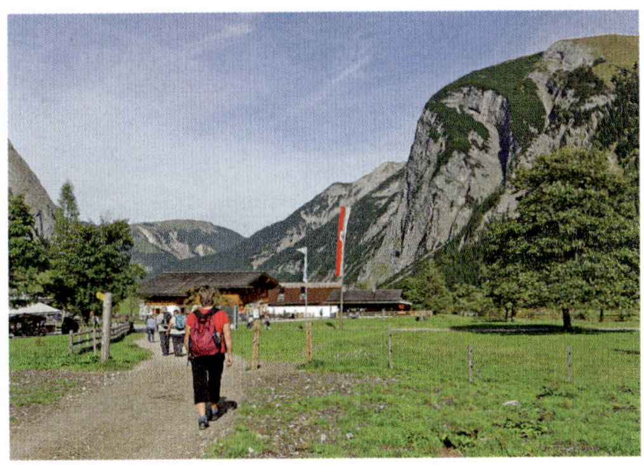

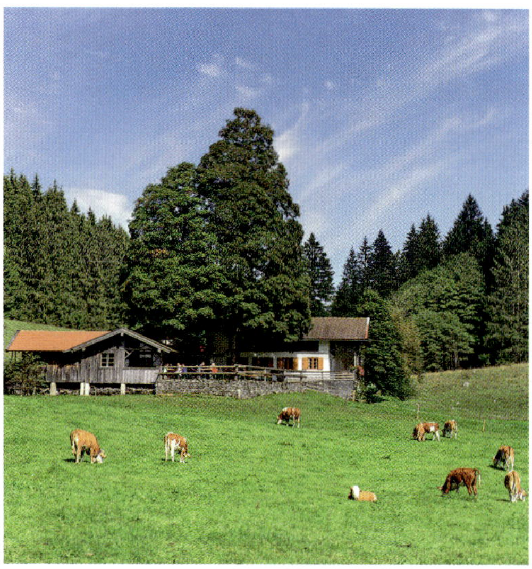

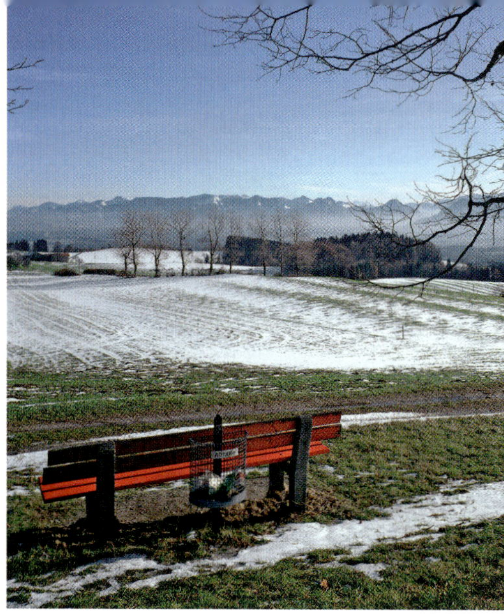

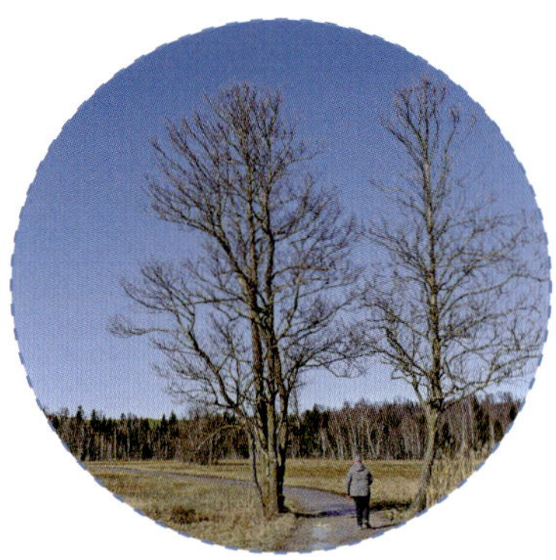

Auf den Weg machen

Zu unserer Natur gehört die Bewegung, die vollkommene Ruhe ist der Tod.
(Blaise Pascal)

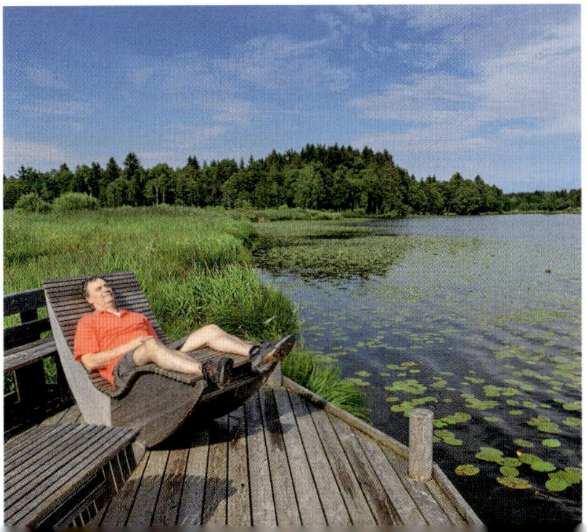

Tourenfinder

Tournummer und -name												
1	Auf den Schatzberg	mittel	4 km	60 Hm	2 h		✓	✓				✓
2	Bei Aufkirchen	leicht	3 km	20 Hm	1.30 h		✓	✓				✓
3	Der Buchscharner Seewirt	leicht	2 km	0 Hm	0.45 h	✓	✓		✓		✓	✓
4	Um den Deininger Weiher	leicht	1,3 km	0 Hm	0.30 h	✓	✓				✓	
5	Rund um Wolfratshausen	leicht	2 km	40 Hm	0.45 h		✓	✓				✓
6	Geltinger Dorfspaziergang	leicht	2 km	0 Hm	0.45 h	✓	✓	✓	✓			✓
7	Zur Peretshofener Höhe	leicht	2,5 km	50 Hm	0.45 h	✓	✓		✓			✓
8	Kleine Wege bei Harmating	leicht	3,3 km	40 Hm	1 h	✓	✓		✓			
9	Spaziergang bei Bairawies	leicht	0,5 km	10 Hm	0.15 h	✓	✓		✓			✓
10	Bei Dietramszell	leicht	1,9 km	30 Hm	0.45 h	✓	✓	✓			✓	✓
11	Steingadens Egg	mittel	3,6 km	40 Hm	1.15 h	✓	✓	✓	✓			
12	Aussichtsloge bei Rottenbuch	mittel	2,5 km	40 Hm	1 h	✓	✓		✓			✓
13	Das Moor bei Bad Bayersoien	leicht	2 km	0 Hm	1 h	✓	✓		✓		✓	✓
14	Wilde Wege in Bad Kohlgrub	mittel	1,6 km	50 Hm	0.45 h		✓	✓		✓		✓
15	Stadtspaziergang durch Murnau	leicht	3 km	40 Hm	1 h	✓	✓	✓				✓
16	Durchs Ettaler Weidmoos	leicht	3,8 km	10 Hm	1.15 h	✓	✓		✓			✓
17	Über den Höhenrain	mittel	5 km	80 Hm	1.45 h		✓		✓			✓
18	Rund um den Riessersee	leicht	1,2 km	0 Hm	0.30 h	✓	✓		✓		✓	
19	Um den Barmsee	mittel	5,5 km	50 Hm	1.45 h		✓		✓		✓	✓
20	In der Jachenau	leicht	0,8 km	0 Hm	0.20 h	✓	✓		✓			✓
21	Am Walchensee	leicht	5,5 km	10 Hm	1.30 h	✓	✓				✓	✓
22	Schlehdorf und der Kochelsee	leicht	3 km	0 Hm	0.45 h	✓	✓	✓	✓		✓	✓
23	Uferspaziergang in Kochel	leicht	3,5 km	30 Hm	1 h	✓	✓	✓	✓		✓	✓
24	Rund um Benediktbeuern	leicht	2,5 km	10 Hm	0.45 h	✓	✓	✓	✓			✓
25	Um Bad Heilbrunn	leicht	4 km	50 Hm	1.15 h	✓	✓	✓	✓			✓
26	Vom Märznhof zum Oberhof	leicht	2 km	30 Hm	0.45 h	✓	✓		✓			✓

	Tournummer und -name	Schwierigkeit	Weglänge	Höhenunterschied	Gehzeit	Rollstuhl	Einkehr	Sehenswürdigkeit	viel Sonne	viel Schatten	Bademöglichkeit	Öffentliche Verkehrsmittel
27	Durch die Gaißacher Filzen	leicht	2,8 km	10 Hm	1 h	✓	✓		✓			
28	Am Kloster Reutberg	leicht	6 km	15 Hm	1.30 h	✓	✓	✓	✓			✓
29	Von Gmund nach Kaltenbrunn	leicht	2,3 km	30 Hm	0.45 h	✓	✓	✓	✓	✓	✓	✓
30	Gasse am Tegernsee	leicht	3,2 km	35 Hm	1 h	✓	✓		✓			
31	Runde bei Wildbad Kreuth	leicht	3,5 km	35 Hm	1 h	✓	✓	✓				✓
32	Zu den Engalmen	leicht	2 km	35 Hm	0.40 h	✓	✓	✓	✓			✓
33	Naring im grünen Leitzachtal	leicht	1 km	0 Hm	0.20 h	✓	✓				✓	✓
34	Am Irschenberg	leicht	1,5 km	20 Hm	0.30 h	✓	✓		✓			✓
35	In der Unteren Wies bei Miesbach	leicht	2,2 km	10 Hm	0.30 h	✓	✓		✓			
36	Zur Rixneralm	leicht	3,6 km	30 Hm	1 h	✓	✓		✓		✓	✓
37	Zur Wirtsalm	leicht	3,5 km	60 Hm	1.15 h	✓	✓		✓			

Piktogramme erleichtern den Überblick

leicht · mittel · schwer

Weglänge · Höhenunterschied · Gehzeit

- Einkehr
- für Kinder geeignet
- Sehenswürdigkeit
- viel Sonne
- Wintergeeignet
- viel Schatten
- Bademöglichkeit
- Anreise mit öffentlichen Verkehrsmitteln
- für Radfahrer geeignet
- für Rollstuhlfahrer geeignet

DER WEG IST DAS ZIEL ...

Alles, was Sie wissen müssen für Ihre Tour!

Wie das Leben so spielt

Zunächst ein paar persönliche Worte: Die Zeit fliegt nur so dahin, sie scheint geradezu zwischen den Fingern zu verrinnen. Gestern noch haben wir Bücher wie »Bergtouren für Langschläfer«, »Lieblingsalmen« oder »Hits für Kids« geschrieben, und nun sind wir bei »Bankerl und Schmankerl« angelangt. Das hat natürlich mehrere Gründe.

Ideengeber für dieses Buch sind drei Menschen, die uns wirklich sehr wichtig sind und nahestehen. Sie können heute nicht mehr so einfach in die Berge gehen und schaffen auch keine langen Wanderungen mehr, freuen sich aber dennoch über Ausflüge mit etwas Bewegung. Über eben ganz kurze Touren. Zum einen ist das mein Vater, mit dem ich seit vielen Jahren gemeinsam Wanderbücher schreibe. Er, der in seiner Jugend morgens mit dem Fahrrad von Rosenheim in den Wilden Kaiser zum Klettern radelte, ist mittlerweile 85 Jahre alt und immer noch gern zusammen mit meiner Mutter an der frischen Luft unterwegs. Aber bei längeren Strecken geht ihm mittlerweile einfach die Puste aus, er wird schnell müde. Ihm hilft es sehr, wenn er auf der Strecke genügend Rastbänke findet, bei denen er dann verschnaufen kann. Bevorzugt natürlich in einer landschaftlich schönen Gegend und mit viel Aussicht. Und wenn zum Finale noch ein hübsches Café oder eine gute Wirtschaft winkt, dann ziehen die beiden auch mehrmals im Monat los.

Mein Schwager, früher ein begeisterter Sportler, wurde leider vom Leben ausgebremst. Auch er schafft keine weiten Strecken mehr, und wenn wir gemeinsam unterwegs sind, nehmen wir einfach den Rollstuhl mit. Dann schiebt ihn eine ganze Menge jüngerer Menschen, die alle noch Kraft in den Oberarmen haben oder die sich abwechseln können. Das allein schon zeigt, auf welch unterschiedliche Art und Weise man mit einem Handicap unterwegs sein kann.

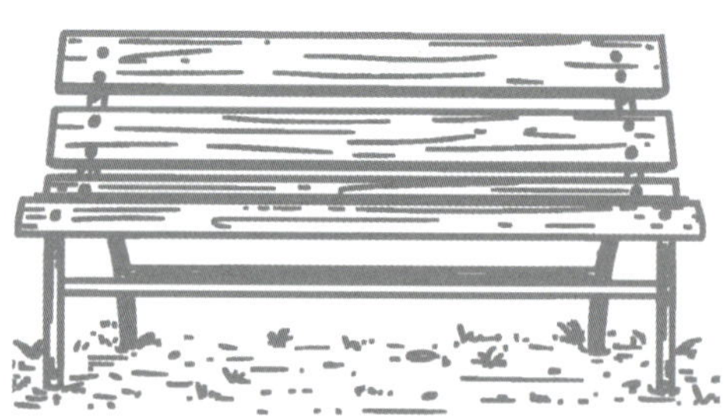

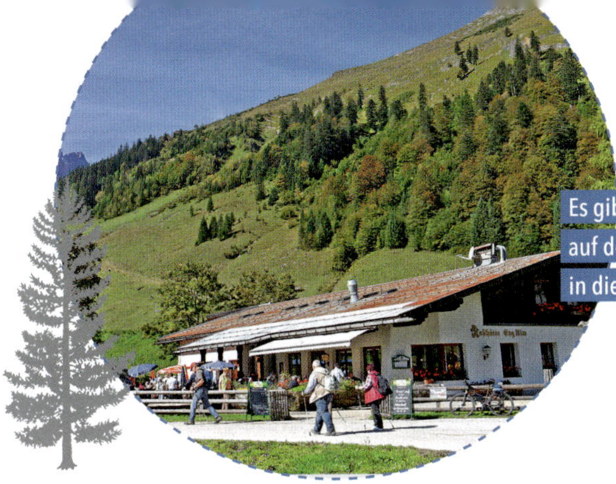

Es gibt sogar einfache Wege, auf denen es jeder schafft, mitten in die Berge zu kommen.

Ein anderer mir sehr wichtiger Mensch war mein ehemaliger Kollege und guter Freund Martin. Er war noch viel zu jung für die bittere Krankheit, die seine Reiselust einschränkte. Ganz schleichend haben wir zunächst auch nur Rastbänke benötigt, um innezuhalten. Schritt für Schritt wurde es dann der Rollstuhl. Und mit einem lachenden und einem weinenden Auge kann ich sagen: Martin hatte zumindest einen »Ferrari« unter den Rollstühlen – der schaffte sogar holprige Wurzelwege und einige Steigungen, er war nämlich elektrifiziert! Und Martin brachte mich auch als Erster auf die Idee für dieses Buch, denn er meinte: »Bankerl brauchst du auch in deinem Buch. Ich sitze ja eh schon, aber dann hättest du auch was zu sitzen, und wir könnten uns auf Augenhöhe unterhalten.« Zudem lautete seine Antwort auf die Frage: »Wie möchtest du deinen Kaffee?« immer: »Am liebsten mit einem Kuchen.« Gegen ein feines

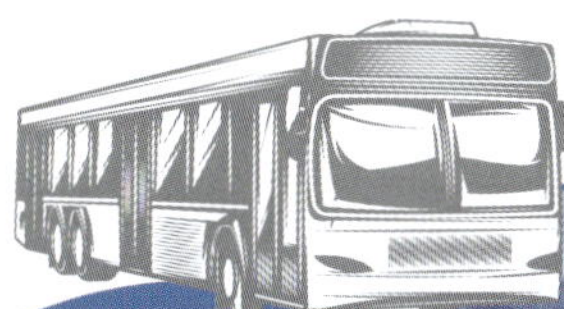

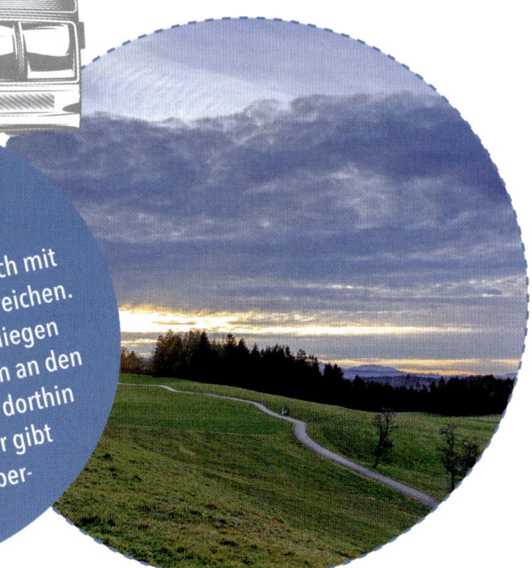

Anfahrt

Nicht alle unsere Ziele lassen sich mit öffentlichen Verkehrsmitteln erreichen. Einige unserer Geheimtipps liegen doch so einsam, dass vor allem an den Wochenenden kaum Busse dorthin fahren. Der Tourenfinder gibt Ihnen dazu einen Überblick.

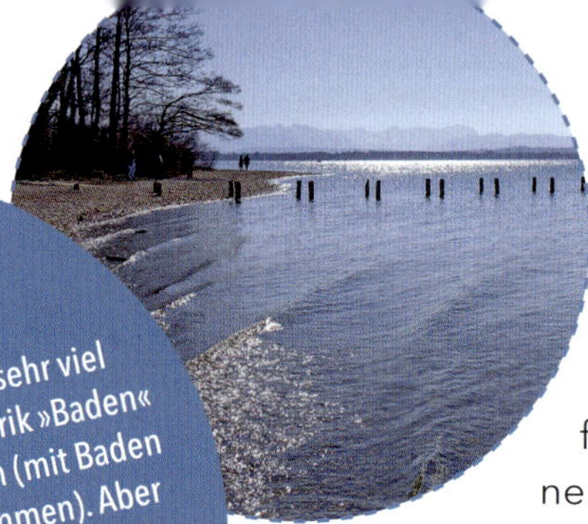

Badespaß

Erfrischendes Wasser gibt es auf sehr viel mehr Touren, als wir unter der Rubrik »Baden« im Tourenfinder angegeben haben (mit Baden meinen wir dort sportlich Schwimmen). Aber in fast allen Flüssen und Bächen können wir unsere schuh- und strumpfbefreiten Füße erfrischen und so ein bisschen kneippen (Handtuch nicht vergessen). Das macht auch viel Spaß und tut gut!

Schmankerl hatte Martin nie etwas einzuwenden. Lieber Martin, ich hätte gern noch viel mehr Touren mit dir unternommen, aber das Leben hat seine eigenen Regeln. Unsere gemeinsamen Ausflüge werde ich nie vergessen und ich danke dir immer noch für deine Inspirationen.

Ganz individuell und für jeden anders

Das bringt uns auch zur größten Schwierigkeit, die wir beim Zusammenstellen dieser Touren hatten: Die Bandbreite, was ältere Menschen, aber auch jüngere mit Handicap noch an Anforderungen bewältigen können, ist groß. Vieles hängt von der Kondition ab, anderes liegt in den Händen der Begleiter. Einen Unterschied macht es eben auch, ob man den Rollstuhl selbst bewegen kann oder ob ein Begleiter ihn schiebt. Logischerweise ist es für zwei Senioren, von denen einer im Rollstuhl sitzt, schwieriger, unterwegs zu sein, als wenn der Rollstuhl von jungen vitalen Menschen bewegt wird. Auch mit einem Rollator kann man noch gut unterwegs sein, wobei dafür die kürzeren Strecken gut geeignet sind; mit einem Rollator hat man zumindest sein eigenes »Bankerl« immer mit dabei.

Wichtig wäre bei allen Gehhilfen und Fahrstühlen, dass sie geländegängige Reifenprofile haben – das erleichtert das Fortkommen auf nicht geteerten Wegen ungemein. Und natürlich sollten die Bremsen gut funktionieren, denn es gibt je nach Tour die unterschiedlichsten Steigungen, und die führen manchmal auch bergab. In den Angaben beim Tourencharakter beschreiben wir somit auch möglichst genau, wie der Untergrund ist und wie viele Steigungen zu erwarten sind. Wir hoffen, dass es für alle genau so funktioniert, wie wir uns das vorgestellt haben. Trotzdem ist die Eigenverantwortlichkeit bei allen Touren höchstes Gebot!

Schnell gepackt

Da es sich ja nicht um klassische Wanderungen handelt, muss man eigentlich keine besonderen Dinge einpacken. Bademög-

Unbedingt mitnehmen und nicht vergessen:

Eine kleine isolierende Sitzunterlage für alle unsere Bankerl-Pausen.

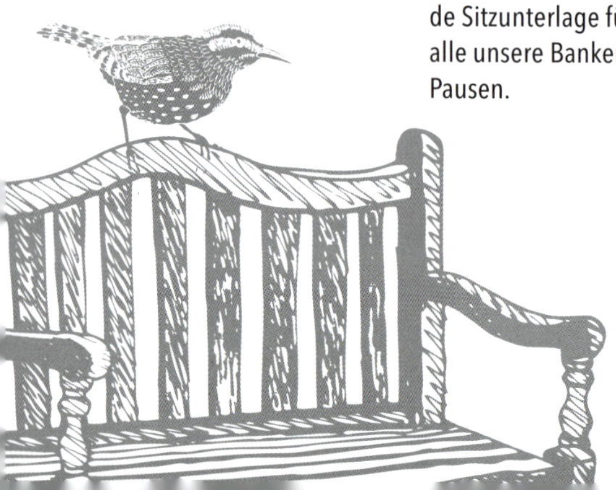

lichkeiten haben wir angegeben, Sonnenschutz ist wichtig, genauso eine Jacke, falls es mal kühler wird. Wer mit Rollstuhl oder Rollator auf Tour geht, dem empfehlen wir ein Schmutztuch ins Auto zu legen, um die Reifen am Ende der Tour vor dem Verladen kurz säubern zu können.

Noch wichtig

Wichtig ist noch, vor der Abfahrt im Internet die Öffnungszeiten für unsere Schmankerl-Tipps zu überprüfen. Diese und auch die Ruhetage können sich ändern, und besonders im Spätherbst schließen einige Gasthäuser und Cafés für ihre Betriebsferien – wir wollen nicht, dass Sie vor verschlossenen Türen stehen.

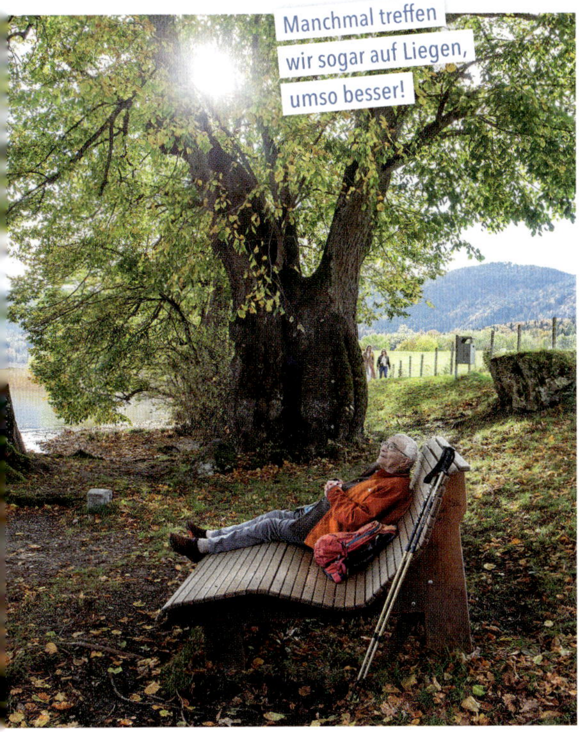

Manchmal treffen wir sogar auf Liegen, umso besser!

Eine gute Ausstattung für alle Bedürfnisse und Wetterlagen ist Voraussetzung für eine gelungene Wanderung.

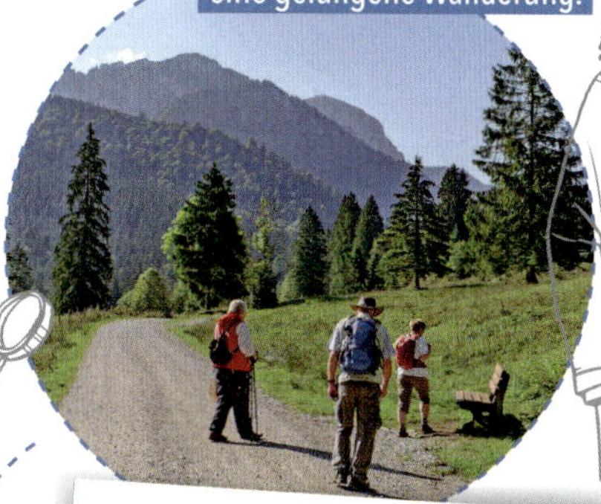

Checkliste
Das sollten Sie dabeihaben:

- Vorab im Internet die Öffnungszeiten für die Einkehr prüfen ✓
- Verkehrstüchtigkeit der Gehhilfe überprüfen ✓
- Sonnenschutz (Creme/Kappe/Brille) ✓
- Badesachen ✓
- Jacke, falls es kalt wird ✓
- Rucksack, den man auch an den Rollstuhl hängen kann ✓
- Kleines Handtuch, wenn man nur mit den Füßen baden geht ✓
- Wärmende Sitzunterlage für die Bankerl ✓
- Wanderstöcke ✓
- Erste-Hilfe-Set/Medikamente ✓
- Handy mit Kamera für Erinnerungsfotos ✓
- Schmutzlappen für die Reifen des Rollators oder Rollstuhls ✓
- Getränke ✓

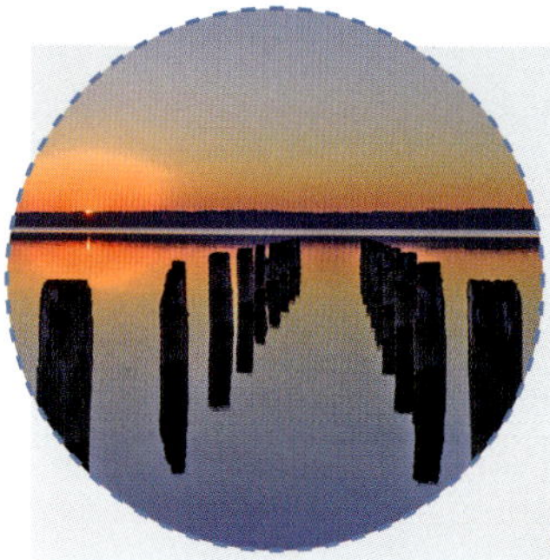

Den schönsten Sonnenuntergang erlebt man am Ostufer des Starnberger Sees.

Der Buchscharner Seewirt

Seite 26

3

Die schönsten Wildblumenwiesen …

16

… und glasklares Quellwasser erwarten uns im Ettaler Weidmoos.

Durchs Ettaler Weidmoos

Seite 74

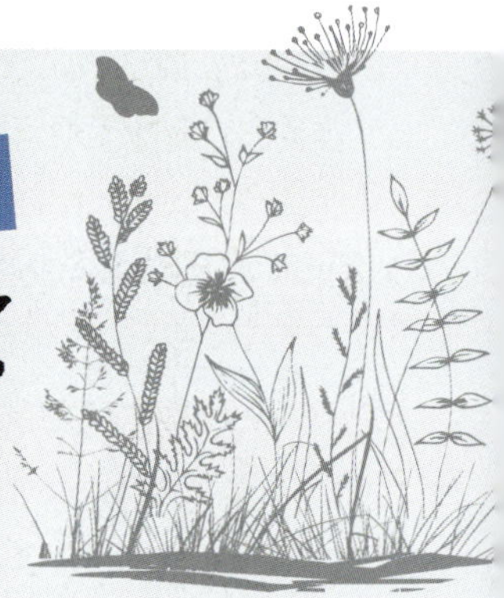

UNSERE BESTEN TOUREN

Highlights

Es ist die Qual der Wahl, denn eigentlich haben wir viel mehr Lieblingstouren. Aber bei diesen sieben vorgestellten Wanderungen sind wir schon zu Wiederholungstätern geworden und werden auch in Zukunft dort anzutreffen sein.

10

Sommer, Sonne, Badevergnügen

Ein Geheimtipp für sommerlichen Badespaß ist der versteckt liegende Waldweiher bei Dietramszell.

Bei Dietramszell

Seite 52

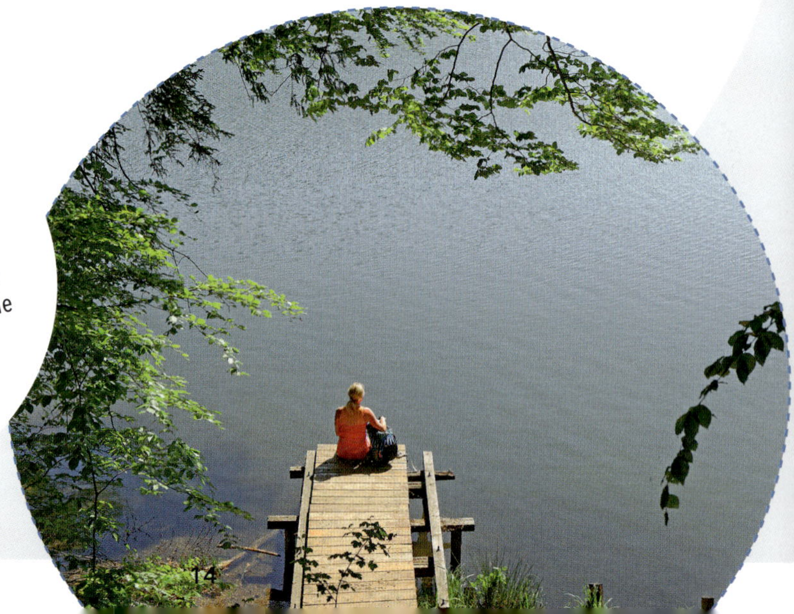

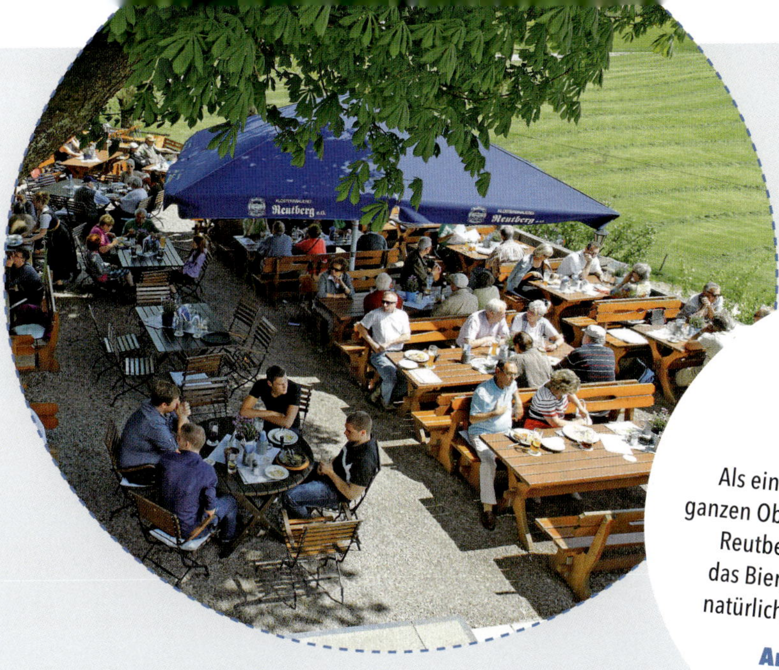

28

Die schönsten Biergärten

Als einer der schönsten Biergärten im ganzen Oberland gilt das Klosterbräustüberl Reutberg. Hier stimmt einfach alles: das Bier, das Essen, die Aussicht – und natürlich die Wanderung drumherum.

Am Kloster Reutberg
Seite 118

Für Schlemmermäuler und Hungrige hier die besten Einkehrorte

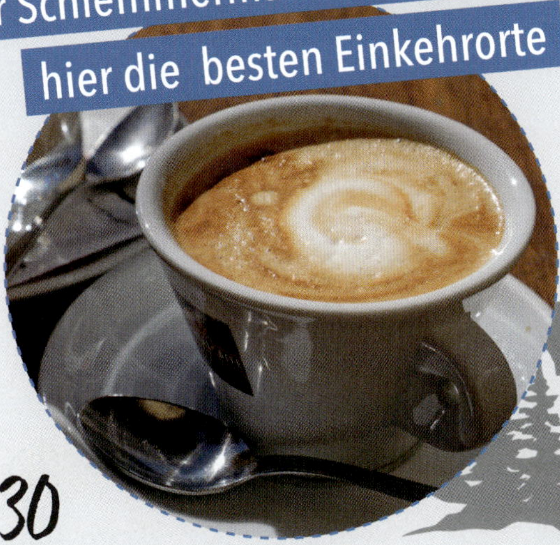

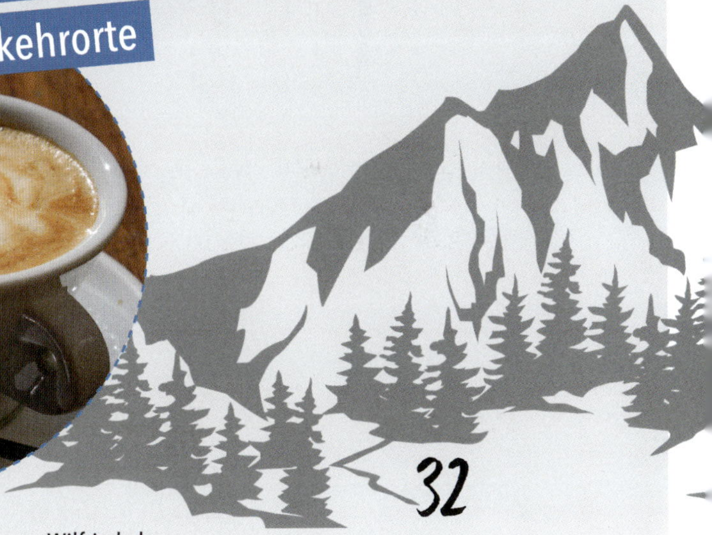

6 + 30

Zwei Wanderer, zwei Cafés, zwei Meinungen: Wilfried, der Senior, liebt das Hofcafé Oberbuchberger's bei Gasse (Tour 30) – für ihn ist dort alles stimmig, vom Kuchenangebot bis zum angeschlossenen Hofladen. Lisa dagegen trifft man im Café Servus Gelting (Tour 6) beim besten Cappuccino nördlich der Alpen und den g'schmackigsten Brotaufstrichen der Saison.

Geltinger Dorfspaziergang Seite 38
Gasse am Tegernsee Seite 126

32

Den Bergen ganz nahe kommt man beim Spaziergang zu den Engalmen, noch dazu auf einfachen Wegen – ein Traum

Zu den Engalmen
Seite 134

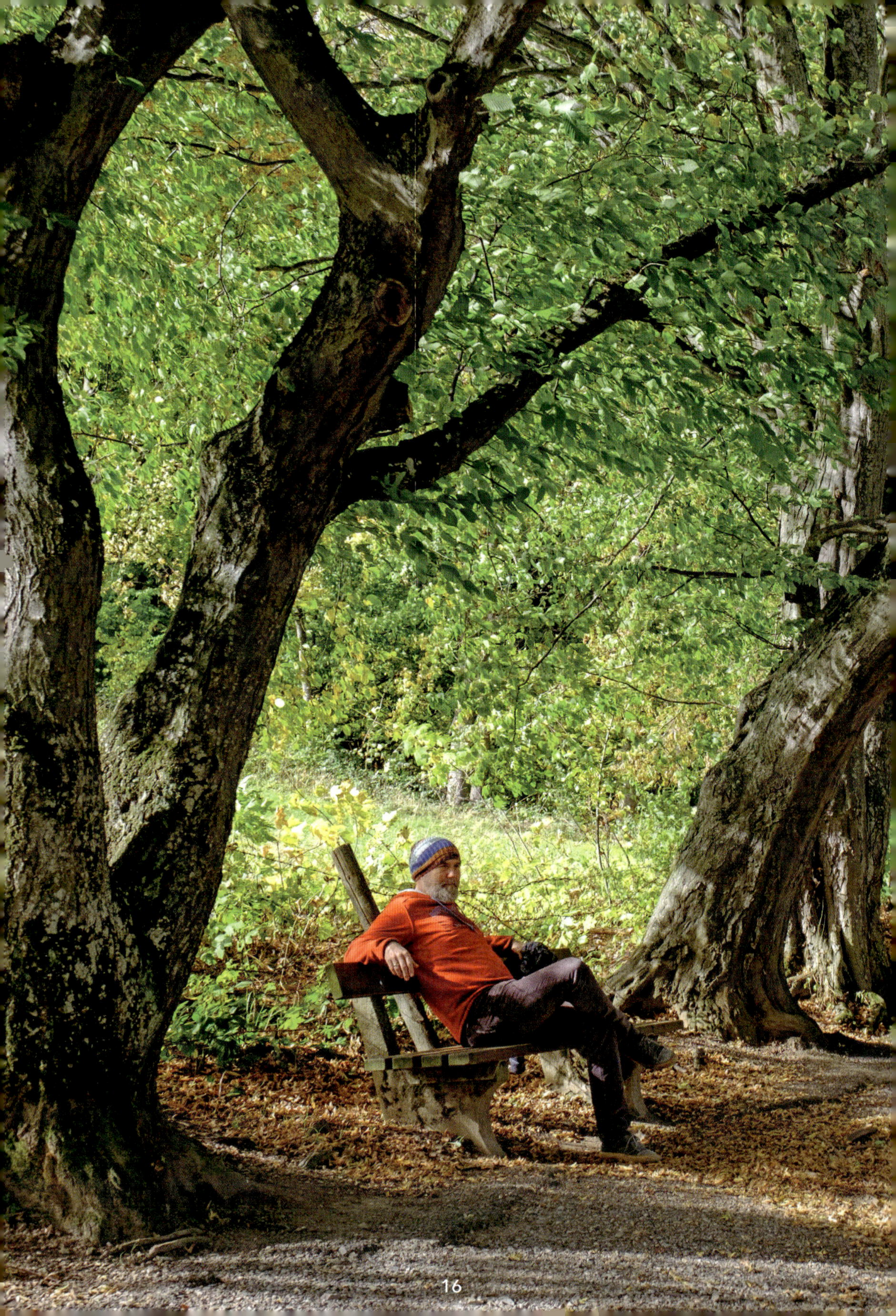

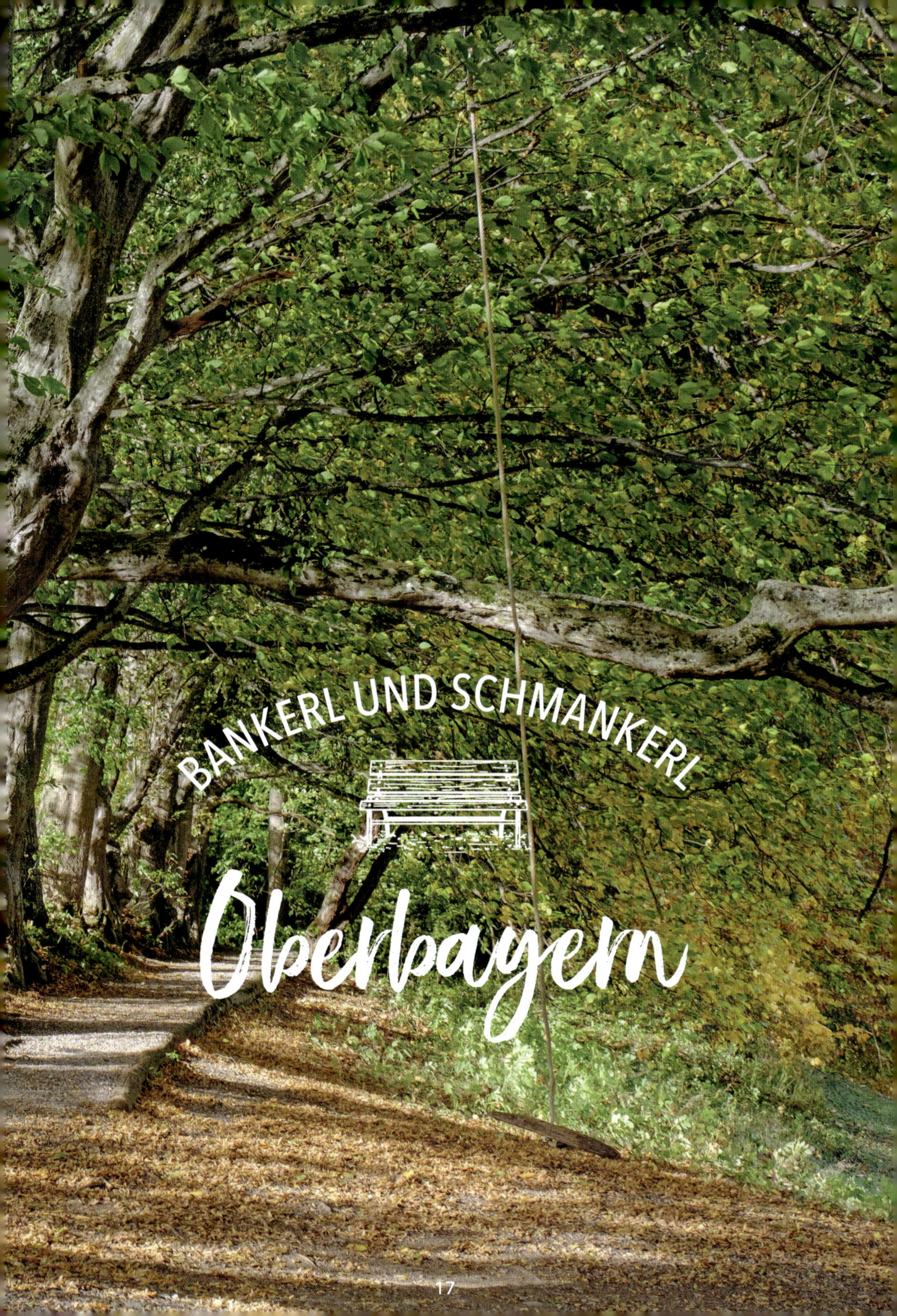
BANKERL UND SCHMANKERL
Oberbayern

DER BAYERISCHE URADEL

Auf den Schatzberg

Weder Gold noch Silber lässt sich am Schatzberg finden – dafür entdeckt man einen wunderschönen Hochwald mit Bäumen, die mehr als hundert Jahre alt sind, und genießt eine fantastische Aussicht auf die Alpenkette.

Wir beginnen unsere Wanderung an der Schatzbergalm und nehmen den Weg, der rechts von der Alm in den Wald hineinführt. Gut 300 Meter geht es leicht aufwärts durch den Wald, dann stoßen wir auf eine Forststraße – an diese Stelle werden wir später zurückkommen, jetzt geht es erst einmal nach links. Unter uns, durch den Wald verdeckt, steht die Schatzbergalm. Nach einer Unterstandshütte mit einem Rastbankerl verlassen wir den Wald, passieren ein einsames Haus und steuern auf das nächste Bankerl zu, das eine Wegkreuzung markiert: Es wird »Königsbank« genannt und bietet tatsächlich eine majestätische Aussicht auf die Alpenkette mit dem Wettersteingebirge samt Zugspitze und dem Ammergebirge.

Nach der Schaurast wählen wir den Weg nach rechts und folgen ihm zum Waldrand. Dort zweigt wieder ein Weg rechts ab, der uns am Waldrand entlang an das Ende der großen Wiese und zur einfachen Burgkapelle bringt. Diese beherbergt einen kleinen Altar mit riesengroßem Kruzifix. Auch hier lockt ein schönes Bankerl zum Verschnaufen, wobei wir den höchsten Punkt noch nicht erreicht haben.

Grandiose Aussichten

Jetzt geht es rechts haltend im Wald weiter, wobei wir immer ganz in der Nähe der großen Wiese bleiben. Mächtige Buchen umstehen hier einen schönen lichten Platz. Einige Seitenwege zweigen links ab, die wir jedoch nicht beachten. Dann erreichen wir einen großen Jägerstand mit abermals einem schönen Bankerl. Hier halten wir uns links und bleiben nun immer auf dem Hauptweg. Wir gehen an einem auffälligen Hügel vorbei, der durchaus zur ehemaligen

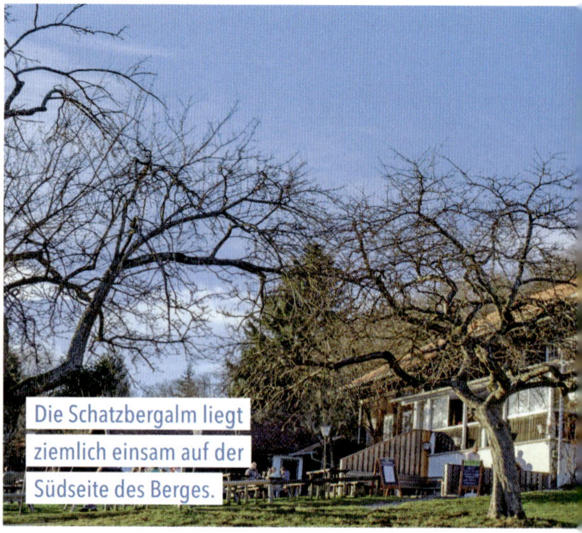

Die Schatzbergalm liegt ziemlich einsam auf der Südseite des Berges.

Überraschend ist die
Aussicht auf die Berge.

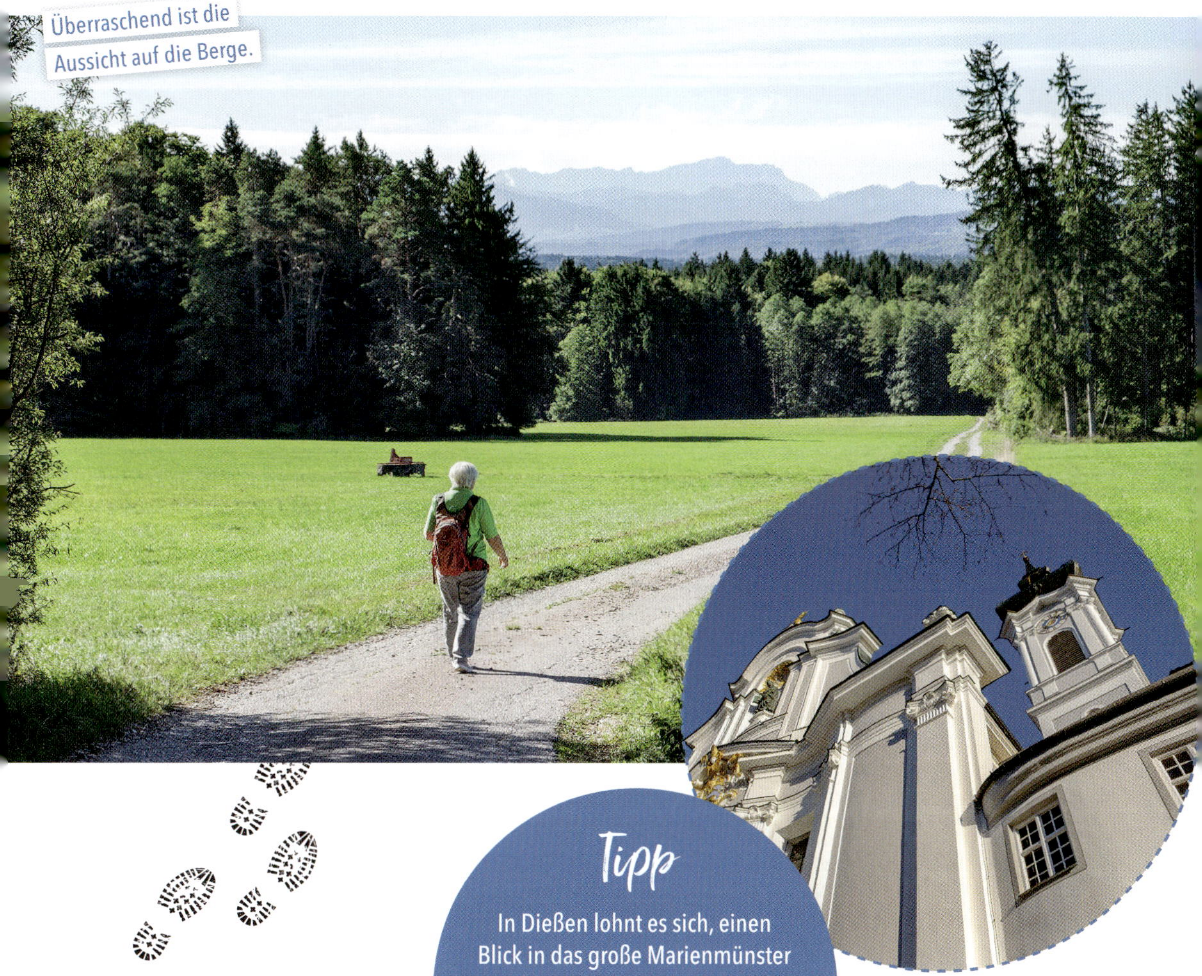

Tipp

In Dießen lohnt es sich, einen Blick in das große Marienmünster zu werfen, das etwas erhöht über dem Ort steht. Und natürlich lockt der nahe Ammersee im Sommer zum Baden oder zum Flanieren entlang der Uferpromenade.

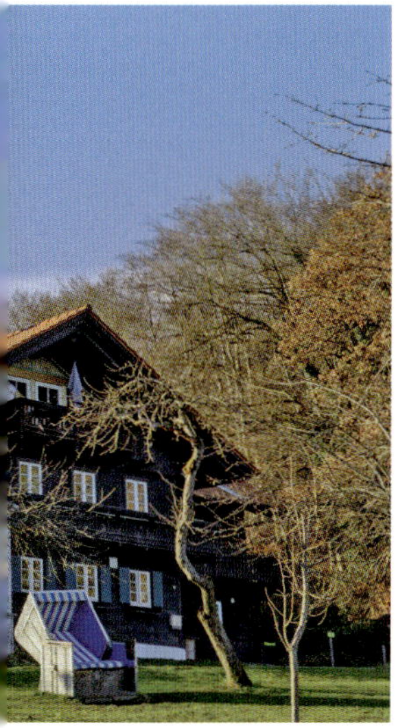

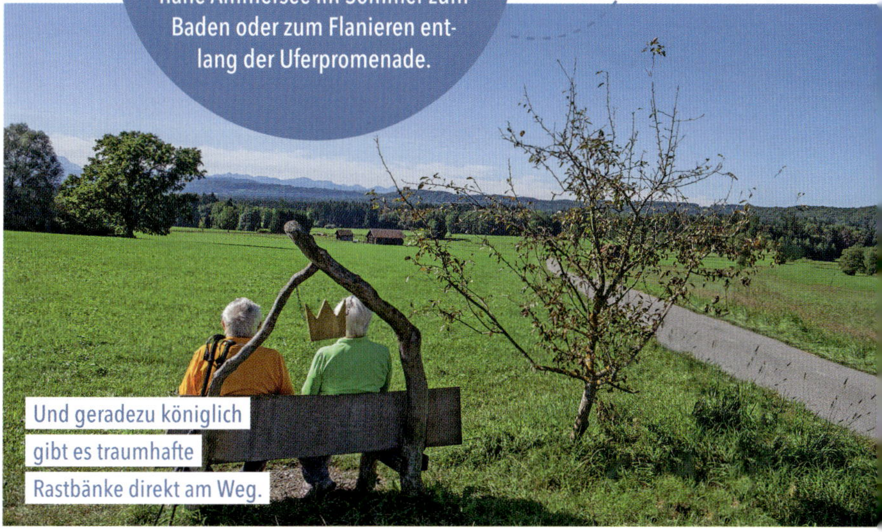

Und geradezu königlich
gibt es traumhafte
Rastbänke direkt am Weg.

mittel

4 km

60 Hm

2 h

Auf einen Blick

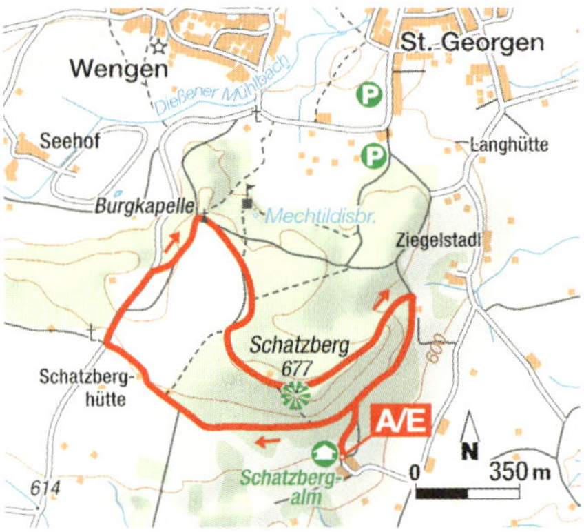

Tourencharakter

Schöne, etwas anstrengendere Wanderung, teilweise über Treppen und auf nicht immer ebenen Wegen. Nicht rollstuhltauglich!

Ausgangs-/Endpunkt

Gasthof Schatzbergalm, Dießen
GPS: 47.927252, 11.085319

Anfahrt

ÖPNV: Vom Bahnhof Dießen zu Fuß 4 km zum Ausgangspunkt
Auto: Am Ammersee entlang nach Dießen, an der Ampel in der Ortsmitte geradeaus Ri. Süden, nach dem Friedhof rechts in die Krankenhausstraße, an ihrem Ende links in die Probst-Herkulan-Karg-Straße und der Beschilderung zur Schatzbergalm folgen

Weitere Informationen

■ *diessen.de*

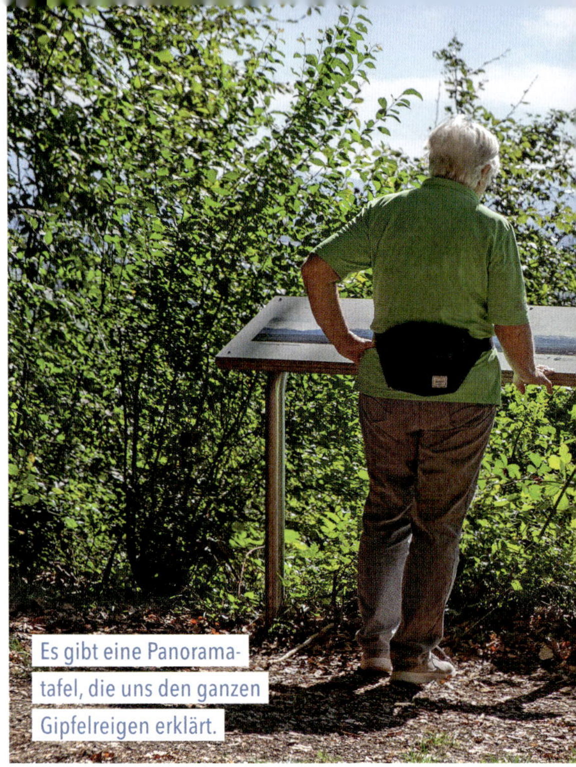

Es gibt eine Panoramatafel, die uns den ganzen Gipfelreigen erklärt.

Burg gehört haben könnte, denn solch regelmäßige Formen kommen in der Natur nicht vor. Wenige Meter später stehen wir vor dem alten Burgstall, zu dem Treppen hinaufführen.

Oben steht auf der ebenen Fläche eine Holzhütte mit Bank, die bei Regen Schutz bietet. Die Aussicht von hier ist traumhaft schön – die alten Burgherren wussten genau, wo sie bauen mussten, um anrückende Feinde rechtzeitig zu erkennen. Allerdings müssen wir uns dazu das Gelände rundum völlig frei von Bäumen und Büschen vorstellen, denn eine gute Sicht nach allen Seiten war für die Burgbewohner natürlich lebenswichtig. Wir schauen nach Osten zu den Bergen des Isartals, nach Süden ins Karwendel und ins Wettersteingebirge mit der Zugspitze und lassen dann den Blick langsam nach Westen schweifen über den Hohenpeißenberg hinweg bis in die Allgäuer Alpen hinein.

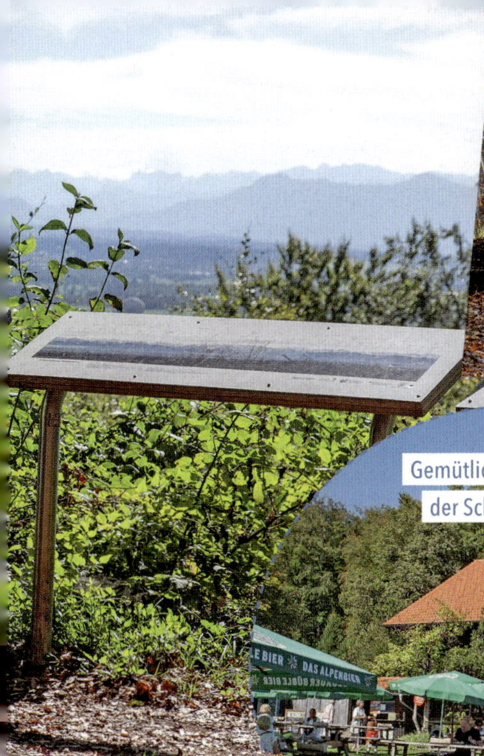

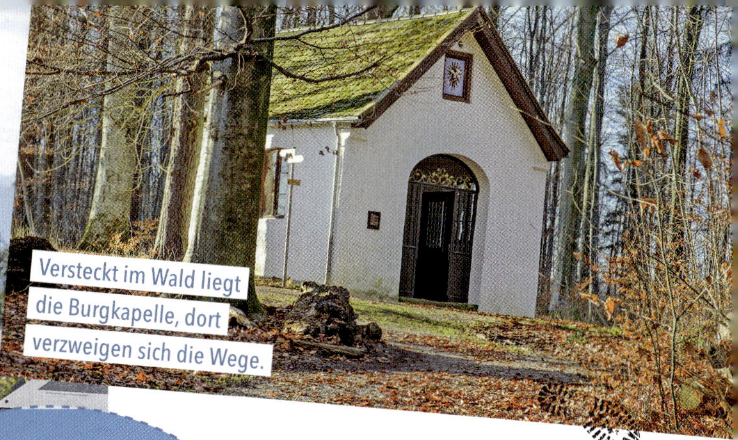

Versteckt im Wald liegt die Burgkapelle, dort verzweigen sich die Wege.

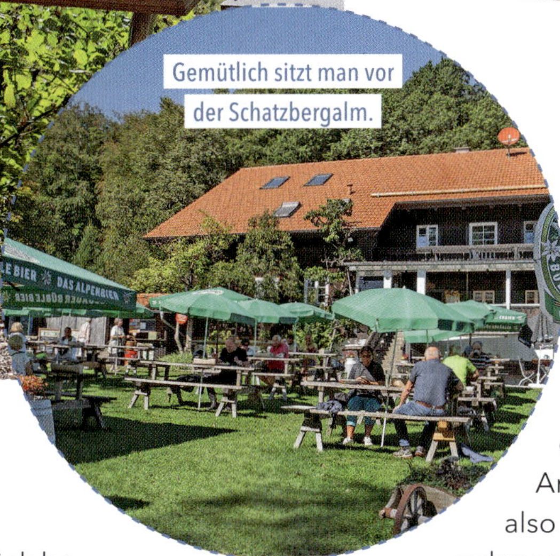

Gemütlich sitzt man vor der Schatzbergalm.

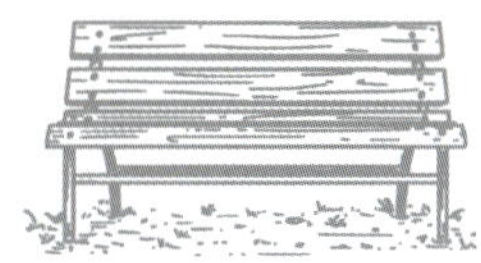

Zurück zum Gasthaus

Das letzte Wegstück beginnt im Osten des kleinen Plateaus und führt etwas steil abwärts. Das sieht schlimmer aus, als es ist, denn überall stehen feste Rundholzstangen, an denen man sich gut einhalten kann. Ein paar kurze Serpentinen, dann hat man es geschafft und wandert auf einem einfachen Bergweg weiter. Dieser trifft auf die Forststraße, in die wir nun rechts einbiegen. Sie bringt uns zurück zur Abzweigung vom Beginn der Wanderung, wo wir uns nun links halten und in wenigen Minuten unseren Ausgangspunkt wieder erreicht haben.

Schatzbergalm

Einst ein großer Bauernhof, wurde die heutige Alm mit der Zeit zu einem Gasthaus umgewandelt. Weitum steht kein zweiter Bauernhof, überdies liegt der Hof nur 250 Meter Luftlinie von dem Burgstall entfernt, auf dem einst die Grafen von Dießen-Andechs residierten. Man kann also mit ziemlicher Sicherheit annehmen, dass hier vor etwa 1000 Jahren der Wirtschaftshof der Burg stand. Inzwischen werden dort nicht mehr Ritter, sondern hungrige und durstige Wanderer verköstigt: Es gibt eine Biergartenspeisekarte mit typisch bayerischen Gerichten vom Wurstsalat übers Grillhendl bis zum Schweinsbraten, aber aber auch eine eigene »Schlechtwetterkarte« mit nicht ganz so großer Auswahl. Seine Wünsche nennt man dem Koch an der Theke und erhält dafür eine Nummer, die aufgerufen wird, sobald das Gericht fertig ist – das garantiert einen frischen Genuss. Den Besuch auf der Schatzbergalm kann man auf der großen Streuobstwiese nebenan ausklingen lassen: Hier stehen zahlreiche feste Liegen, auf denen man wunderschön in den Tag hineinträumen kann.

■ *schatzbergalm.de*

HUNDERT BÄUME UND ZEHN BANKERL

2

Bei Aufkirchen

Wirtshaus und Kirche gehören in Bayern zusammen – so auch in Aufkirchen am östlichen Ufer des Starnberger Sees, wo beide Gebäude direkt nebeneinanderstehen. Vor der Einkehr spaziert man über eine der schönsten Alleen im bayerischen Oberland.

Wir beginnen unseren Spaziergang am Aufkirchner Marienplatz an der Kirche und beim Gasthaus Zur Post, in das wir später einkehren werden. Zuvor wollen wir uns jedoch die Beine vertreten und laufen dazu entlang der Hauptstraße nach Norden. Kurz darauf geht es schon schräg rechts in die schnurgerade Lindenallee. Im Frühsommer, wenn die Linden blühen, ist die Luft hier schwer vom Duft der Bäume, und unzählige Insekten wie Bienen, Hummeln und Schwebfliegen lassen sich davon berauschen und tragen den extrem zuckerhaltigen Nektar in ihren Stock. Setzt man sich auf eine der zahlreichen Bänke in der Allee, so hört man das emsige Summen und Brummen, das an Sphärenmusik erinnert. Die Linden wurden um 1900 herum auf Anregung des damaligen Bürgermeisters und Abgeordneten Paul Huber I. gepflanzt – vor allem, um den Wallfahrern mehr Schatten zu bieten, die damals von Aufkirchen zur St.-Anna-Kapelle pilgerten.

Tipp

Von Aufkirchen ist es nur ein Katzensprung bis ans Ostufer des Starnberger Sees.

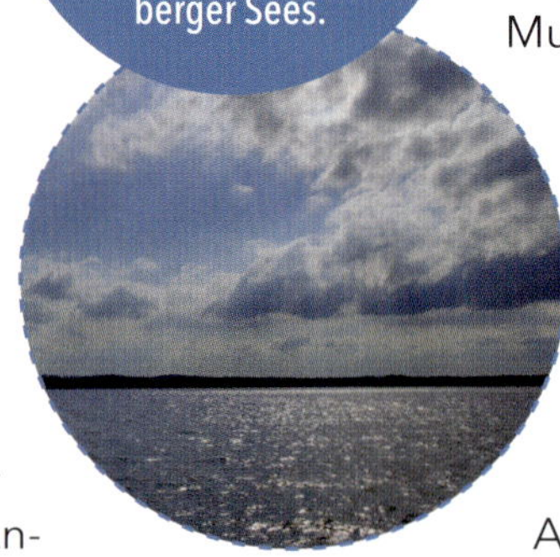

Zur St.-Anna-Kapelle

Nach dem ersten Wegdrittel passieren wir eine kleine Sternwarte auf einem kleinen Hügel: Hier macht man sich die klare Atmosphäre abseits jeder Industrie zunutze, weswegen man von diesem Standpunkt aus auch ungewöhnlich weit ins Weltall hineinblicken kann. Wir wandern weiter durch die Allee, passieren einen kleinen Wald und haben kurz danach unser Ziel, die St.-Anna-Kapelle, erreicht. Die kleine Figur in ihrem Inneren, die die Mutter Anna mit ihrem Kind Maria und ihrem Enkel Jesus zeigt, war und ist auch heute noch Ziel gläubiger Pilger. Direkt vor der Kapelle finden wir einige Bankerl, vorzüglich nach Süden ausgerichtet, um weit auf die Alpenkette blicken zu können.

Zurück zum Ausgangspunkt nehmen wir den Weg, den wir gekommen sind, und können dabei erleben, wie sich die Sicht auf die Landschaft verändert, wenn man diese aus einem neuen Blickwinkel betrachtet.

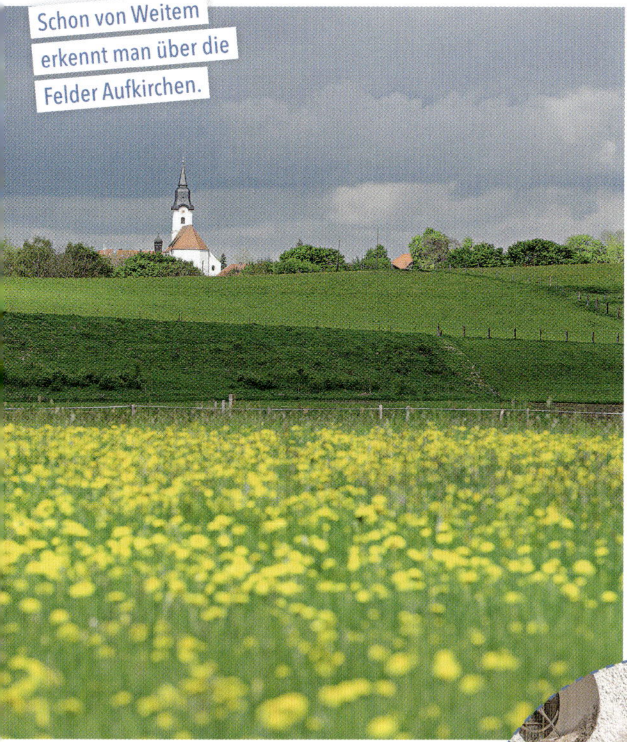

Schon von Weitem erkennt man über die Felder Aufkirchen.

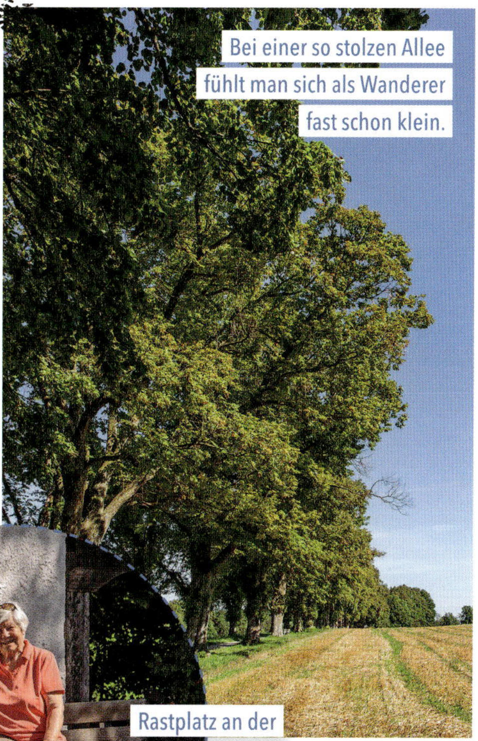

Bei einer so stolzen Allee fühlt man sich als Wanderer fast schon klein.

Der Weg ist immer besser als die schönste Herberge. (Miguel de Cervantes)

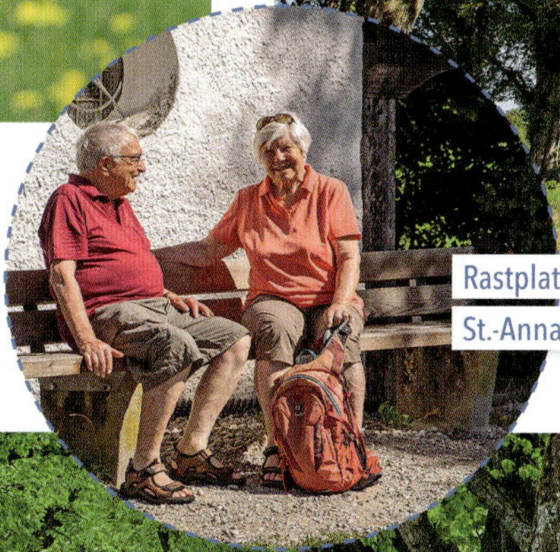

Rastplatz an der St.-Anna-Kapelle

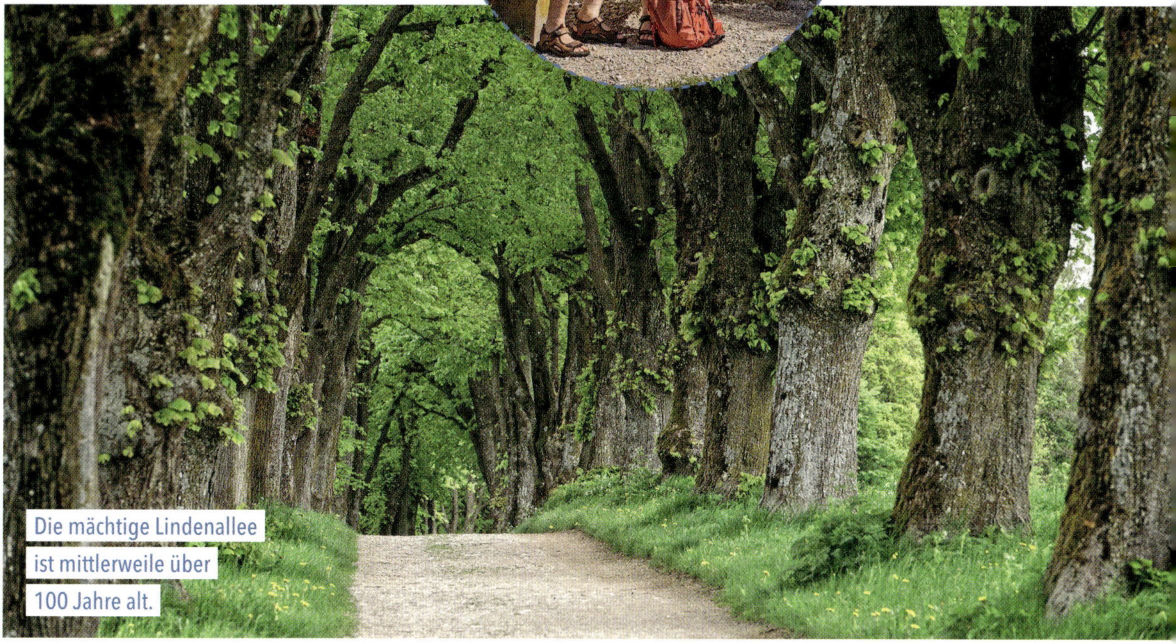

Die mächtige Lindenallee ist mittlerweile über 100 Jahre alt.

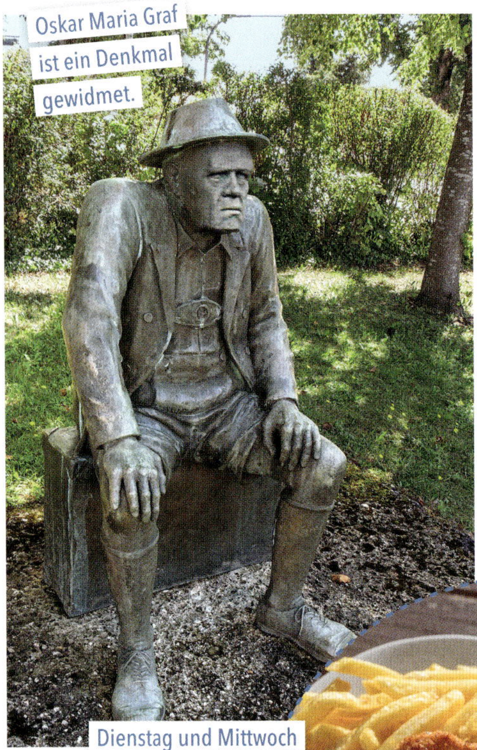

Oskar Maria Graf ist ein Denkmal gewidmet.

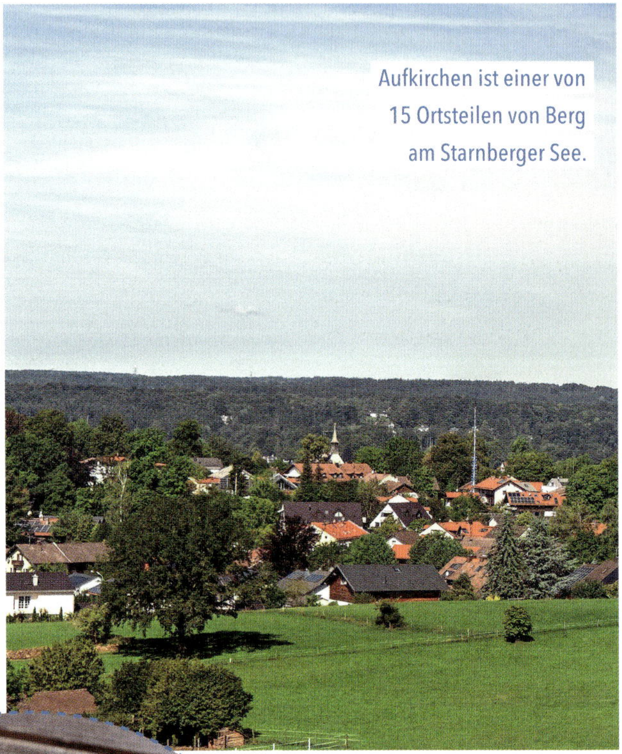

Aufkirchen ist einer von 15 Ortsteilen von Berg am Starnberger See.

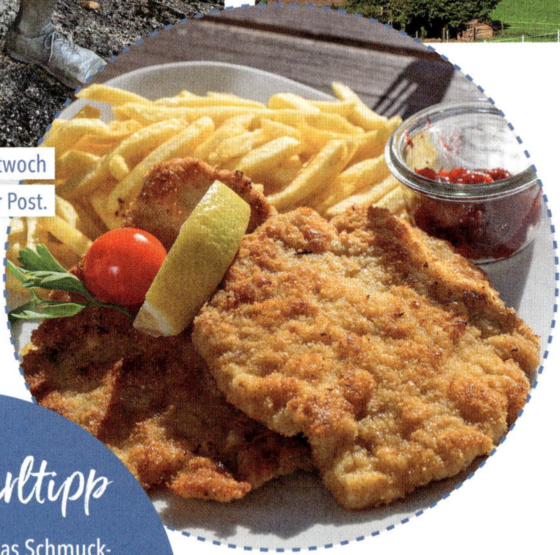

Dienstag und Mittwoch ist Ruhetag in der Post.

Schmankerltipp

Gasthaus Zur Post: Das Schmuckstück des Dorfes bietet einen wunderbaren Ausklang der Wanderung: Im großen Biergarten oder in den gemütlichen Innenräumen wird von der Brotzeit bis zum mehrgängigen Menü Köstliches serviert.
■ *post-aufkirchen.de*

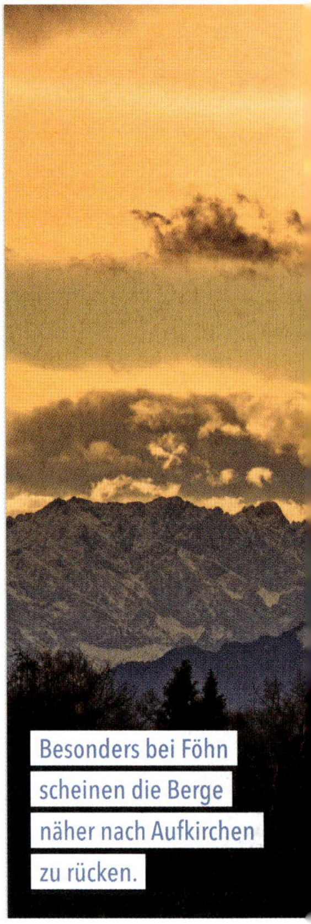

Besonders bei Föhn scheinen die Berge näher nach Aufkirchen zu rücken.

Wer mit dem Auto angereist ist, sollte sich nicht entgehen lassen, die nähere Umgebung zu erkunden. Aufkirchen ist ein Ortsteil von Berg, beide liegen nah am Ostufer des Starnberger Sees. Allein schon der See ist einen Besuch wert. Dort befindet sich die Gedächtniskapelle für den bayerischen Märchenkönig Ludwig II., der am 13. Juni 1886 unweit seines Schlosses Berg ums Leben gekommen ist. Der Schlosspark steht Besuchern offen. Im Dorf Berg ist übrigens der berühmte Schriftsteller Oskar Maria Graf geboren, sein Geburtshaus gibt es immer noch, heute befindet sich darin das Oskar Maria Graf Stüberl.

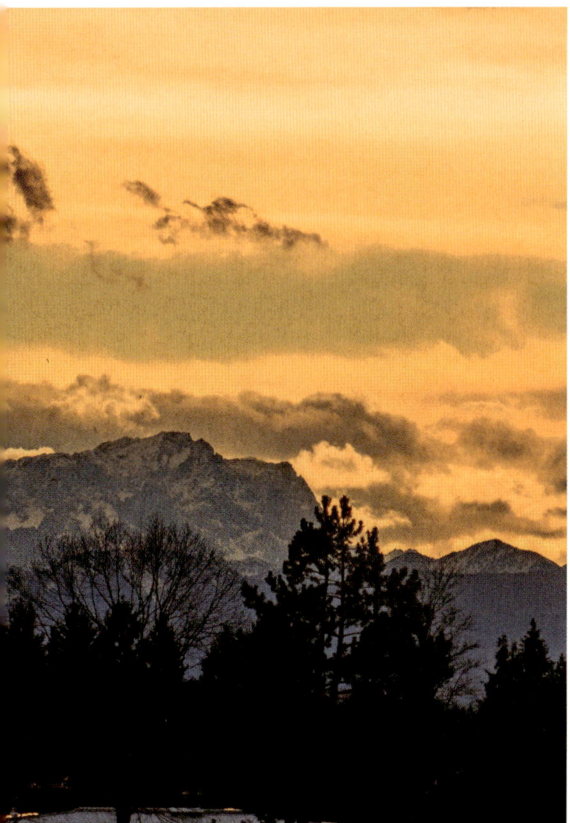

leicht

3 km

20 Hm

1.30 h

Auf einen Blick

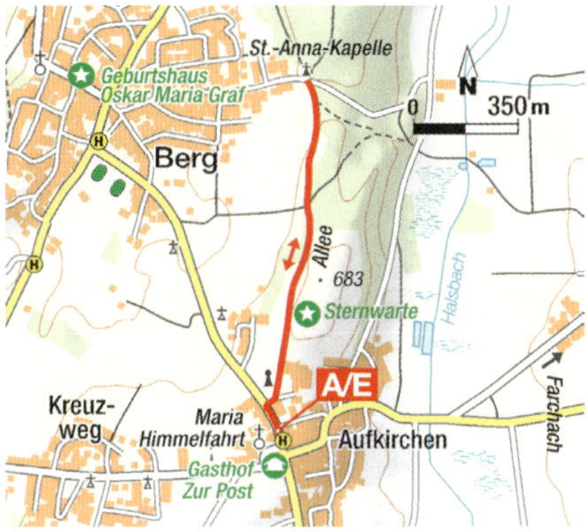

Tourencharakter
Einfacher Spaziergang, der in seinem letzten Drittel etwas wurzelig und steinig wird. Der Rückweg verläuft über den Hinweg, deshalb ist eine Umkehr an jeder Stelle gut möglich. Für einen Rollator oder Rollstuhl sind nur die ersten zwei Wegdrittel gut geeignet.

Ausgangs-/Endpunkt
Aufkirchen, Marienplatz
GPS: 47.95742, 11.36323

Anfahrt
ÖPNV: Mit der Bahn von München nach Starnberg oder Wolfratshausen und weiter mit Bus 975 oder X970 nach Aufkirchen
Auto: A 95 und A 952 bis Ausfahrt Percha, dann über Berger, Münchner und Perchastraße nach Berg und im Ort links nach Aufkirchen; dort Parkmöglichkeit am Ortseingang

Weitere Informationen
- *gemeinde-berg.de*

GEMÜTLICHER BUMMEL AM SEEUFER

3

Der Buchscharner Seewirt

Je weiter die Stadt München wächst, desto wichtiger werden Erholungsgebiete. Dafür gründete man 1965 den Erholungsflächenverein, der sich auch um Ziele außerhalb der Stadt wie die Uferanlagen bei Ambach am Starnberger See kümmert – ein lohnenswertes Ziel zu jeder Jahreszeit, denn auch außerhalb der Badesaison lässt sich die Seelandschaft genießen.

Wir beginnen unseren Weg beim Gasthof Buchscharner Seewirt. Von der Wirtschaft zieht sich eine breite Wiese zum See hinunter – einfache Bänke und ein paar Tische aus alten Paletten deuten an, dass man sich in der Wirtschaft Essen besorgen kann, um es hier zu verspeisen. Wir wollen uns jedoch vor der Brotzeit-Rast noch etwas die Beine vertreten und nehmen den breiten Spazierweg, der nach rechts von der Wiese wegführt. Völlig eben geht es mit etwas Abstand am Seeufer entlang bis zur Station der Wasserwacht. Wir erkennen diese schon von Weitem als weißes Gebäude mit einem langen Steg, der in den flachen See hineinragt.

Bankerl, wohin das Auge schaut

Zahlreiche Bankerl (wenn wir richtig gezählt haben, waren es 13) lassen sich im Bereich des Wegs entdecken; sie bieten mehr als genug Möglichkeiten zu einer Rast. Rechts gibt es vor den im Wald versteckten Parkplätzen große Liegewiesen für die Badegäste und auch einen Kiosk, der uns in der warmen Jahreszeit mit Getränken und kleinen Brotzeiten versorgt. Links trennen uns Büsche und Bäume vom See. Wenn wir uns ein Bankerl direkt am Ufer suchen, können wir den Blick über den See schweifen lassen: Im Norden schauen die Häuser von Tutzing zu uns herüber, nach Süden hin entdecken wir den Bau des Buchheim Museums und sehen daran anschließend Seeshaupt. Dahinter erstreckt sich im Süden die Alpenkette – es wäre müßig, die zahlreichen

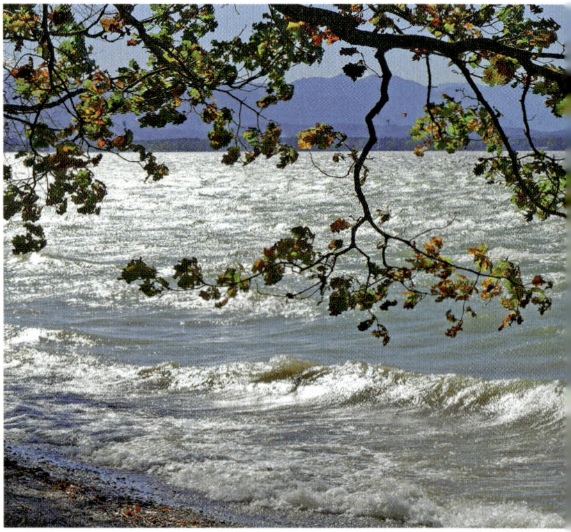

Windstille am Starnberger See, die einen herrlichen Blick auf die Zugspitze erlaubt.

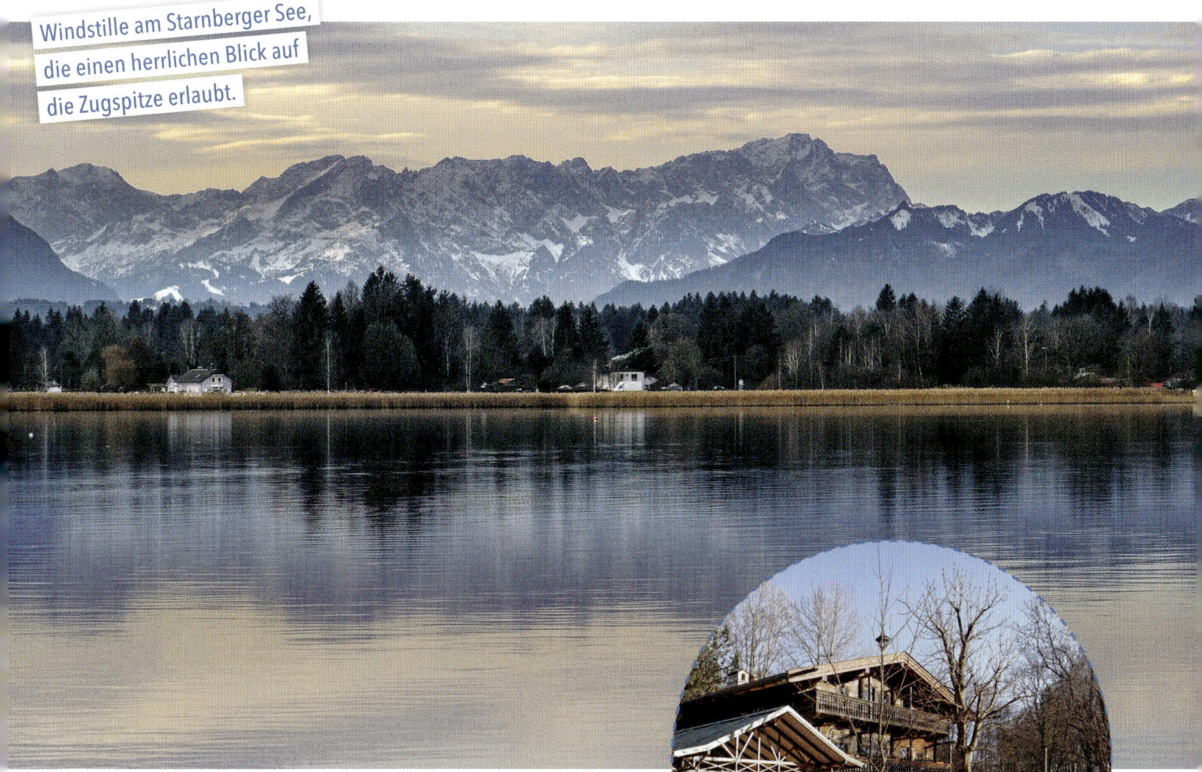

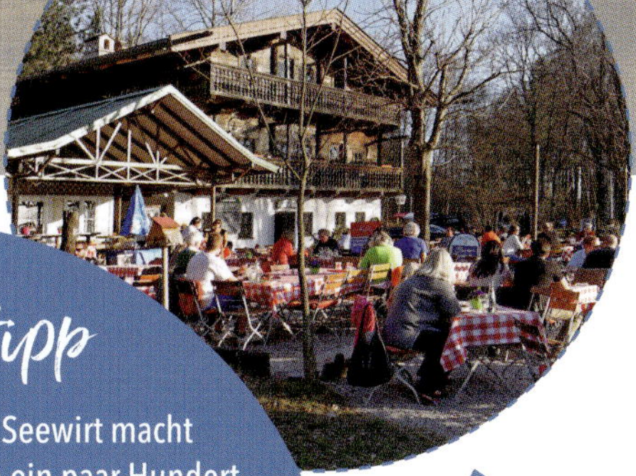

Schmankerltipp

Buchscharner Seewirt: Der Seewirt macht den Eindruck, als würde er schon ein paar Hundert Jahre an dieser Stelle stehen und Gäste locken. Dem ist aber nicht so: Ursprünglich stand der Hof in der Wildschönau in Tirol und war für etwa 200 Jahre das Haus einer Kleinbauernfamilie. Da es sich für einen modernen landwirtschaftlichen Betrieb jedoch mit der Zeit nicht mehr eignete, sollte es abgebrochen werden, wurde jedoch kurz davor von der Münchner Spatenbrauerei erworben. Diese ließ das Haus nach den Regeln der Denkmalpflege in Tirol abbrechen und hier am Starnberger See wieder aufbauen.
■ *buchscharner-seewirt.com*

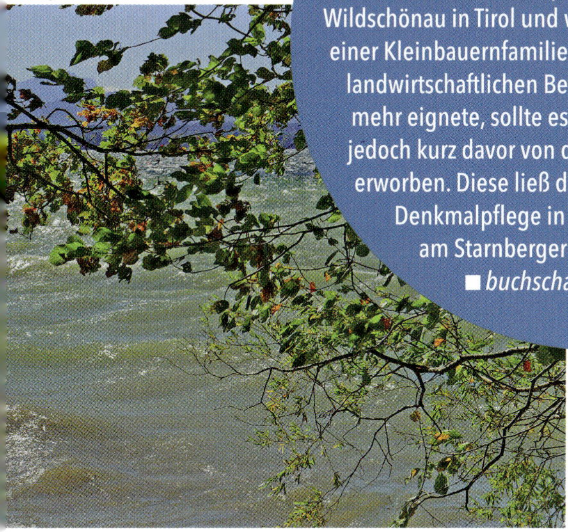

leicht

2 km

0 Hm

0.45 h

Auf einen Blick

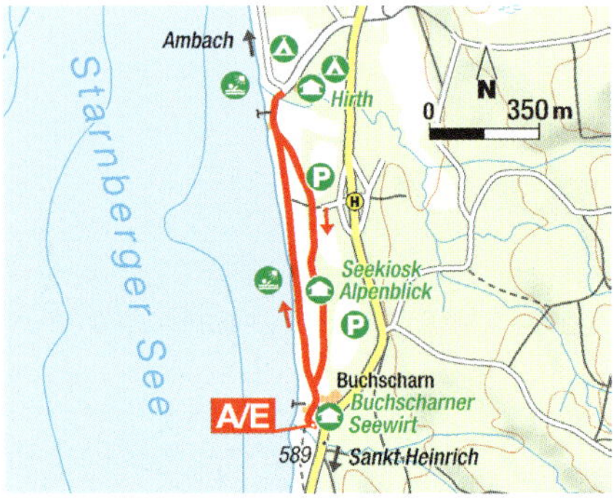

Tourencharakter
Einfacher Spaziergang am Seeufer entlang auf breitem Spazierweg ohne Steigung. Für Rollator gut geeignet. Im Sommer Badesachen mitnehmen

Ausgangs-/Endpunkt
Gasthof Buchscharner Seewirt am Starnberger See
GPS: 47.84548, 11.33896

Anfahrt
ÖPNV: Mit der Bahn nach Wolfratshausen und weiter mit Bus 373 bis Haltestelle Ambach/Badeplatz, von dort zum See und links zur Wirtschaft (verkürzt den Weg um die Hälfte)
Auto: A 95 bis Ausfahrt Wolfratshausen, auf der Wolfratshausener Straße nach Münsing, im Ortszentrum an der Ampel links Richtung Holzhausen/Seeshaupt und beim großen Schwan rechts zu den Parkplätzen; am Ende des linken Parkplatzes parken (im Sommer gebührenpflichtig). Der Weg zum Gasthaus ist ausgeschildert.

Weitere Informationen
- *buchscharner-seewirt.com*

herüberwinkenden Bergspitzen aufzuzählen, Orientierung gibt uns aber die Zugspitze als der höchste Berg der Bayerischen Alpen und natürlich ganz Deutschlands. Nach links schließen sich Wetterstein- und Karwendelgebirge an, nach rechts reihen sich die Allgäuer Gipfel aneinander.

Es lockt die Einkehr …

Haben wir unser Ziel erreicht und eine ausgiebige Schaurast genossen, drehen wir einfach wieder um und kehren auf demselben Weg zurück zum Gasthof Buchscharner Seewirt, wo wir uns nun eine Einkehr gönnen wollen.

Geheimtipp

Die Wanderung sollte man besser nicht an einem hochsommerlichen Wochenende zur Ferienzeit unternehmen – lieber ist man antizyklisch unterwegs und genießt vielleicht noch den von dieser Seeseite aus gesehen traumhaft schönen Sonnenuntergang!

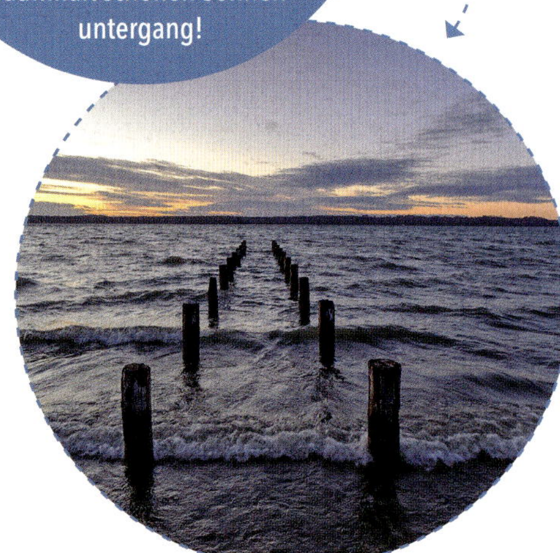

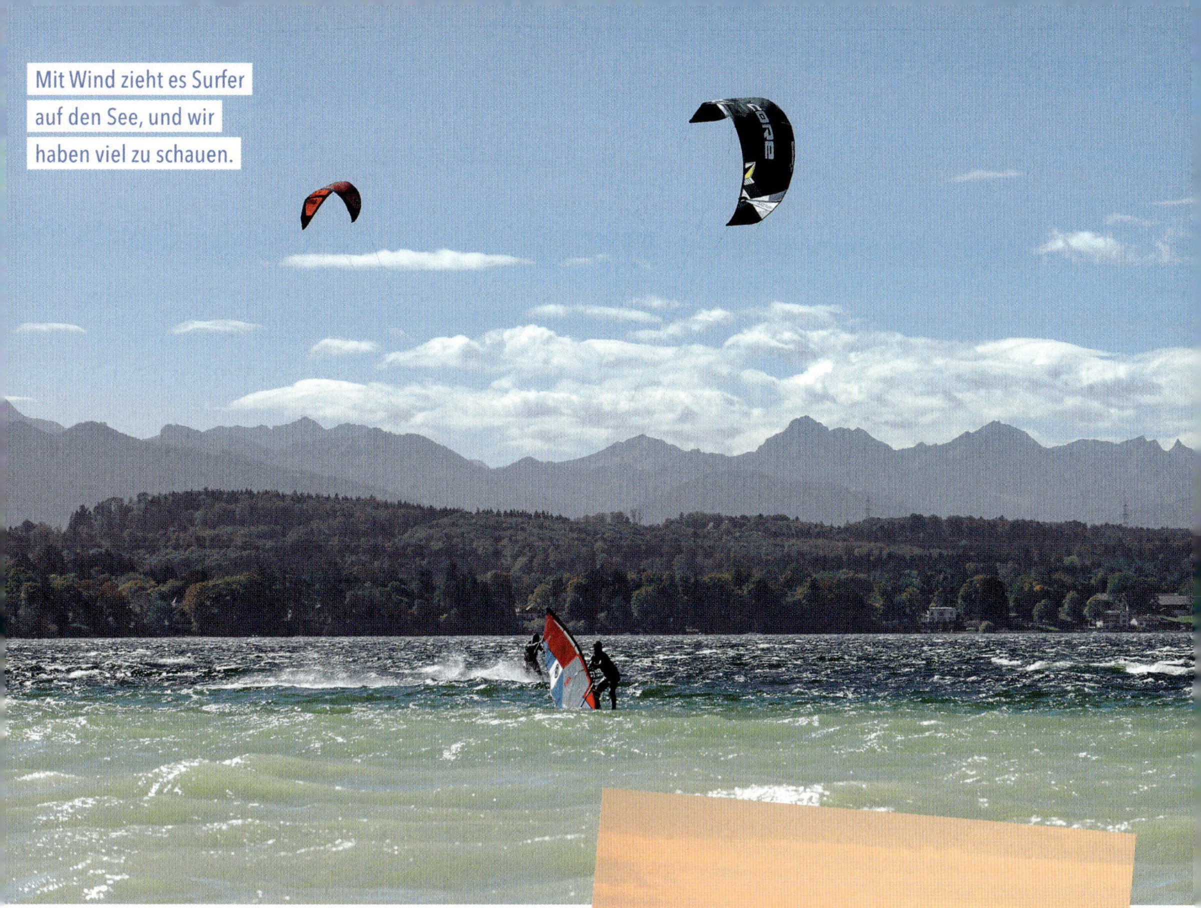

Mit Wind zieht es Surfer auf den See, und wir haben viel zu schauen.

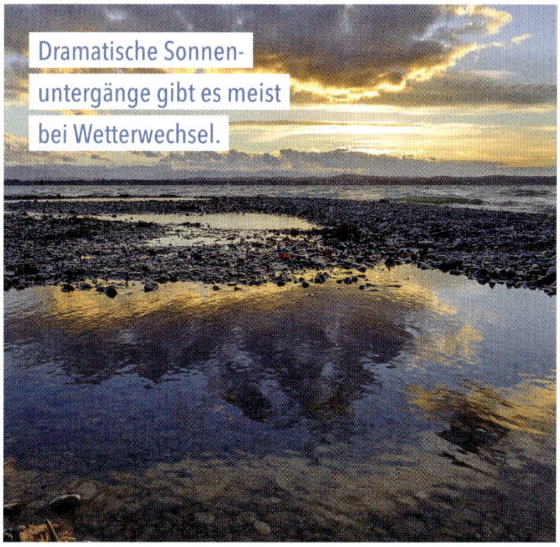

Dramatische Sonnenuntergänge gibt es meist bei Wetterwechsel.

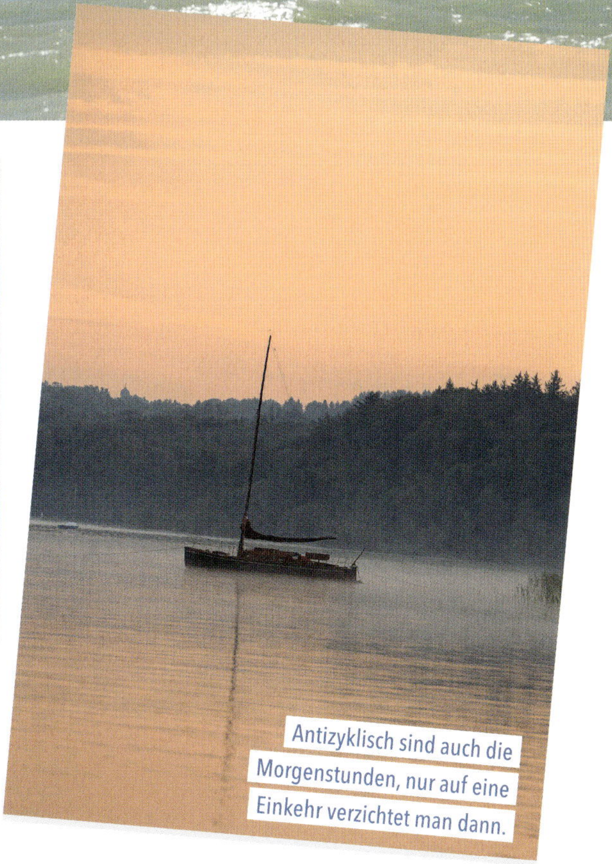

Antizyklisch sind auch die Morgenstunden, nur auf eine Einkehr verzichtet man dann.

BANKERL WIE SAND AM SEE

4

Um den Deininger Weiher

In der letzten Eiszeit vor gut 10 000 Jahren zogen sich langsam die Gletscher im Voralpenland zurück. An einigen Stellen jedoch lag noch massives Eis, bedeckt von Schutt und Geröll. Dieses schmolz langsamer, und es bildete sich der Deininger Weiher, ein sogenannter Toteissee.

Wir beginnen unseren Spaziergang am großen Parkplatz am Deininger Weiher unweit des Gasthauses Waldhaus. Vor dem Gasthaus wenden wir uns nach links und überqueren das kleine Wehr, wo der Gleißenbach den Deininger Weiher verlässt. Der kleine Bach entwässert den See in Richtung Oberhaching und fließt dabei durch das Gleißental, das sich ebenfalls durch den Rückzug des Eises am Ende der letzten Eiszeit geformt hat. Der Gleißenbach war das Gletschertor der Gletscherzunge. Heute dient das Wehr im Sommer manchmal als Sprungbrett ins Wasser – wir wollen uns diesen Sprung in die Fluten des Deininger Weihers aber noch für das Ende der Runde vorbehalten.

Geschütztes Deininger Moos

Wir folgen nun dem gut gepflegten Pfad direkt am Ufer entlang. Viele Bankerl laden uns unterwegs jetzt schon zum Rasten ein, und auch auf der schmalen Wiese ist genügend Platz, eine Decke auszubreiten. Links wächst lichter Wald, ein Gemisch aus Laub- und Nadelbäumen. Dann beginnt der Schilfgürtel, und wir entfernen uns etwas vom Wasser – das ist das Deininger Moos, ein geschütztes Biotop, das nicht betreten werden darf. Vor gut hundert Jahren begann man damit, dieses Moor über künstliche Gräben zu entwässern, um es bewirtschaften zu können. Das gelang teilweise, und der Boden fiel trocken und begann sich zu zersetzen. Dabei entsteht still und unbemerkt das klimaschädliche Kohlendioxid, was damals noch niemand wusste. Man wurde schlauer und fing also an, die Entwässerungsgräben zurückzubauen.

Geheimtipp

Nördlich des Deininger Weihers setzt sich ein wunderschöner schattiger und noch dazu fast unbekannter Wanderweg durchs Gleißental über Kreuzpullach bis nach Deisenhofen fort (ca. 10,6 km – nur für ausdauernde Wanderer geeignet).

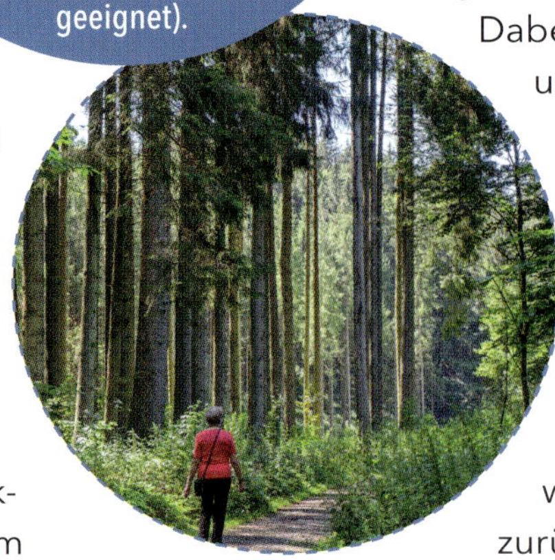

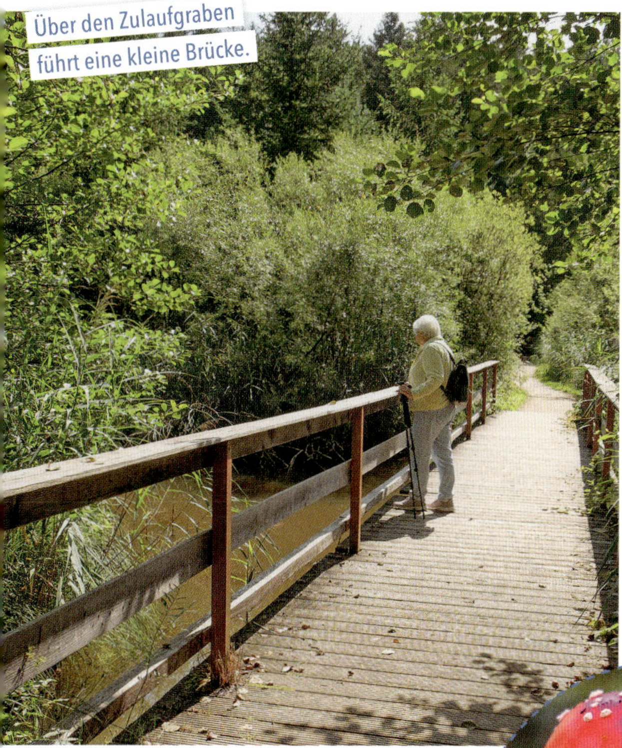

Über den Zulaufgraben führt eine kleine Brücke.

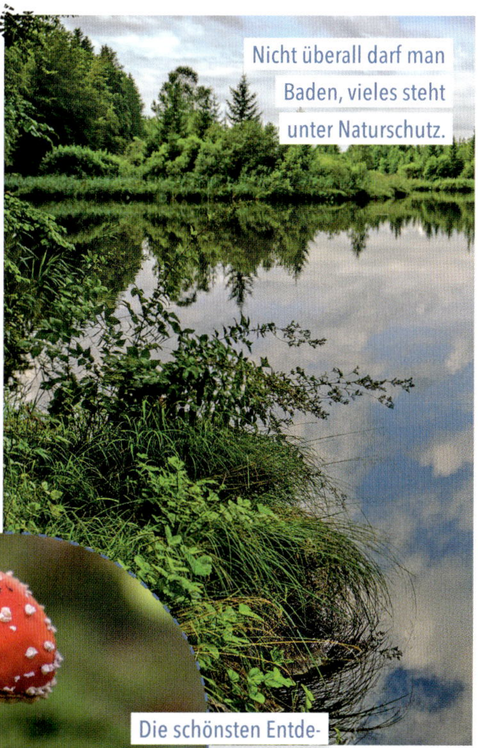

Nicht überall darf man Baden, vieles steht unter Naturschutz.

Das nahe Dorf Deining ist bekannt für seine vielen sehr alten Bauernhäuser aus Holz.

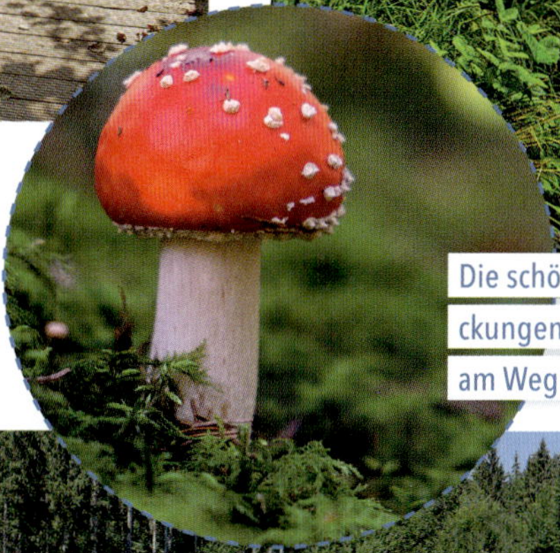

Die schönsten Entdeckungen machen wir am Wegrand.

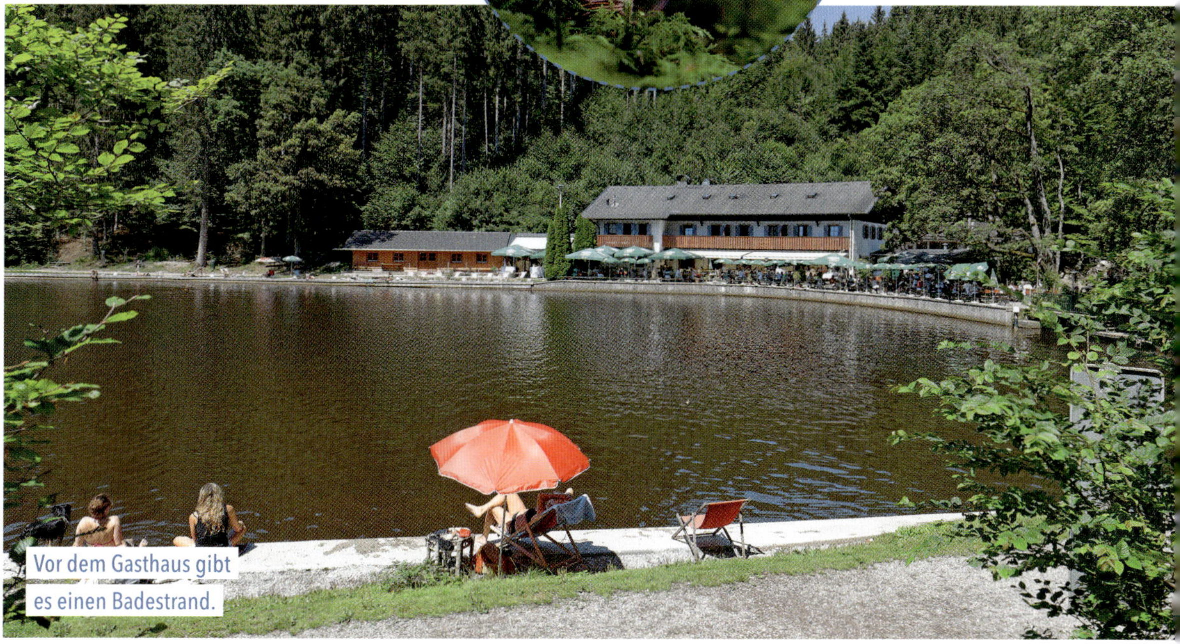

Vor dem Gasthaus gibt es einen Badestrand.

leicht

1,3 km

0 Hm

0.30 h

Auf einen Blick

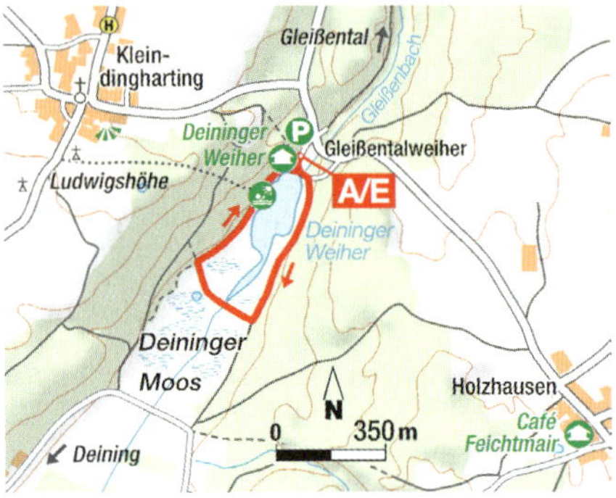

Tourencharakter
Einfacher Spaziergang auf einem kleinen Uferweg. Für Rollstuhl und Rollator geeignet. Im Sommer Badesachen und Mückenschutz nicht vergessen

Ausgangs-/Endpunkt
Parkplatz Deininger Weiher
GPS: 47.96766, 11.52445

Anfahrt
ÖPNV: keine Möglichkeit
Auto: Von München über Grünwald nach Straßlach, am Ortsende schräg links Ri. Großdingharting/Deininger Weiher, dort in der Ortsmitte links auf der Gleißentalstraße der Beschilderung zum Deininger Weiher folgen

Weitere Informationen
■ *strasslach-dingharting.de*

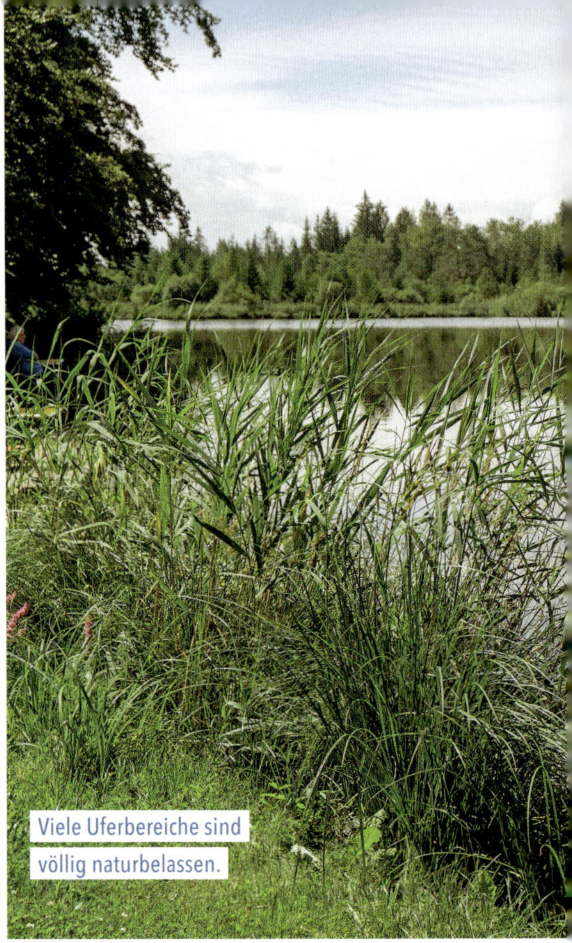

Viele Uferbereiche sind völlig naturbelassen.

Sprung ins erfrischende Nass?

Zunächst gehen wir am großen Schilfgürtel entlang und biegen dann rechts ab, um das Südende des Deininger Weihers zu passieren. Auf einer Holzbrücke überqueren wir den Zulaufgraben. Der Weg führt durch einen lichten Wald. Wir biegen rechts ein, um entlang des Westufers wieder nach Norden zu gelangen, und passieren dabei erneut die aufgestauten Moorflächen. Recht unerwartet öffnet sich dann der Schilfbewuchs, und wir können im weiteren Verlauf den freien Zugang zum Wasser für ein Bad im See nutzen oder von den Rastbänken den wunderschönen Seeblick genießen, ehe wir zum Waldhaus Deininger Weiher und zum Parkplatz zurückkehren.

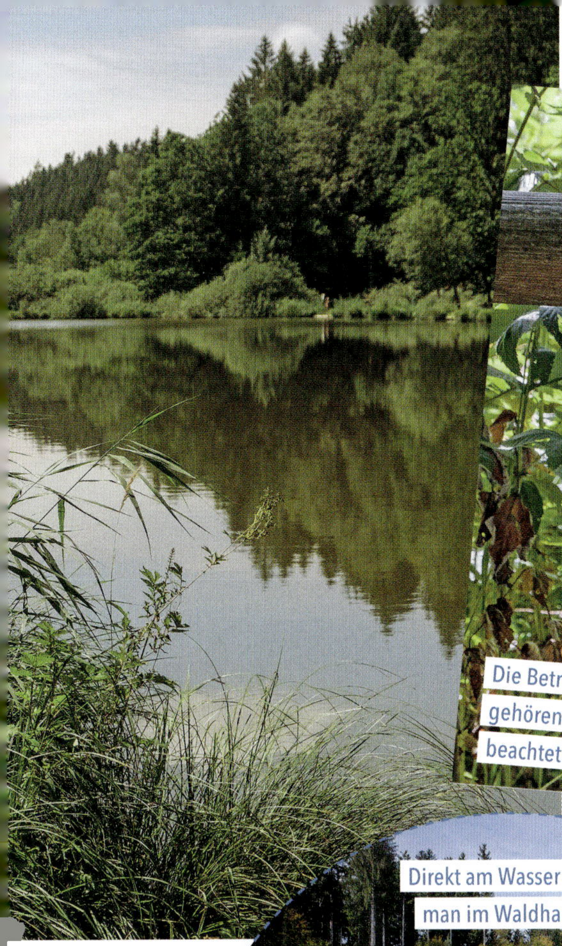

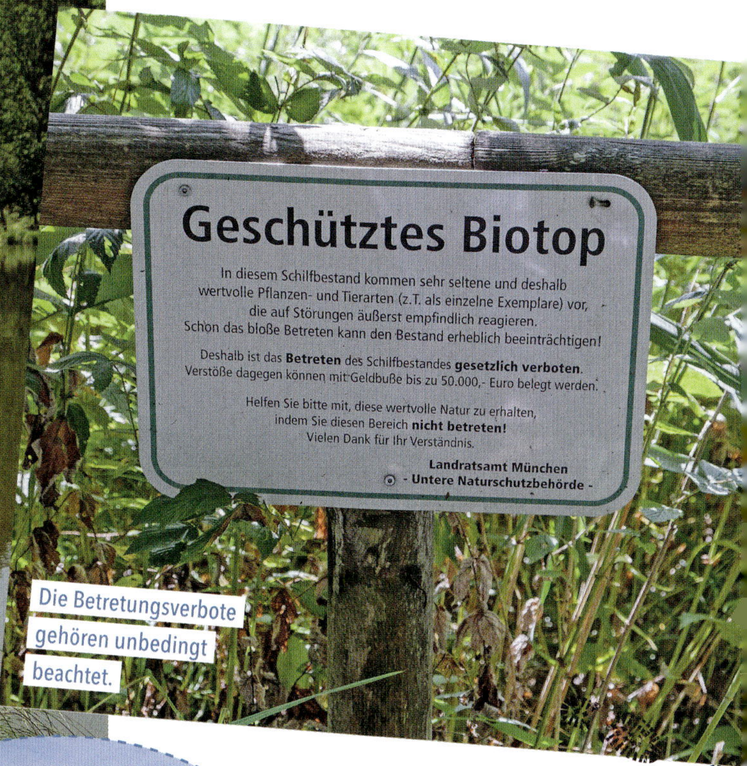

Die Betretungsverbote gehören unbedingt beachtet.

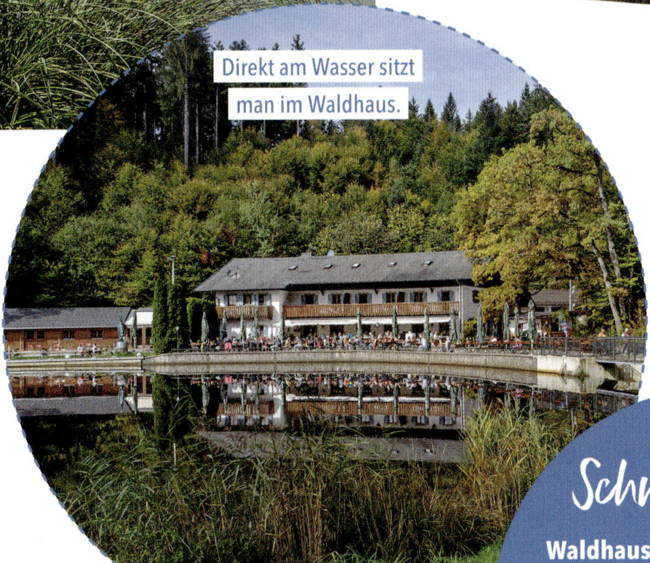

Direkt am Wasser sitzt man im Waldhaus.

Schmankerltipp

Waldhaus Deininger Weiher: Das Gasthaus bietet vom Schweinsbraten über Ochsenbackerl bis zum Saiblingsfilet alles, was das Schlemmerherz begehrt. Im Kiosk nebenan gibt es Selbstbedienung mit einfachen warmen und kalten Gerichten für die Liegewiese.

■ *waldhaus-weiher.de*

Die Flösserstadt unter dem Burgberg

5

Rund um Wolfratshausen

Das alte Wolfratshausen bestand einst aus einer langen Straße, dem Ober- und dem Untermarkt. Eine mächtige Burg wachte über den durch die Flößerei reich gewordenen Ort. Heute kann man mittels einer »MeinBankerl«-App zu den schönsten Plätzen im und um den Ort wandern.

Wir haben uns für den »MeinBankerl-Entspannungsweg« entschieden – wer sich die dazugehörige App heruntergeladen hat, findet alle Wege. Zudem gibt es auf den Rastbänken am Weg QR-Codes: Wer diese mit dem Smartphone öffnet, erfährt zusätzlich viel Wissenswertes über die historische Flößerstadt oder kann – wie bei dieser Tour – zwischendurch Entspannungsübungen machen.

Entlang der Loisach

Wir beginnen unseren Weg am Marienplatz vor der großen St.-Andreas-Brücke im Herzen von Wolfratshausen, der Altstadt. Schräg gegenüber sehen wir das Rathaus, das wir ansteuern und von wo wir über die Rathauspassage zur Loisach kommen. Auf dem hölzernen Sebastiani-Steg gelangen wir über den Fluss, wenden uns alsdann nach links und überqueren gleich darauf die Bahnhofstraße. Wir folgen dem Loisachuferweg weiter zum Kastenmühlwehr und seiner Floßrutsche.

Links über dem Fluss wird sichtbar, wie die Wolfratshausener einst lebten: Ihre Häuser waren von der Straßenseite her gesehen ungewöhnlich schmal, dafür aber sehr lang. Der dazugehörige Grund endete zur Loisach hin in einem langen Garten, der dem Gemüseanbau diente.

Am Kastenmühlwehr überqueren wir den Fluss und steigen leicht aufwärts zur B 11, die an dieser Stelle Münchner Straße heißt und das oberste Ende des Untermarkts ist. Etwas rechts versetzt beginnt auf der anderen Seite der Straße ein schmaler Weg, der in den Bergwald hineinführt.

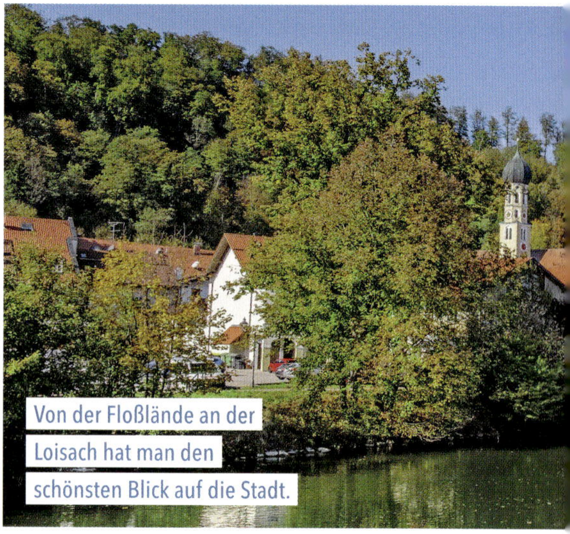

Von der Floßlände an der Loisach hat man den schönsten Blick auf die Stadt.

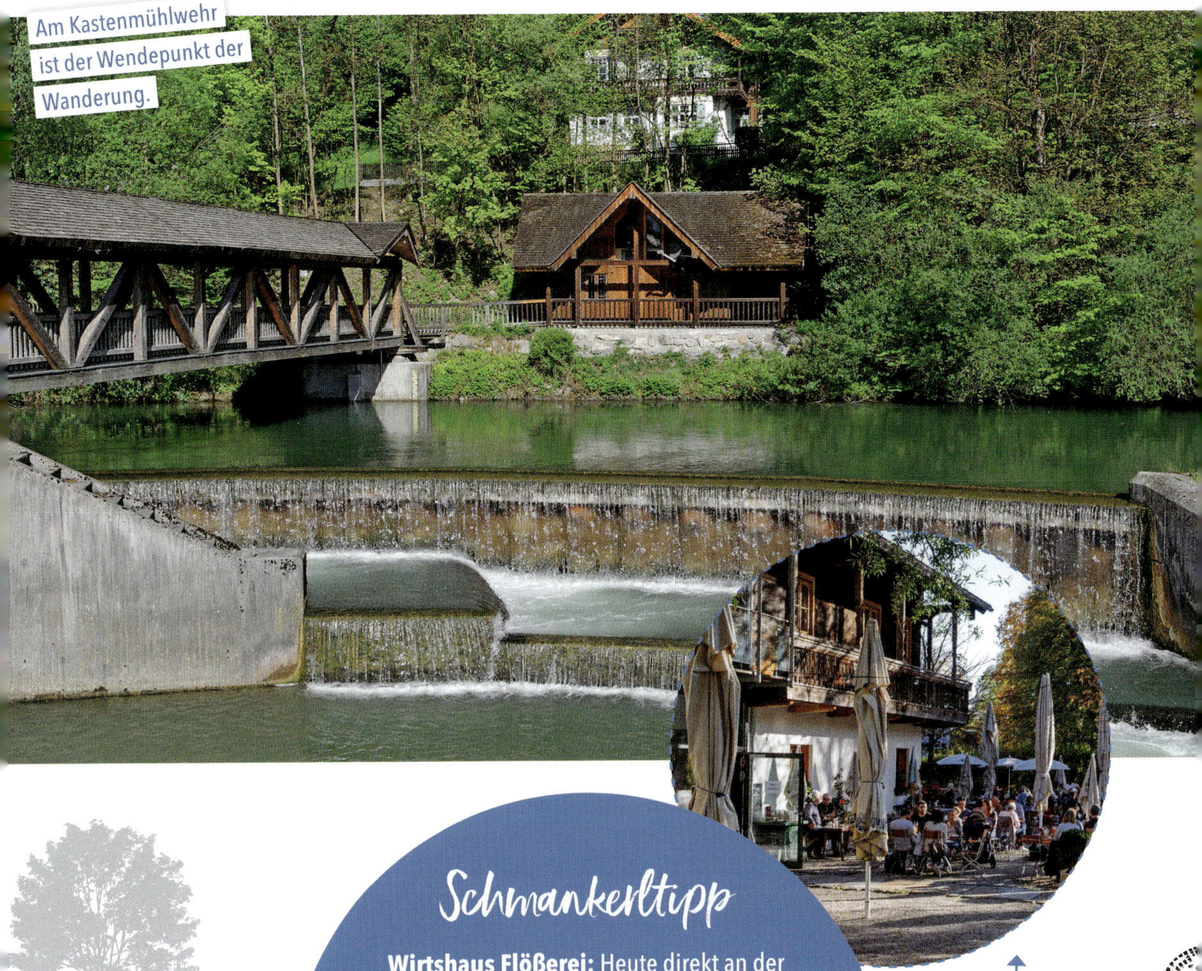

Am Kastenmühlwehr ist der Wendepunkt der Wanderung.

Schmankerltipp

Wirtshaus Flößerei: Heute direkt an der Loisach beim Sebastiani-Steg gelegen, wurde das einstige Bauernhaus Balken für Balken ab- und hier am Fluss wieder aufgebaut. Genau genommen hat man es in der Mitte durchgeschnitten, auseinandergezogen und in der Mitte mit Glas, Stahl und Beton wieder aufgefüllt. Die Küche bietet eine gelungene Mischung aus traditionell bayerischen und mediterranen Gerichten. Dazu schmecken Bierspezialitäten des Hofbräuhauses Traunstein.

■ *wirtshaus-floesserei.de/wirtshaus*

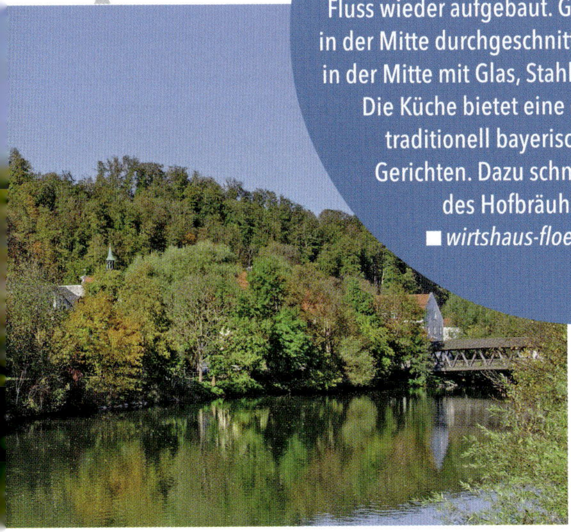

Tipp

Unbedingt sehenswert: das frisch renovierte und modernisierte Heimatmuseum von Wolfratshausen!
■ *museum.wolfratshausen.de*

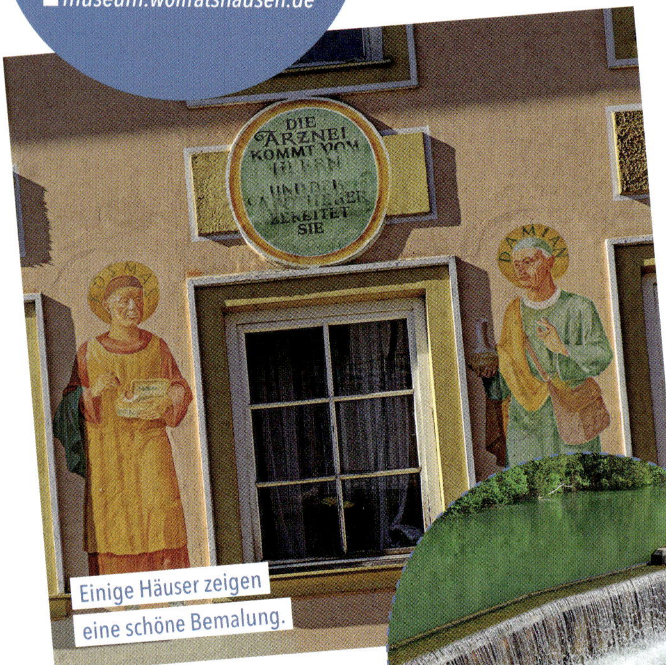

Einige Häuser zeigen eine schöne Bemalung.

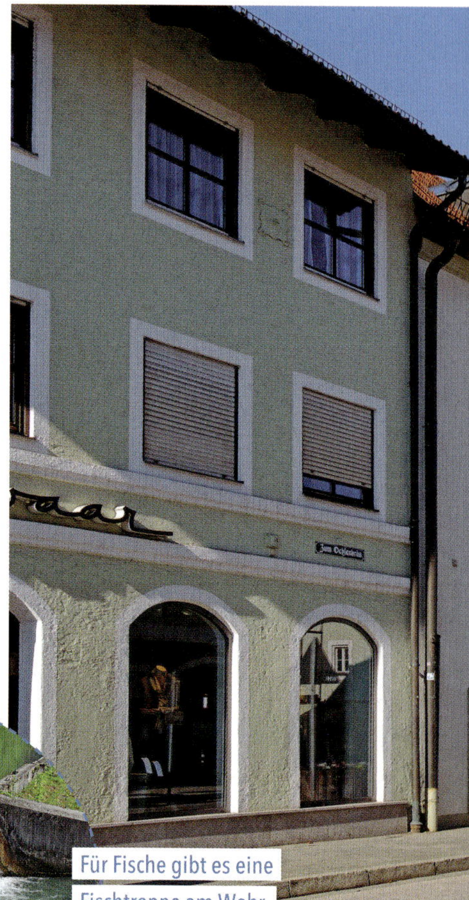

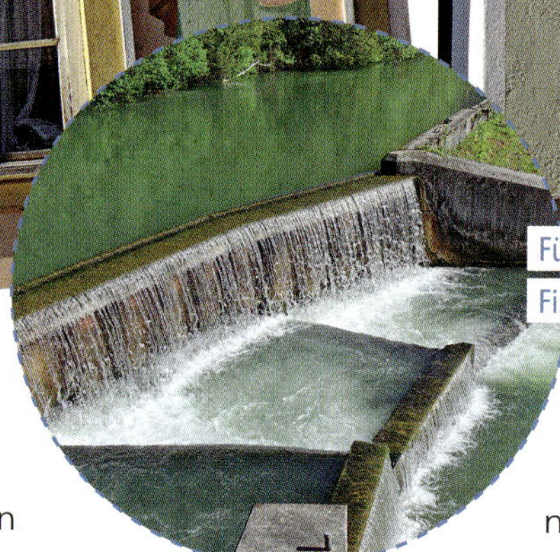

Für Fische gibt es eine Fischtreppe am Wehr.

Im Bergwald

Unser Weg – hier ist er nur ein Pfad – biegt links ab und führt dann mehr oder weniger am Waldrand entlang zu Frauenkapelle. Diese geht auf ein Gelöbnis im Dreißigjährigen Krieg zurück und wurde 1649 geweiht. Neben der Kirche finden wir ein erstes Bankerl, sogar mit einem improvisierten Tisch, denn jetzt ist es Zeit, eine kleine Rast einzulegen. Von der Bank aus können wir weit über Wolfratshausen hinwegblicken: Unter uns sehen wir den Dammweg, den wir gegangen sind, und über das mittlerweile stark gewachsene Wolfratshausen schweift der Blick bis zur Alpenkette.

Wir folgen weiter dem nun fast eben verlaufenden Bergweg und genießen vom nächsten Bankerl die Aussicht auf die barocke Turmzwiebel der Pfarrkirche St. Andreas. Dann steigt der Weg nochmals leicht an, um sich dann sofort wieder abzusenken. Zahlreiche abzweigende Wege dürfen uns nicht verwirren – die einen führen abwärts in die Stadt, die anderen den Bergwald hinauf nach Münsing, nach Dorfen oder an die Stelle, an der einst die Wolfratshausener Burg stand, die jedoch nach einem Blitzeinschlag im Pulverturm 1734 völlig zerstört wurde. Rastplätze zum Erholen gibt es zwischendurch viele am Weg.

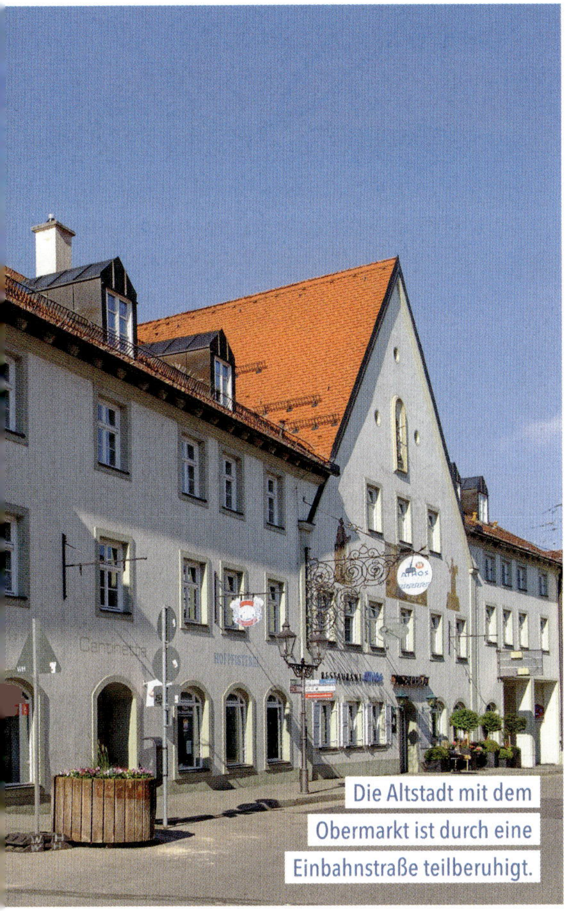

Die Altstadt mit dem Obermarkt ist durch eine Einbahnstraße teilberuhigt.

Durch die Altstadt

Am Ende unseres Wegs entdecken wir das unscheinbare Schild »Berggasse«, dem wir nach links folgen. Die Berggasse beginnt als schmaler Fußweg, auf dem Wanderstöcke recht hilfreich sind. Bei den ersten Häusern bekommt unser Weg dann einen Teerbelag, und das Gehen wird einfacher. Beim Schwankl-Eck (der Name erinnert an den Buchhändler und Zeitungsverleger Albert Schwankl) treffen wir auf den Obermarkt und sind damit in der Altstadt von Wolfratshausen angekommen. Jetzt flanieren wir nach links durch die geschäftige Häuserzeile und erreichen in nur wenigen Minuten wieder unseren Ausgangspunkt.

leicht | 2 km

40 Hm | 0.45 h

Auf einen Blick

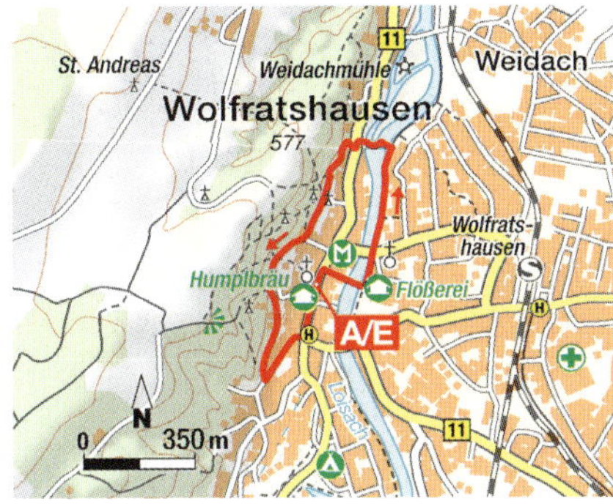

Tourencharakter
Kurze Wanderung entlang der Loisach und durch den Bergwald von Wolfratshausen. Die Wege am Bergwald sind nicht für Rollstuhl und Rollator geeignet. Es empfiehlt sich, Wanderstöcke mitzunehmen.

Ausgangs-/Endpunkt
Wolfratshausen, Marienplatz
GPS: 47.91433, 11.41829

Anfahrt
ÖPNV: S7 bis Bahnhof Wolfratshausen und weiter zu Fuß über die Bahnhofstraße in gut 10 Min. zum Marienplatz
Auto: A95 bis Ausfahrt Wolfratshausen, weiter Ri. Wolfratshausen und die erste Abfahrt direkt ins Zentrum nehmen; Parkplätze hinter dem Rathaus

Weitere Informationen
- *wolfratshausen.de*
- *mein-bankerl.de*

KAFFEE- UND KULTURGENUSS

6

Geltinger Dorfspaziergang

Gelting ist ein typisches oberbayerisches Dorf, das rund um die Zwiebelturmkirche gewachsen ist – ganz im Gegensatz zur nahen Stadt Geretsried, zu der es offiziell gehört. Neben der Dorfkirche entdeckt man hübsche Bauernhäuser und den Loisachkanal und kann im Café Servus Gelting gemütlich einkehren.

Wir beginnen unseren Bankerl-Spaziergang am Café Servus Gelting und gehen auf der Wolfratshauser Straße auf die Dorfkirche zu. Der Kirche gegenüber öffnet sich der große Dorfplatz mit dem Dorfladen, in dem sich die Geltinger mit Lebensmitteln für den täglichen Bedarf eindecken können. Hier finden wir auch unter einem Pavillon wunderbar im Schatten gelegen das erste Bankerl.

Schmiedekunst und barocke Pracht

Von hier aus geht es rechts in die Herrnhauser Straße, wo genau am Eck die alte Dorfschmiede steht. Durch das Fenster in der Tür kann man hineinschauen, ein Schalter rechts sorgt für ausreichend Licht im dem rußgeschwärzten Raum. Davor steht übrigens das nächste Bankerl.

Die Kirche, genauer gesagt der rückwärtige Teil, ist tagsüber frei zugänglich. Man staunt über die barocke Pracht, die den Besucher hier erwartet: Drei Altäre mit reichem Figurenschmuck blicken in den Raum, teilweise stammen die Schnitzwerke noch aus der Gotik. Zwei Deckenfresken öffnen nach barockem Verständnis den Blick in den Himmel.

Tipp

Unbedingt einen Blick sollte man in die kleine, sehr hübsche Dorfkirche von Gelting werfen!

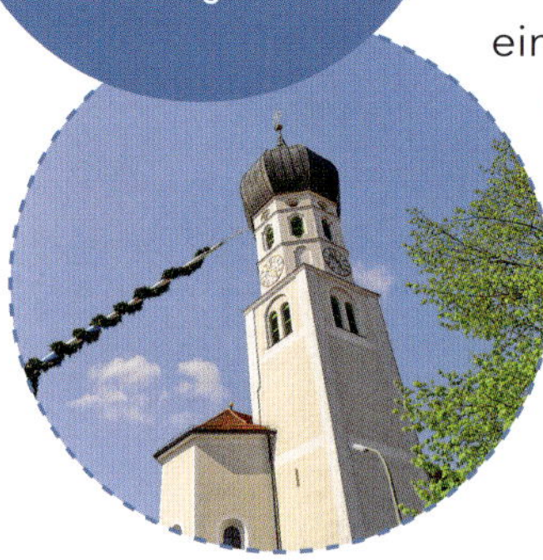

Am Loisach-Isar-Kanal

Von unserem Bankerlplatz vor der Kirche gehen wir ein kurzes Stück auf der Herrnhauser Straße dorfauswärts, um dann rechts in den Loisachweg einzubiegen. Dieser bringt uns zu einer Brücke über den Loisach-Isar-Kanal, von wo aus wir weit nach Süden in die Berge hineinschauen können. Hier steht links nach der Brücke das nächste Bankerl, das fast die gleiche Aussicht bietet.

Nach der Schaurast biegen wir rechts in die Straße Am Kanal ab, passieren ein paar Wohnhäuser und stellen bald fest, dass wir eigentlich auf einem hohen Damm wandern: Links fließt, überraschend tief unten, die Loisach, und

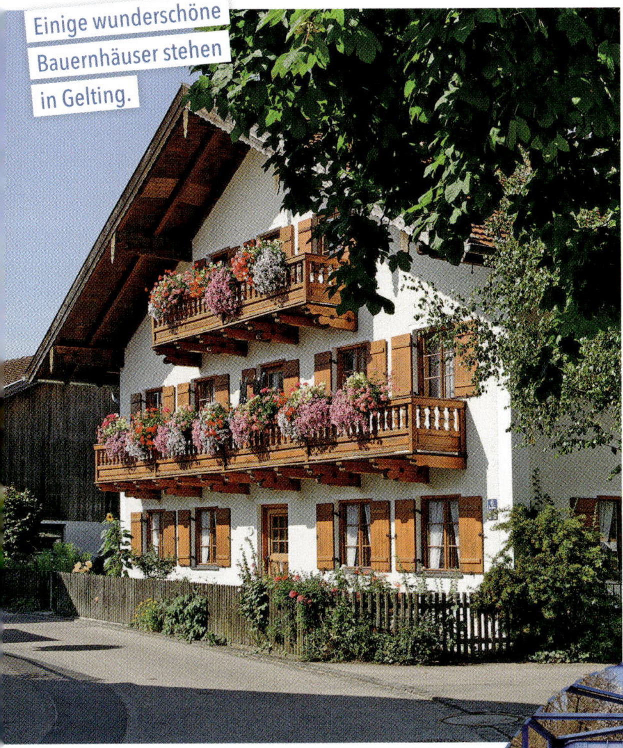

Einige wunderschöne Bauernhäuser stehen in Gelting.

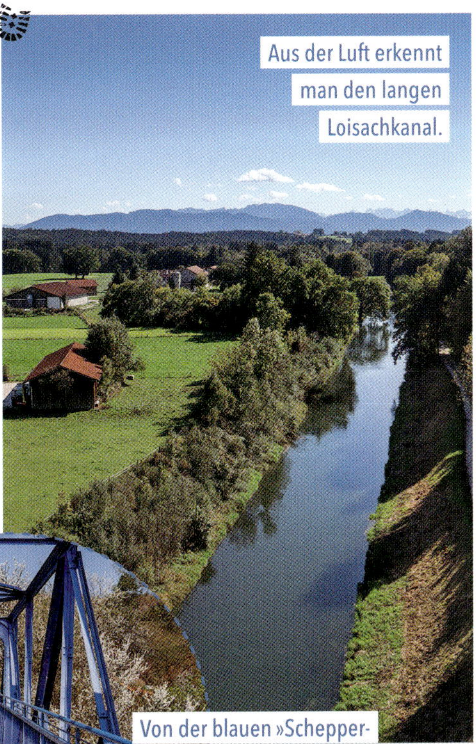

Aus der Luft erkennt man den langen Loisachkanal.

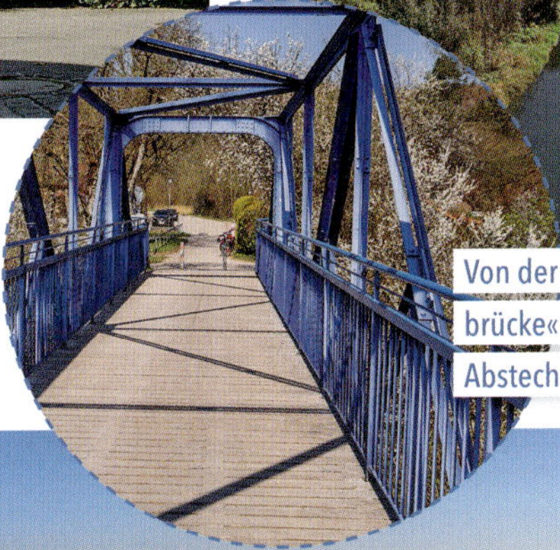

Von der blauen »Schepperbrücke« blicken wir mit einem Abstecher auf die Loisach.

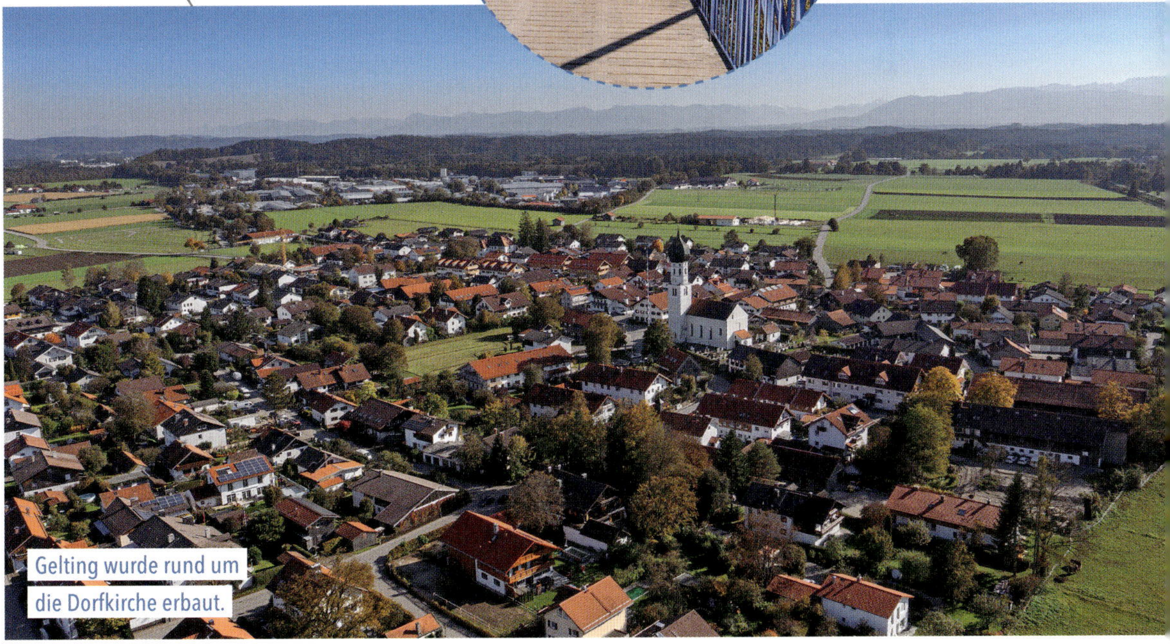

Gelting wurde rund um die Dorfkirche erbaut.

leicht

2 km

0 Hm

0.45 h

Auf einen Blick

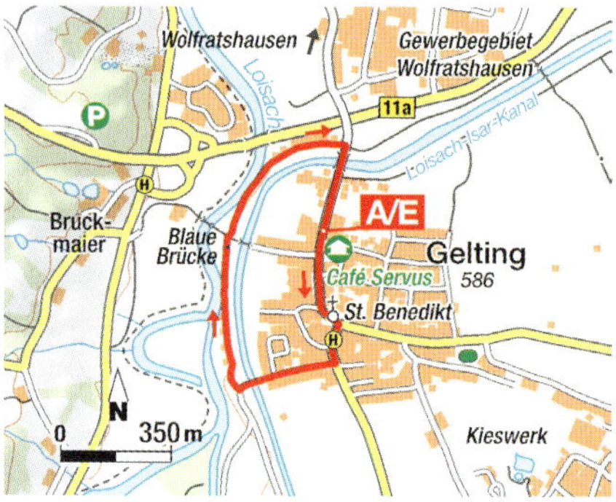

Tourencharakter
Einfacher Spaziergang um das Dorf. Für Rollstuhl/Rollator gut geeignet. Im Sommer Mückenschutz nicht vergessen

Ausgangs-/Endpunkt
Café Servus Gelting
GPS: 47.89614, 11.42287

Anfahrt
ÖPNV: S7 bis Bahnhof Wolfratshausen und weiter mit Bus 378 bis Haltestelle Servus Gelting
Auto: A 95 bis Ausfahrt Wolfratshausen, weiter Ri. Wolfratshausen, die zweite Abfahrt zum Kreisverkehr nehmen, dort die dritte Abfahrt nehmen und bis zum Ende fahren, dann links in die Wolfratshauser Straße; Parkplätze vor dem Café

Weitere Informationen
tourismus.geretsried.de

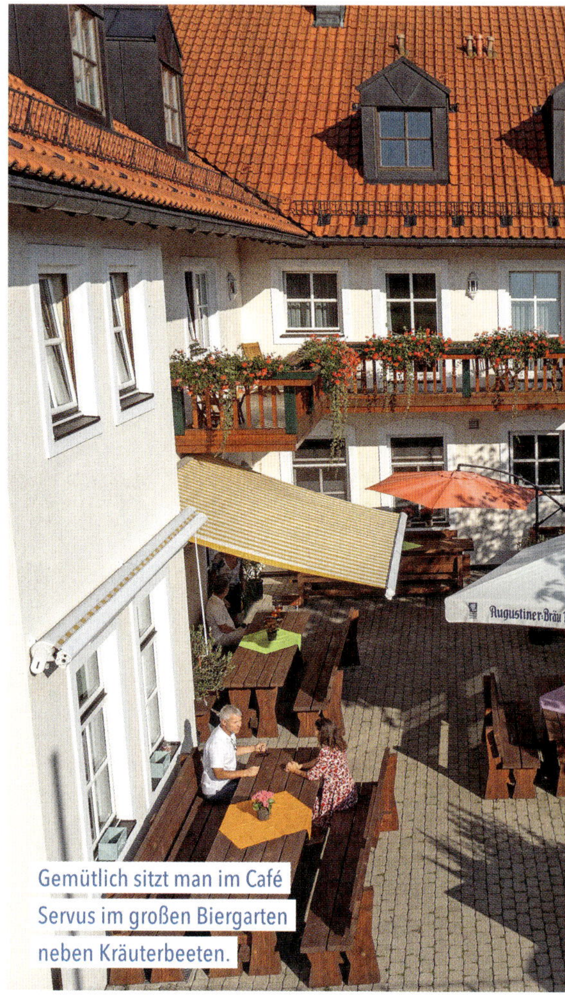

Gemütlich sitzt man im Café Servus im großen Biergarten neben Kräuterbeeten.

rechts strömt ruhig und gemächlich das Wasser des Kanals dahin.

Wo einst die Isartalbahn verschnaufte

Bei der nächsten Kanalbrücke wundern wir uns über den Namen der quer verlaufenden Straße – sie heißt Bahnweg, obwohl weit und breit keine Bahnanlagen zu sehen sind. Der Name hat jedoch Sinn, denn der Weg führte zu einem winzigen Bahnhof der Isartalbahn, die ab 1898 vom Bahnhof Wolfratshausen nach Bichl fuhr. 1972 stellte die Deutsche Bundesbahn den Verkehr auf der

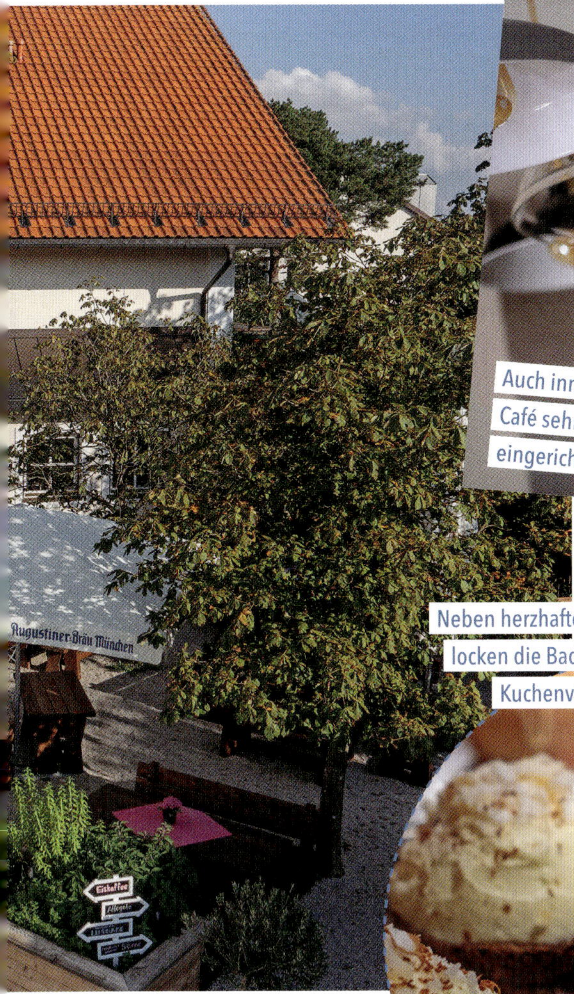

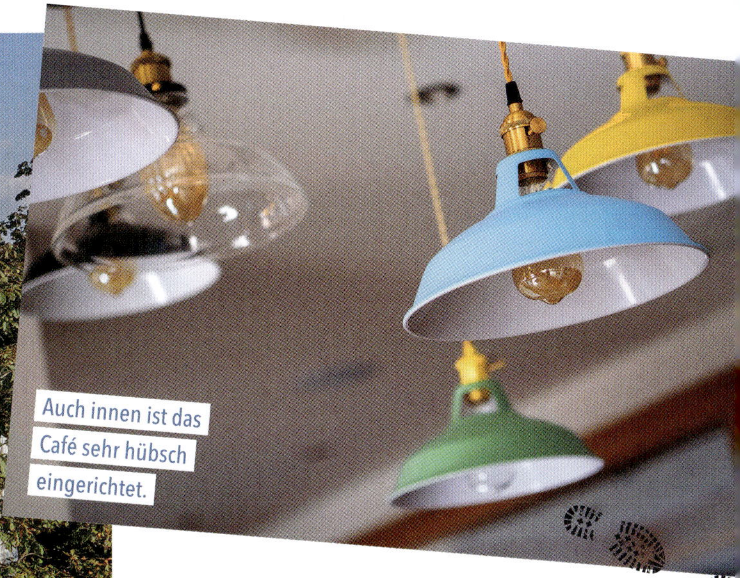

Auch innen ist das Café sehr hübsch eingerichtet.

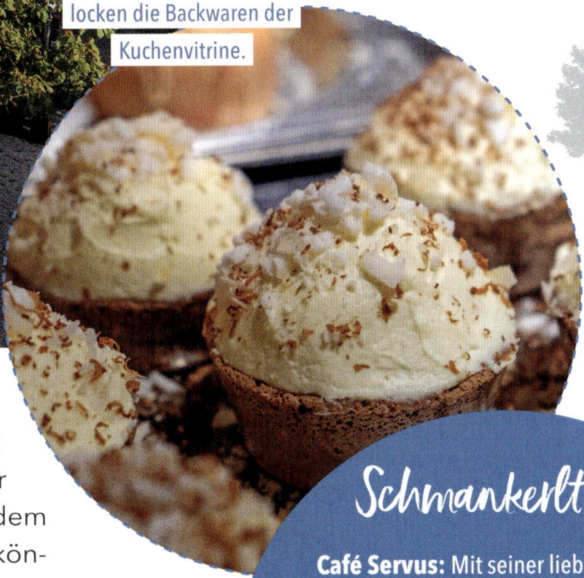

Neben herzhaften Brotzeiten locken die Backwaren der Kuchenvitrine.

Strecke mangels Rentabilität ein. An der Brücke finden wir wieder ein Rastbankerl, auf dem wir nochmals verschnaufen können.

Dann folgen wir weiter dem Wasserlauf flussabwärts, passieren die Gärtnerei und stoßen stets in Ufernähe bleibend an einer Brücke wieder auf die große Ortsdurchgangsstraße. Zurück zu unserem Ausgangspunkt geht es nun rechts und über den Kanal, dann folgen wir der Wolfratshauser Straße nur noch wenige Meter bis zum Café Servus Gelting.

Schmankerltipp

Café Servus: Mit seiner liebevollen Einrichtung, dem jungen, motivierten Team und dem leckeren Speisen- und Kuchenangebot ist das Café ein echtes Highlight. Im Biergarten sitzt man gemütlich an großen Holztischen unter Kastanienbäumen. Der Besitzer ist nicht nur ein Weinkenner, sondern weiß auch, wie man guten Kaffee kocht – und zwar den besten Cappuccino nördlich der Alpen (Mo/Di Ruhetage).

■ *servus-gelting.de*

AUSSICHTSREICHES VERGNÜGEN

7

Zur Peretshofener Höhe

Mächtige Eschen markieren die Peretshofener Höhe, einen aussichtsreichen Moränenhügel am nördlichen Isarhochufer. Zu dem netten Rastplatz führt ein kurzer Spaziergang, der sich verlängern oder verkürzen lässt. Und mit dem Gasthaus Huber kommt auch der kulinarische Genuss nicht zu kurz.

Wir beginnen unseren Weg beim Gasthof Huber in Peretshofen und wenden uns, das Wirtshaus im Rücken, nach links, um dann sofort rechts in den Steinsberger Weg abzubiegen. Er führt uns in nördliche Richtung aus dem Dorf hinaus zum Wanderparkplatz an einem Wäldchen. Dort beginnt links ein Feldweg, der uns nun aufwärts führt.

Aufstieg zur Höhe

An einem kleinen Steinbruch vorbei steigen wir am Rand eines Wäldchens hinauf, dann teilt sich der Weg: Nach links erreicht man schneller und mit weniger Höhenmetern das Bankerl. Rechts ist der Weg etwas weiter, und es kommen ein paar Höhenmeter hinzu, denn bald führt der Feldweg aussichtsreich bergab in eine Senke, wo wir der Linkskurve folgen und dann geradeaus wieder bergauf steigen. Erst wenn wir wieder deutlich an Höhe gewonnen haben, geht es auf einem Feldweg nach rechts. Dieser führt uns mit einer Linkskurve auf die Peretshofener Höhe und zu unserer Rastbank unter den Bäumen.

Aussichtsreiches Vergnügen

Zwischen den großen Eschen steht ein Holztisch mit zwei Bänken daneben – ideal für eine Brotzeit! Die beste Sicht in die Ferne hat man aber von dem Bankerl auf der Südseite der Baumgruppe: Nach Westen hin blickt man über das Isartal mit Geretsried, das im Hintergrund von einem hohen Wall begrenzt wird – es ist das Hochufer, das die Loisach in die Schotterebene gefräst hat.

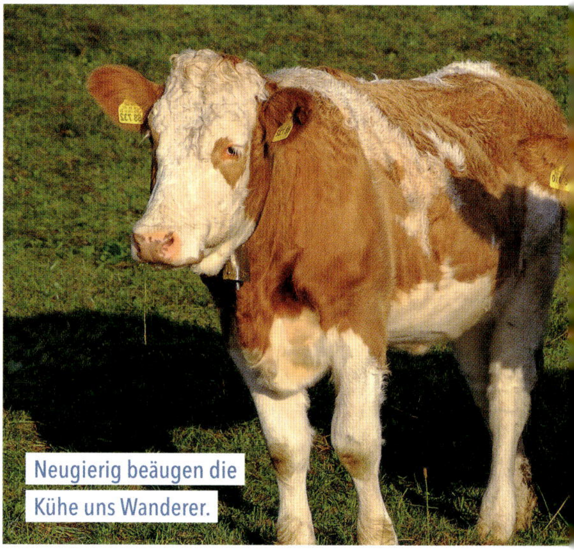

Neugierig beäugen die Kühe uns Wanderer.

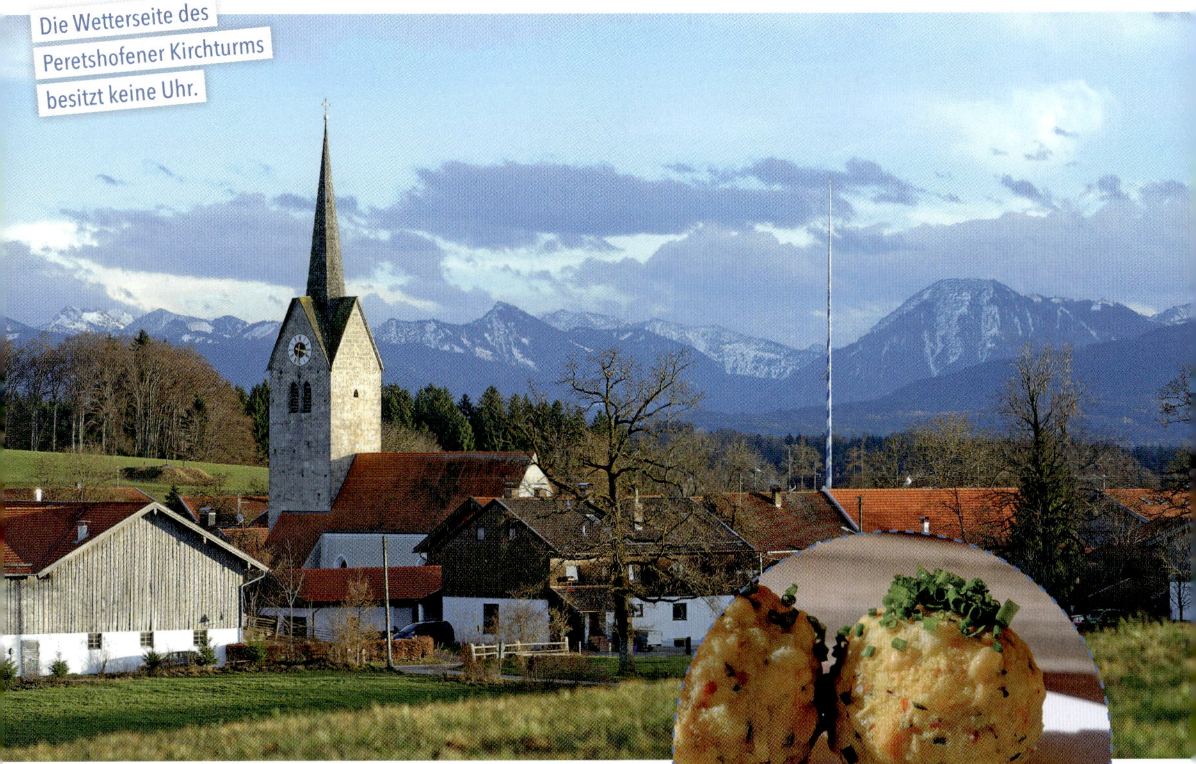

Die Wetterseite des Peretshofener Kirchturms besitzt keine Uhr.

Schmankerltipp

Gasthaus Huber: Authentisch, unverfälscht und gleichzeitig einfach: So lässt sich das Gasthaus Huber in Peretshofen beschreiben. Ein bayerisches Wirtshaus, wie es wohl früher in fast jedem Dorf zu finden war. Der perfekte Schweinsbraten lockt Einheimische und Kenner aus Nah und Fern – das resche Krusterl knackt beim Reinbeißen, und bei der leckeren Bratensoße freut man sich über die Größe des Knödels, denn die Teller gehen danach fast blitzblank an die freundliche Bedienung zurück. Aber auch Vegetarier kommen hier nicht zu kurz. Eine Homepage des Wirtshauses sucht man übrigens vergebens, einen Internetauftritt braucht es einfach nicht.

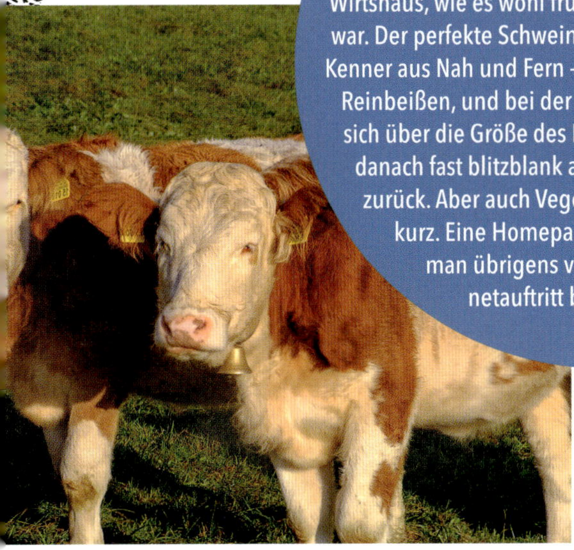

leicht

2,5 km

50 Hm

0.45 h

Auf einen Blick

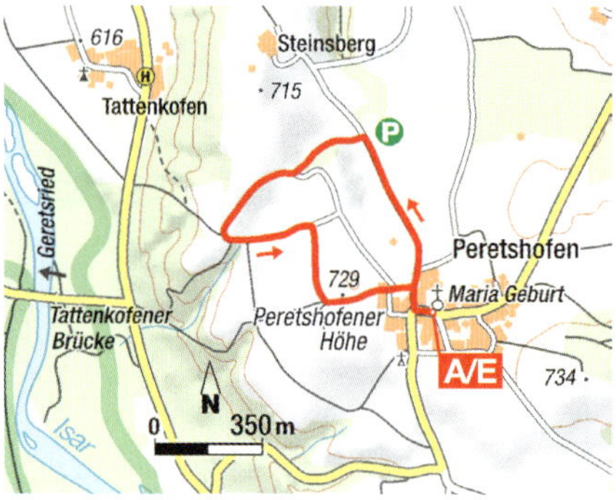

Tourencharakter
Einfacher Spaziergang auf kleinen Straßen und Feldwegen, aber doch mit etwas Steigung. Für Rollstuhl/Rollator weniger geeignet, außer man steigt nur das kurze Stück direkt aus dem Ort hinauf zur Höhe.

Ausgangs-/Endpunkt
Peretshofen, Bushaltestelle bei der Kirche
GPS: 47.856180, 11.528957

Anfahrt
ÖPNV: S7 bis Bahnhof Wolfratshausen und weiter mit dem Bus nach Peretshofen
Auto: A 95 bis Ausfahrt Wolfratshausen, dann B 11 nach Geretsried und weiter Ri. Bad Tölz, nach der Tattenkofener Isarbrücke rechts und nach knapp 800 m links hinauf nach Peretshofen; Parken am Wanderparkplatz im Steinsberger Weg

Weitere Informationen
■ *dietramszell.de*

Der eigentliche Aussichtshöhepunkt ist jedoch das unglaubliche Bergpanorama: Im Osten entdecken wir die felsigen Gipfel der Kampenwand, und über den Wendelstein mit seiner Antenne hinweg schweift der Blick zum Wilden Kaiser, weiter zur Benediktenwand und von den Felsspitzen des Karwendels bis zum Wetterstein mit der Zugspitze. Daran schließen sich die Berge der Ammergauer und der Allgäuer Alpen, und etwas von der Bergkette abgesetzt entdecken wir noch den Hohen Peißenberg.

Hinab ins Dorf

Nachdem wir uns sattgesehen haben und die Brotzeit verputzt ist, machen wir uns auf den Rückweg zu unserem Ausgangspunkt. Dafür nutzen wir den Feldweg, der direkt hinter der Peretshofener Höhe leicht absteigend zurück ins Dorf führt, das wir so in wenigen Minuten rasch wieder erreicht haben.

Geheimtipp

Besonders bei Föhn ist der Ausblick von der Peretshofener Höhe unvergleichlich, dann scheinen die Berge ganz nah zu sein.

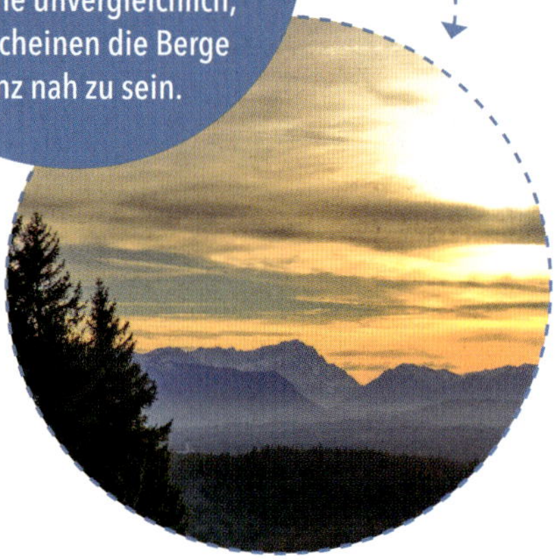

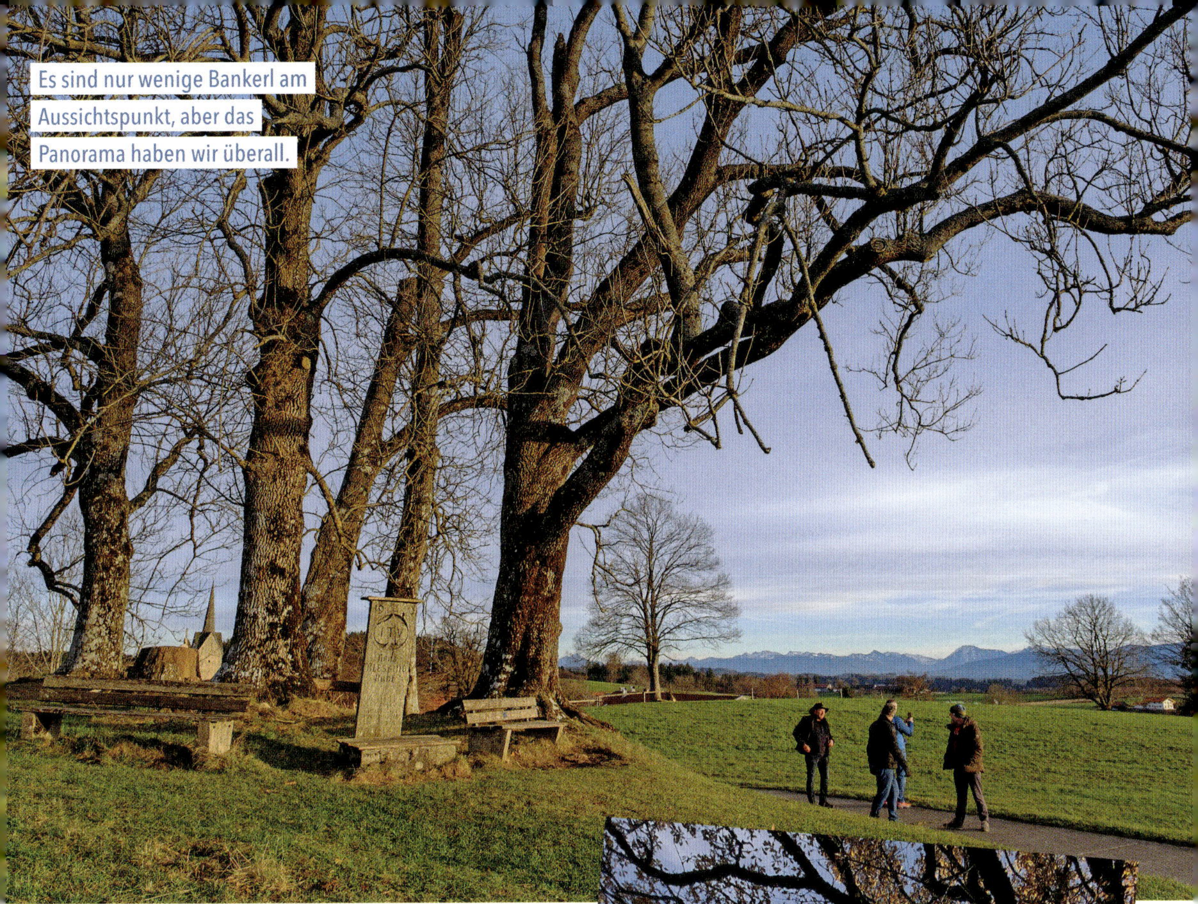

Es sind nur wenige Bankerl am Aussichtspunkt, aber das Panorama haben wir überall.

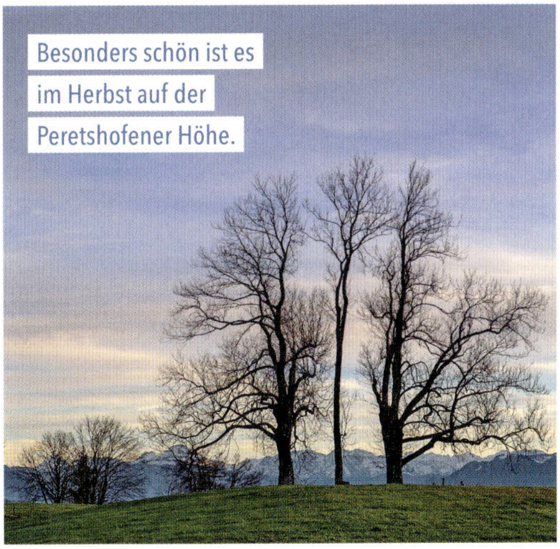

Besonders schön ist es im Herbst auf der Peretshofener Höhe.

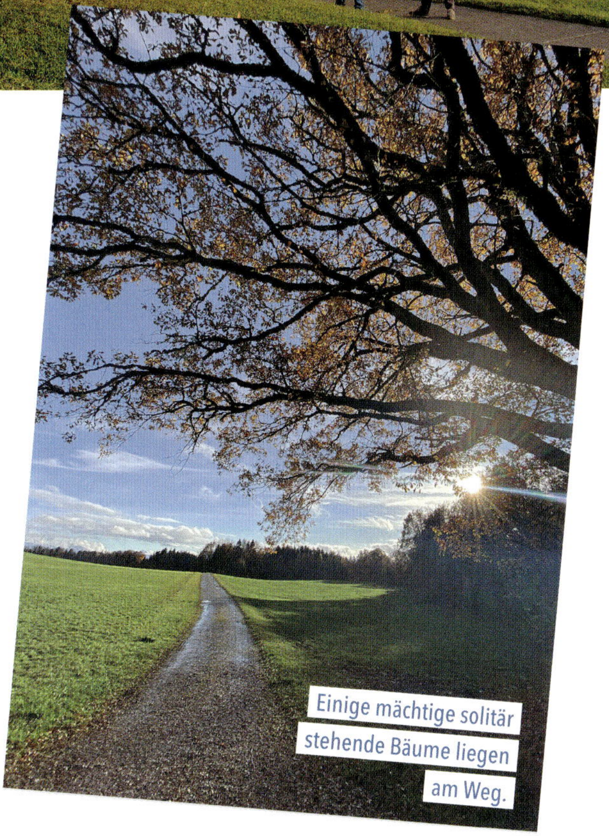

Einige mächtige solitär stehende Bäume liegen am Weg.

Der Isartalverein kümmert sich um den Erhalt der Rastbänke an der schönen Aussicht.

GAUMEN- UND BANKERLFREUDEN

8

Kleine Wege bei Harmating

Hügelauf und hügelab, extensiv genutzte landwirtschaftliche Felder mit kleinen Baumgruppen, große Bauernhöfe, eine alte Wallfahrtskirche und sogar ein kleines Schloss: All das liegt auf der Wanderstrecke bei Harmating. Dazu lockt das nette Hofcafé Golkofer mit seiner feinen Kuchenauswahl.

Unsere Wanderung beginnt am Parkplatz des Hofcafés Golkofer in Goldkofen/Egling. Wir gehen zur Straße zurück, wenden uns dort nach links und kommen nach ein paar Metern zu einer T-Kreuzung. Hier biegen wir links in die Straße ein und sehen nun staunend, wie groß die Hofanlage Golkofer ist. Leicht bergab wandern wir alsdann durch die Welt der Moränenhügel, die während der Eiszeit zusammengeschoben worden sind.

Durch die Moränenlandschaft

Geschickt schlängelt sich unsere Straße um die Hügel herum und vermeidet größere An- und Abstiege. Sie mündet in eine zweite Straße, die von rechts her auf unsere trifft. Weiter in Wanderrichtung erreichen wir bald eine Kreuzung, markiert von einem Baum. Die Häuser, die wir vor uns sehen, gehören zu Schalkofen. Wir biegen jedoch links ab und wandern auf Harmating zu.

Nach der Senke steigt die Straße kräftig an, dafür wird die Aussicht nach Süden und Westen hin immer interessanter. Als Landmarke entpuppt sich dabei der Harmatinger Weiher mit der Stadt Geretsried im Hintergrund. Wer genau hinsieht, kann sogar den Hohen Peißenberg entdecken, der hinter dem Isarhochufer hervorlugt. Noch schöner ist der Blick auf die Alpenkette, die vom Wettersteingebirge mit der Zugspitze dominiert wird. Gerade richtig taucht nun das erste Bankerl auf und gibt uns Gelegenheit, diese fantastische Fernsicht ausführlich zu genießen. Es lohnt sich, dafür ein Fernglas dabeizuhaben.

Geheimtipp

Der nahe gelegene Harmatinger Weiher mit seinen Schilfflächen und den kleinen Nebenweihern lockt im Sommer zum Baden oder Aussichtgenießen auf einem Bankerl. Von der Weihermühle an der Kapelle Maria Heimsuchung hat man einen Zugang zum Wasser.

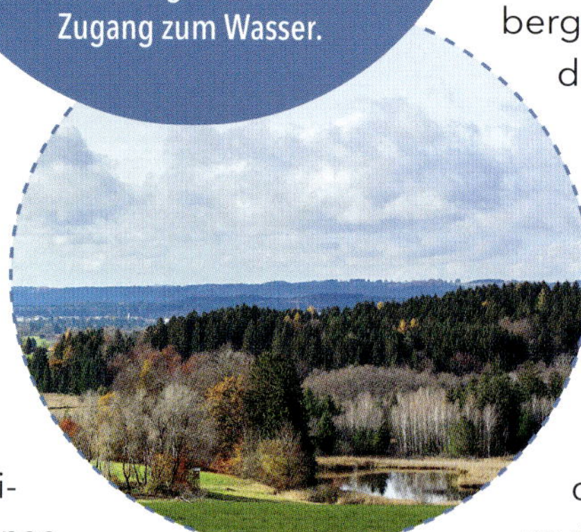

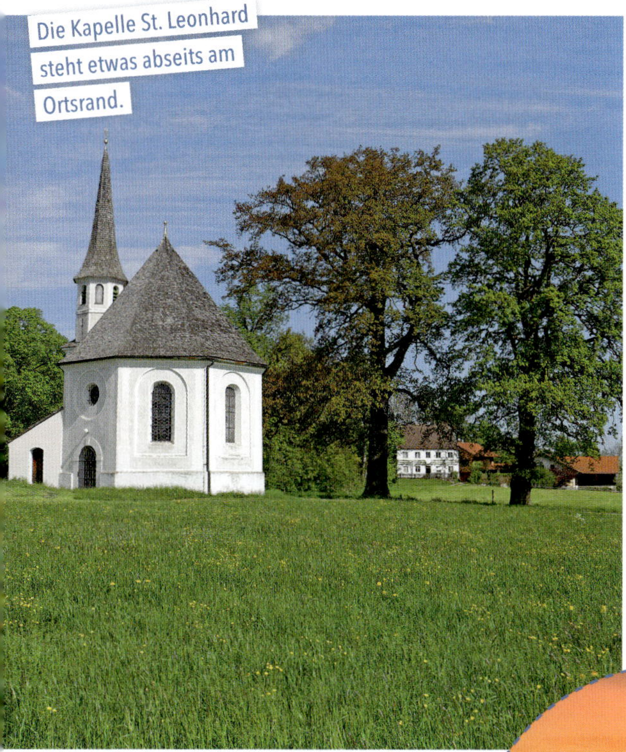

Die Kapelle St. Leonhard steht etwas abseits am Ortsrand.

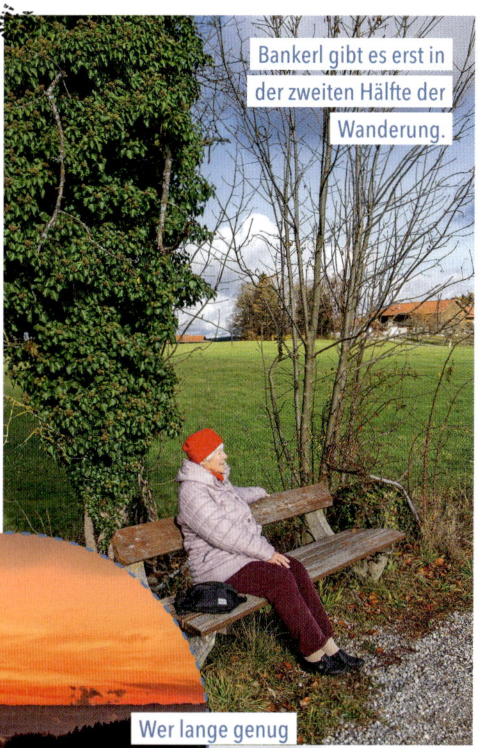

Bankerl gibt es erst in der zweiten Hälfte der Wanderung.

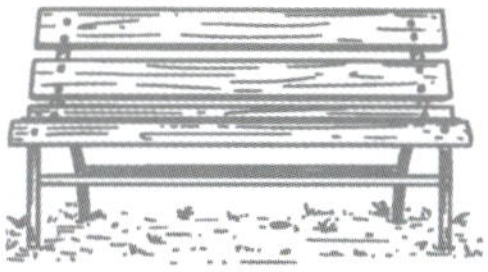

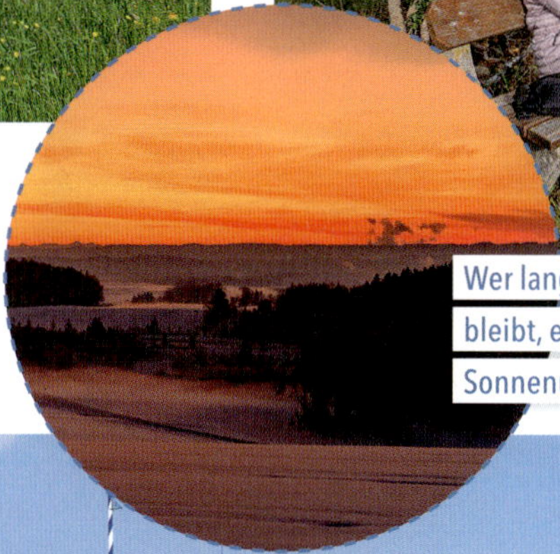

Wer lange genug bleibt, erlebt schöne Sonnenuntergänge.

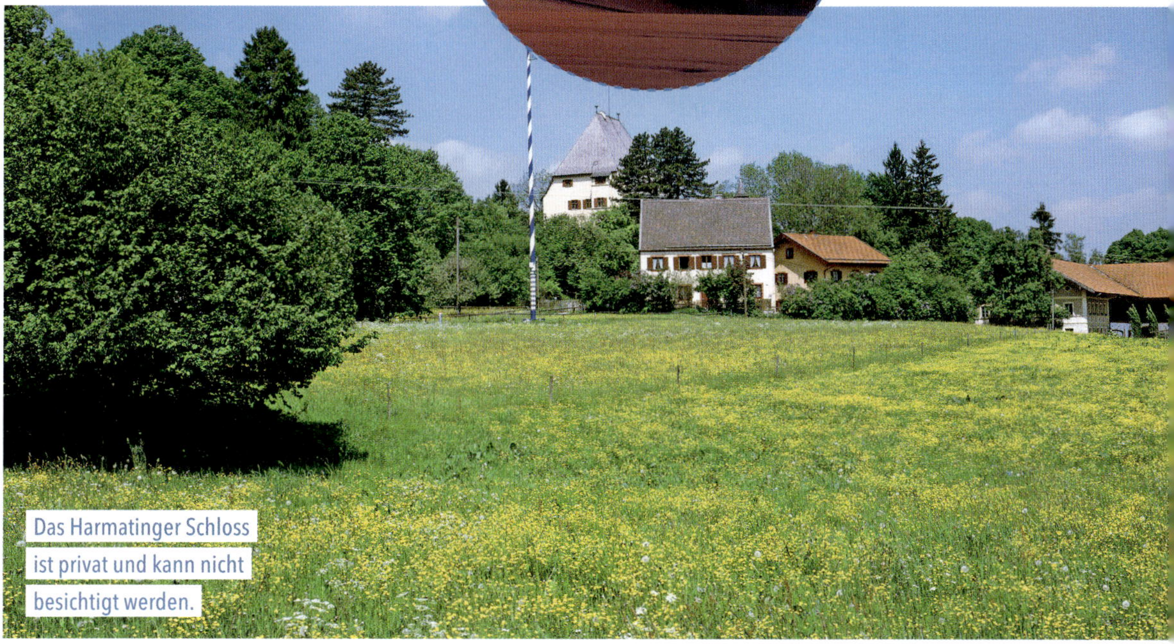

Das Harmatinger Schloss ist privat und kann nicht besichtigt werden.

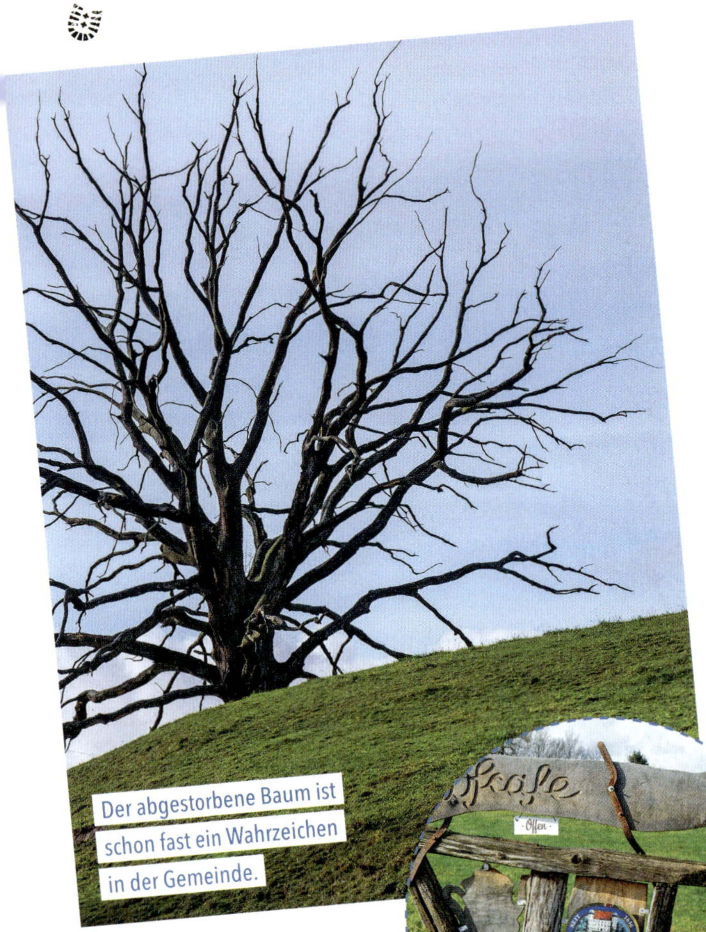

Der abgestorbene Baum ist schon fast ein Wahrzeichen in der Gemeinde.

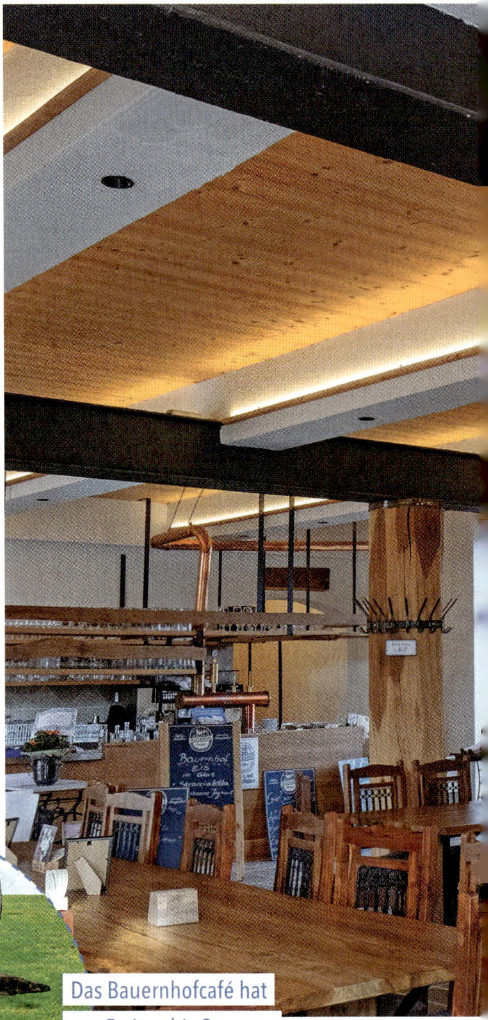

Das Bauernhofcafé hat nur Freitag bis Sonntag geöffnet.

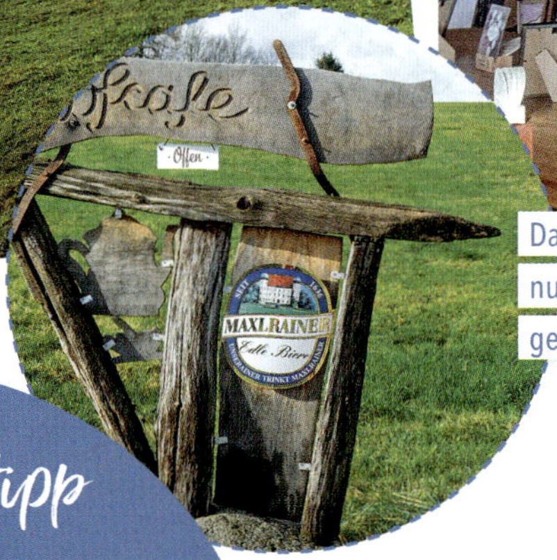

Schmankerltipp

Hofcafé Golkofer: Bei schönem Wetter kann man hier im Gastgarten, umgeben von einer Streuobstwiese, wunderbar einkehren. Und sollte es einmal kälter sein, lädt der große Gastraum ein zum Aufwärmen bei Brotzeiten und Suppen oder einer guten Tasse Kaffee mit leckerem Kuchen. Eine respektable Auswahl davon ist hinter dem Tresen zu sehen: Wie wäre es mit Zwetschgenstreuselkuchen, Käsekuchen mit Mohn oder Apfelkuchen? Guten Appetit!
■ *golkofer.de*

Harmating

Hier am Bankerl haben wir den größten Teil des Anstiegs geschafft und sind in Kürze in Harmating mit seinem Schloss. Dieses befindet sich jedoch in Privatbesitz und kann nicht besichtigt werden. Ehe wir für den Rückweg nach dem ersten Haus links abbiegen, lohnt es sich zuvor noch, geradeaus zu wandern, um der Kapelle St. Leonhard einen Besuch abzustatten – bei den

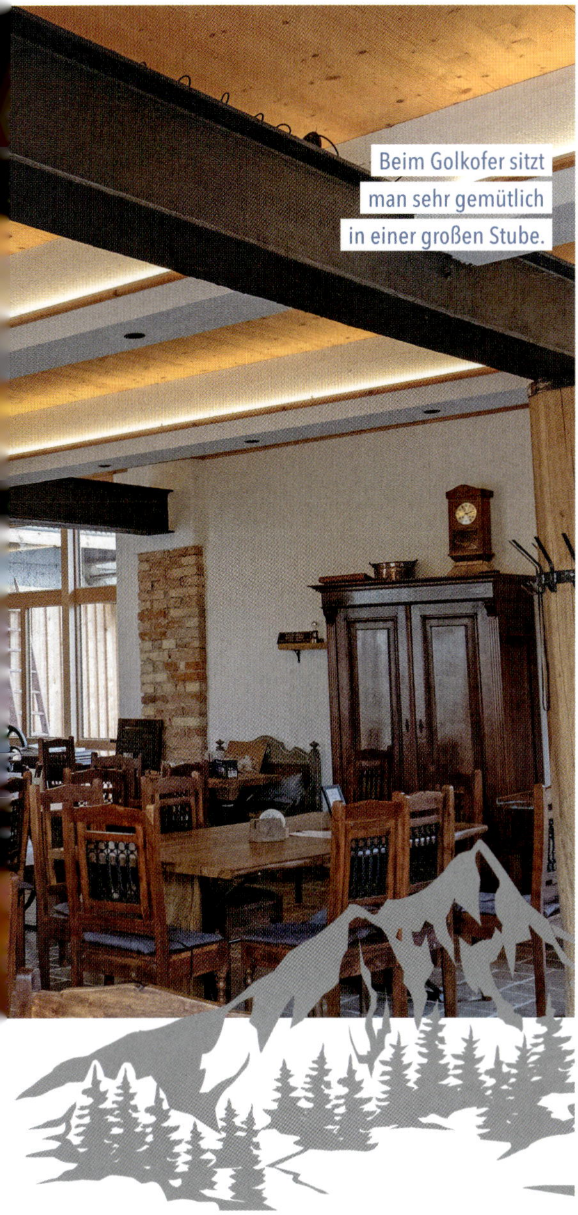

Beim Golkofer sitzt man sehr gemütlich in einer großen Stube.

Bäumen an der Straße vor der Kirche steht zudem noch ein Bankerl.

Anschließend wählen wir die oben erwähnte Straße für den Rückweg, die uns nach Goldkofen bringt, wo ebenfalls ganz bequem noch einmal ein Bankerl auftaucht, das zu einer Rast verführt. Dann haben wir bald wieder unseren Ausgangspunkt erreicht und können es uns nun im Hofcafé gutgehen lassen.

leicht

3,3 km

40 Hm

1 h

Auf einen Blick

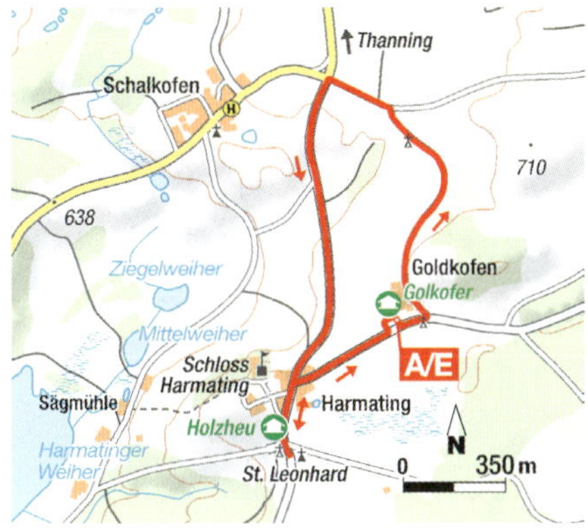

Tourencharakter

Einfacher Spaziergang auf geteerten Straßen mit sehr wenig Verkehr. Wenig Schatten. Für Rollstuhl und Rollator geeignet, jedoch müssen kleine Anstiege gemeistert werden.

Ausgangs-/Endpunkt

Parkplatz beim Café Golkofer, Golkofen/Egling
GPS: 47.89052, 11.54698

Anfahrt

ÖPNV: nicht möglich
Auto: A 8 bis Ausfahrt Hofoldinger Forst, über Sauerlach Richtung Wolfratshausen, in Öhnböck über Thanning und Feldkirchen nach Harmating und im Ort die erste Straße nach links Richtung Goldkofen nehmen

Weitere Informationen

- *egling.de*

KEIN KUCHEN IST AUCH KEINE LÖSUNG

9

Spaziergang bei Bairawies

Bei diesem Tipp dient unsere »Wanderung« wirklich nur als Alibi für die feine Einkehrmöglichkeit im gemütlichen Café Liebelei. Aber natürlich erwartet uns selbst auf diesen wenigen Metern ein Bankerl mitsamt schönem Ausblick.

Wer am Café Liebelei in Bairawies parkt, sollte natürlich auch dort einkehren – also riskieren wir vor unserem Spaziergang einen Blick, ob noch Plätze im Café frei sind, und entscheiden uns dementsprechend für den Kuchen vorher oder nachher.

Sehenswert: St. Koloman

Für den Spaziergang folgen wir einfach der Dorfstraße nach Norden. Sie führt über den Zeller Bach, und dann sehen wir linker Hand vor uns schon das Ziel, die kleine Filialkirche St. Koloman auf dem Minihügel. Um dorthin zu gelangen, biegen wir 100 Meter weiter in den Feldweg ein und folgen dem Wiesenpfad hinauf zum Gotteshaus. Das Kirchlein aus dem 16. Jahrhundert ist meist abgeschlossen, es gibt aber auf seiner Rückseite eine winzige Öffnung, durch die wir in den spätgotischen Saalraum blicken können. Der neubarocke Hochaltar mit den 14 Nothelfern stammt von 1877, genauso wie das Deckenfresko.

Rückweg zum Tortentraum

An der Kirchenmauer steht ein nettes Bankerl, das uns einen unverhofften Blick in die Berge gewährt. Ein guter Platz, um noch etwas sitzen zu bleiben, ehe wir dann auf demselben Weg wieder zurück zum Café Liebelei und zu dem dort auf uns wartenden Kuchenglück spazieren.

Schmankerltipp

Café Liebelei: Das Café trägt offiziell den Zusatz Patisserie, und das verrät schon, was man in Bairawies gar nicht erwarten würde: feinste Tortenträume in einem wunderschönen historischen Gemäuer. Neben den Kaffee- und Kuchenspezialitäten gibt es einige herzhafte Gerichte. Dazu kann man Selbstgemachtes erstehen. Einziger Wermutstropfen: Das Café hat nur mittwochs, donnerstags, freitags und am ersten Sonntag im Monat geöffnet.

■ *patisserie-liebelei.de*

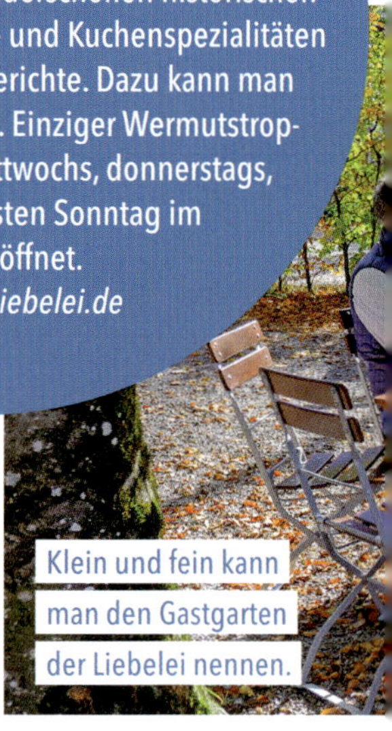

Klein und fein kann man den Gastgarten der Liebelei nennen.

Direkt an der Südseite des Langhauses wartet eine Bank auf uns.

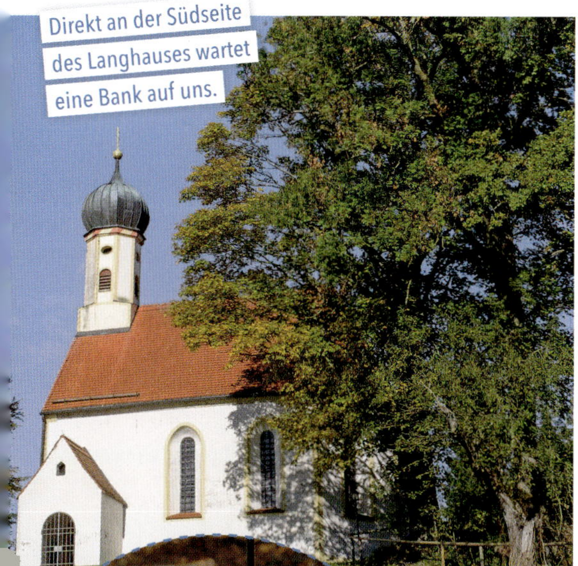

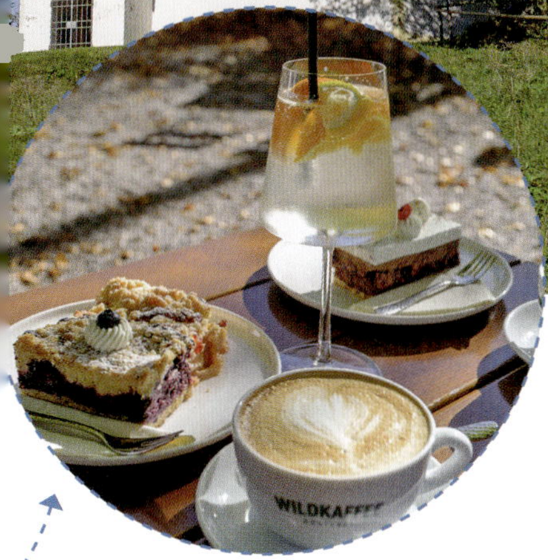

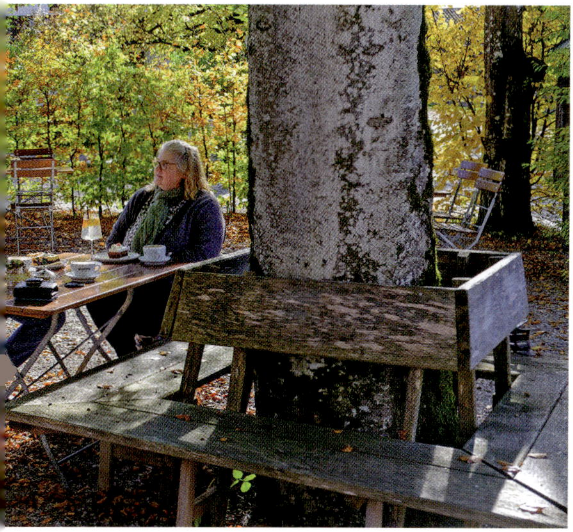

leicht

0,5 km

10 Hm

0.15 h

Auf einen Blick

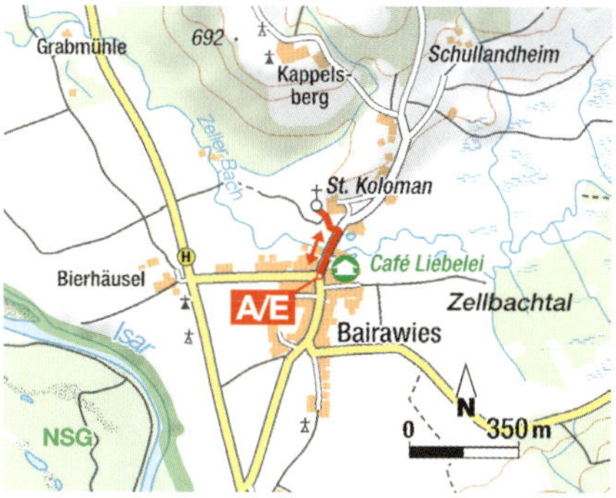

Tourencharakter

Sehr kurzer Spaziergang auf einer geteerten Straße, wobei der Pfad hinauf zur Kirche für Rollstuhl und Rollator nicht geeignet ist

Ausgangs-/Endpunkt

Bairawies, Café Liebelei
GPS: 47.835323, 11.535885

Anfahrt

ÖPNV: Mit der Bahn nach Wolfratshausen oder Bad Tölz, weiter per Bus bis Haltestelle Bairawies und von dort auf der kleinen geteerten Straße mit zusätzlichen 400 m in den Weiler Bairawies
Auto: A 95 bis Ausfahrt Wolfratshausen, weiter über Geretsried Ri. Bad Tölz und kurz hinter Einöd links nach Bairawies

Weitere Informationen

- *dietramszell.de*

DER STILLE WALDWEIHER

10

Bei Dietramszell

Etwas versteckt im Wald zwischen Holzkirchen und Bad Tölz liegt Dietramszell mit seiner prunkvollen Klosterkirche. Bei dieser kleinen Wanderung lassen sich Kultur, Badefreuden und Genuss einfach miteinander verbinden. Die Bankerl sind etwas rarer und finden sich vor allem am Badeplatz.

Wir beginnen unsere Wanderung am hinteren, östlichen Ende des lang gestreckten Parkplatzes. Dort schlüpfen wir an der Schranke vorbei und schauen zunächst auf das wunderschöne Kloster zurück, das stolz auf einem Hügel über dem Zeller Bach thront. Dabei handelte es sich bis zu seiner Auflösung im Rahmen der Säkularisation um ein Kleinkloster, das die Aufgabe hatte, die Seelsorge der Bevölkerung sicherzustellen.

Erfrischender Badesee …

Nach der Schranke teilt sich der Weg. Statt dem kleinen Pfad nehmen wir den linken Abzweig, denn dieser Weg ist bequemer zu begehen. Wir passieren den Neuweiher, einen künstlichen See, der vom Waldweiher her gespeist und ausschließlich zum Fischen genutzt wird. Jetzt steigt der Weg etwas an und trifft oben auf eine quer verlaufende Forststraße. Durch die Bäume glitzert schon der Waldweiher zu uns herauf.

Wir wenden uns nach rechts und treffen nach wenigen Metern auf eine kleine Wiese, die sich zum See hin öffnet. Das ist der beliebte Badeplatz, für den wir im Sommer die Schwimmsachen einpacken sollten. Die Stelle ist frei zugänglich, wird jedoch nicht beaufsichtigt. Damit ist auch jeder Besucher für sich selbst verantwortlich. Ein paar Bankerl laden zur Rast ein, sogar einen Tisch gibt es, an dem wir unsere Brotzeit auspacken können.

Geheimtipp

Etwas verlängern kann man die Runde, wenn man am Rückweg beim Gutshof nicht rechts abbiegt, sondern nach links wandert, um noch die kleine Kirche Maria Elend zu besuchen.

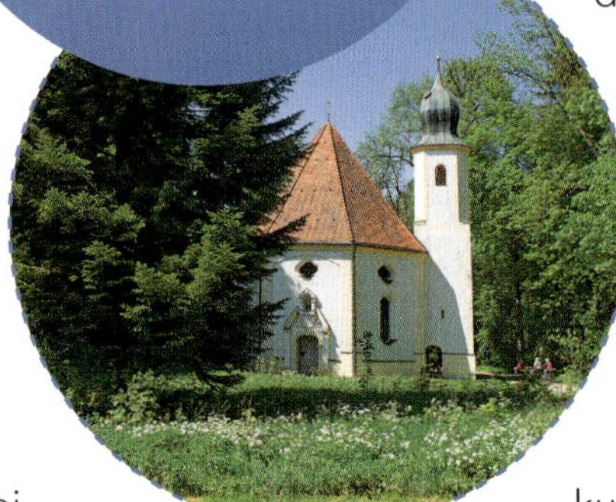

… und ein prachtvolles Kloster

Um zurück zum Kloster zu gelangen, nehmen wir den Weg, der direkt vom Badeplatz wegführt, kurz ansteigt und dann über eine Wiese auf den Gutshof der Familie Schilcher zuführt. Nach dem Hof treffen wir auf eine breite Straße, die

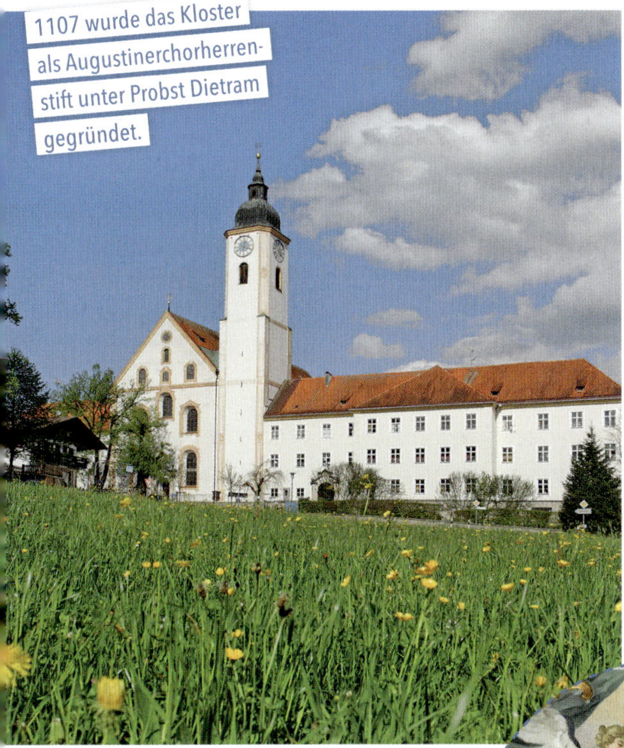

1107 wurde das Kloster als Augustinerchorherrenstift unter Probst Dietram gegründet.

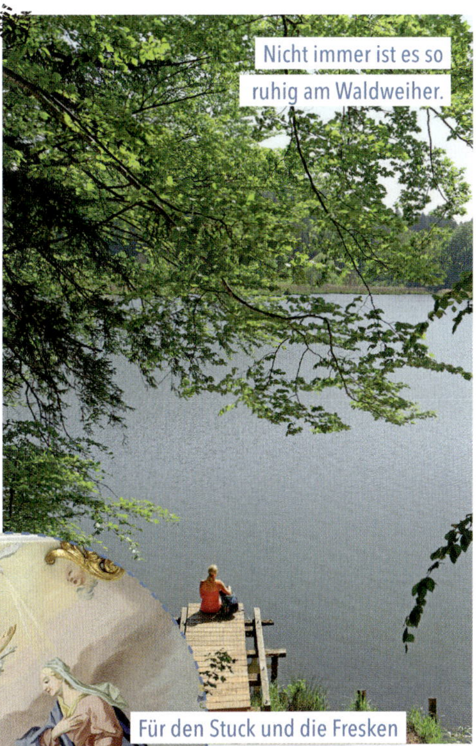

Nicht immer ist es so ruhig am Waldweiher.

In der Klosterkirche von Dietramszell finden hochkarätige Konzerte statt.

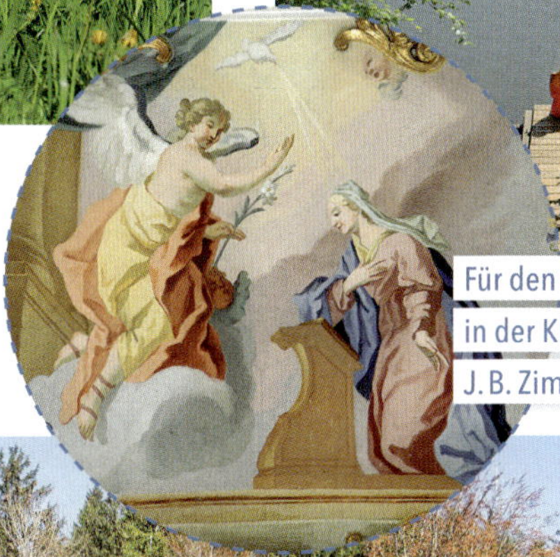

Für den Stuck und die Fresken in der Klosterkirche war J. B. Zimmermann verantwortlich.

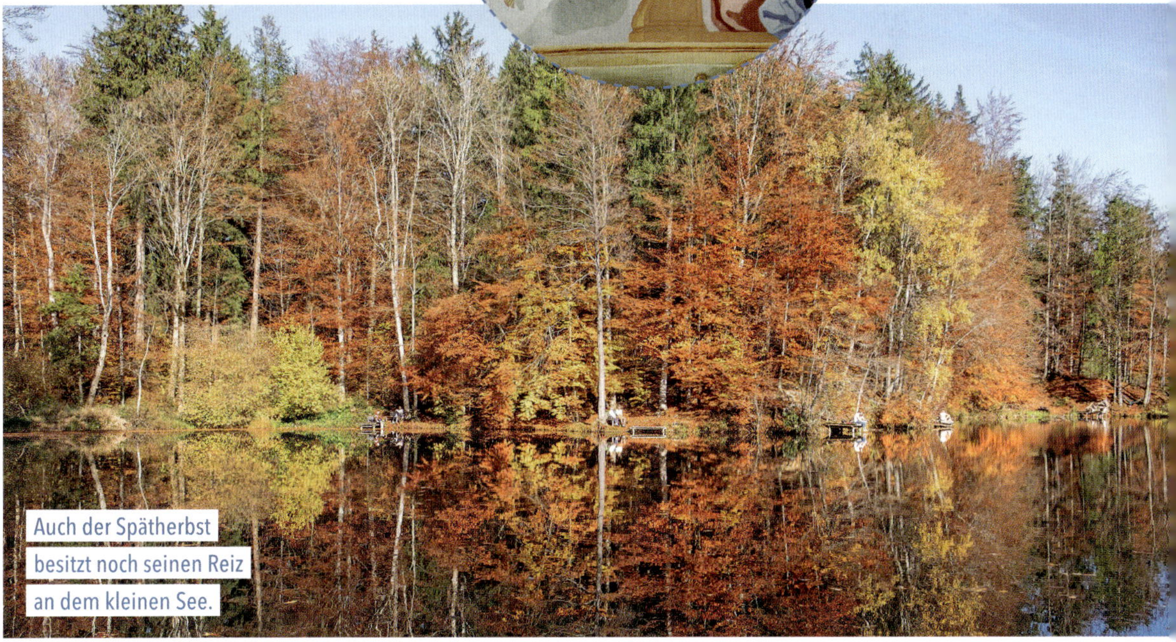

Auch der Spätherbst besitzt noch seinen Reiz an dem kleinen See.

leicht | 1,9 km

30 Hm | 0.45 h

Auf einen Blick

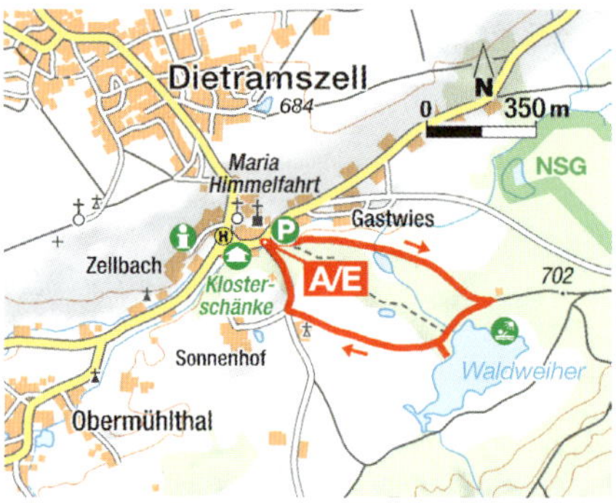

Tourencharakter

Einfacher Spaziergang auf Feld- und Waldwegen, am Hinweg viel Schatten, am Rückweg sonnig über offene Wiesen. Für Rollstuhl/Rollator nur bedingt geeignet. Im Sommer Badesachen nicht vergessen

Ausgangs-/Endpunkt

Dietramszell, Wanderparkplatz Waldweiher am Zeller Bach
GPS: 47.84878, 11.59764

Anfahrt

ÖPNV: Von München mit der Tramlinie 25 nach Grünwald und weiter mit Bus 271 nach Dietramszell
Auto: A 8 bis Ausfahrt Holzkirchen, in den Ort fahren, dort nach links auf die B 13 und nach gut 1,5 km rechts nach Dietramszell; zum Wanderparkplatz vor der Klosterschänke links abbiegen und nach dem Bach wieder links in den Parkplatz

Weitere Informationen

■ *dietramszell.de*

uns nach rechts direkt zum Parkplatz zurückbringt.

Das Kloster Dietramszell geht auf das 11. Jahrhundert zurück und erlebte seinen Höhepunkt zur späten Barockzeit, als es nach den Zerstörungen durch den Dreißigjährigen Krieg neu aufgebaut wurde. Damals entstand auch die Klosterkirche, wie wir sie heute sehen. Die Stuckausstattung und viele Bilder stammen von Johann Baptist Zimmermann, der auch bei der Gestaltung des vom Rokoko geprägten Innenraums wesentlich beteiligt war.

Schmankerltipp

Klosterschänke Dietramszell: Dem Startplatz gegenüber lädt die Klosterschänke zu Brotzeit oder Mittagessen ein. Das Haus wurde Mitte des 18. Jh. erbaut und lockt in der warmen Jahreszeit mit einem kleinen romantischen Gastgarten, der hinter dem Haus versteckt liegt. Falls es draußen zu kalt ist, finden wir innen einen holzgetäfelten Gastraum, der mit einem Kreuzrippengewölbe prunkt (Mo/Di Ruhetage).
■ *klosterschaenke-dietramszell.de*

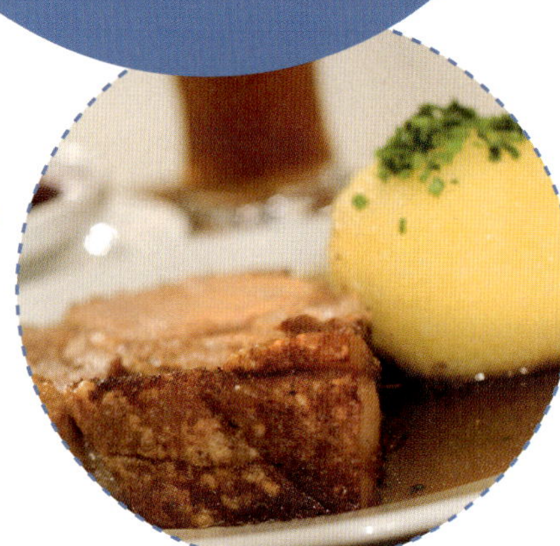

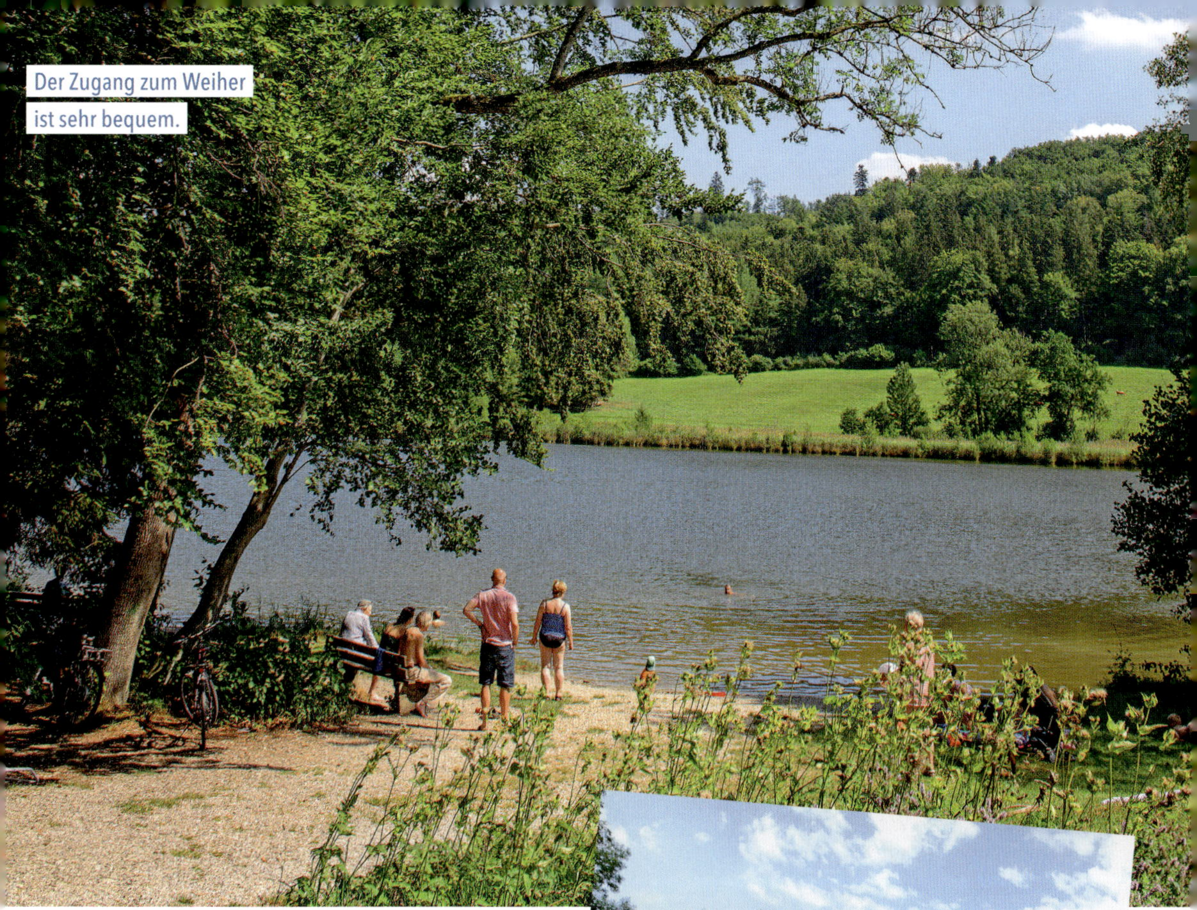

Der Zugang zum Weiher ist sehr bequem.

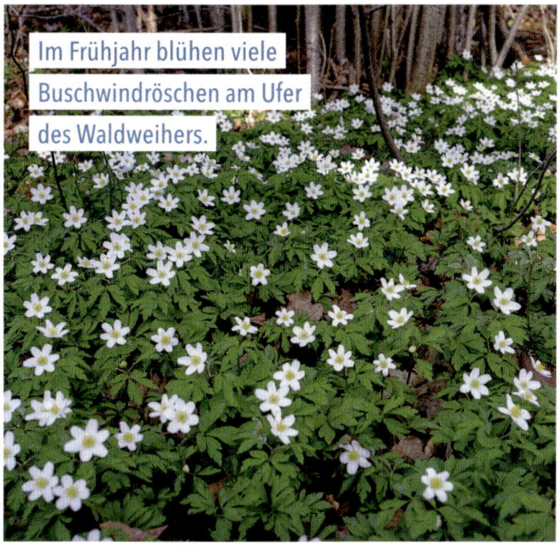

Im Frühjahr blühen viele Buschwindröschen am Ufer des Waldweihers.

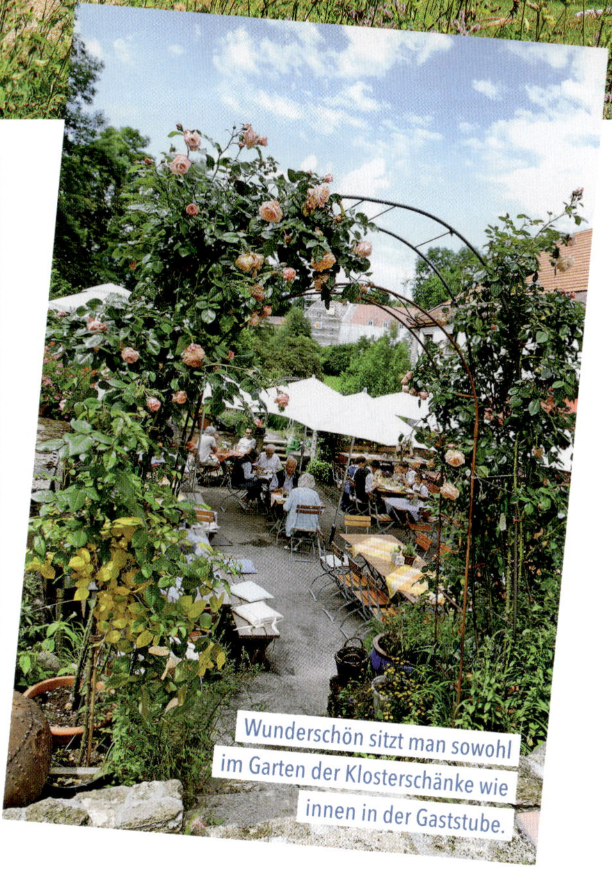

Wunderschön sitzt man sowohl im Garten der Klosterschänke wie innen in der Gaststube.

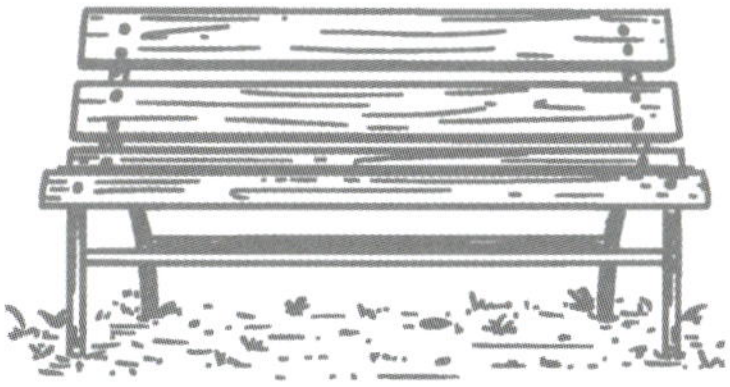

FÜR LEIB UND SEELE

11

Steingadens Egg

Steingaden bietet mit seinem alten Welfenkloster Kunstgenuss vom Feinsten, und die Wanderung verblüfft mit einzigartigen Bergblicken – für Bankerl ist dabei ebenso gesorgt wie für feinste bayerische Küche. Dieser Ausflug ist also wahrlich etwas für Körper und Geist.

Wir starten unsere Wanderung am Marktplatz vor dem Kloster in Steingaden, drehen dem Kloster den Rücken zu und gehen zur großen B 17 vor, der ortsdurchquerenden Hauptstraße. Eine Ampel hilft uns sicher auf die andere Straßenseite, wo wir uns nach rechts in die Krankenhausstraße wenden. Das große, auffällige viereckige Gebäude, das wir dabei passieren, gehörte früher zum Kloster; heute beherbergt es das Rathaus, die Bücherei und die Grundschule von Steingaden. Neben uns rauscht der Neuhausbach, den wir aber verlassen, wenn wir dem Linksknick der Straße folgen.

Variantenreicher Anstieg

Bald taucht rechts von uns das ehemalige Krankenhaus auf, dem man seinen ursprünglichen Zweck immer noch etwas ansieht. Direkt dort teilt sich die Straße, und wir müssen uns nun entscheiden: Für Rollatornutzer und Rollstuhlfahrer geht es geradeaus immer der Teerstraße folgend weiter und bald leicht aufwärts zum Aussichtspunkt Egg. Wobei dann der Hin- und Rückweg auf der gleichen Strecke verlaufen.

Auf dem Weg gibt es aber noch eine zweite Variante, nicht rollstuhltauglich, etwas länger als der direkte Weg auf die Egg und trotzdem kürzer als die dritte Variante: Auf der Straße folgt noch eine Abzweigung, die sich an einem Wegkreuz teilt – geradeaus wird die Straße zur Auf der Egg, rechts bleibt es die Krankenhausstraße. Wer möchte, kann sich hier rechts halten und nach den Häusern weiter dem Feldweg folgen. Er führt leicht aufwärts an zwei

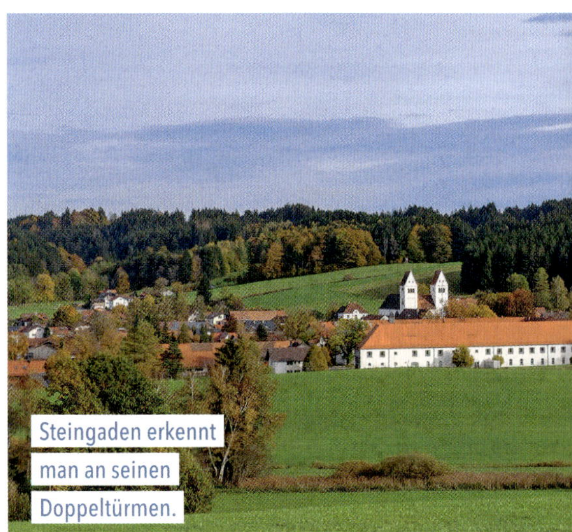

Steingaden erkennt man an seinen Doppeltürmen.

Den Kreuzgang muss man finden, er liegt rechts hinter einer Tür im Langhaus.

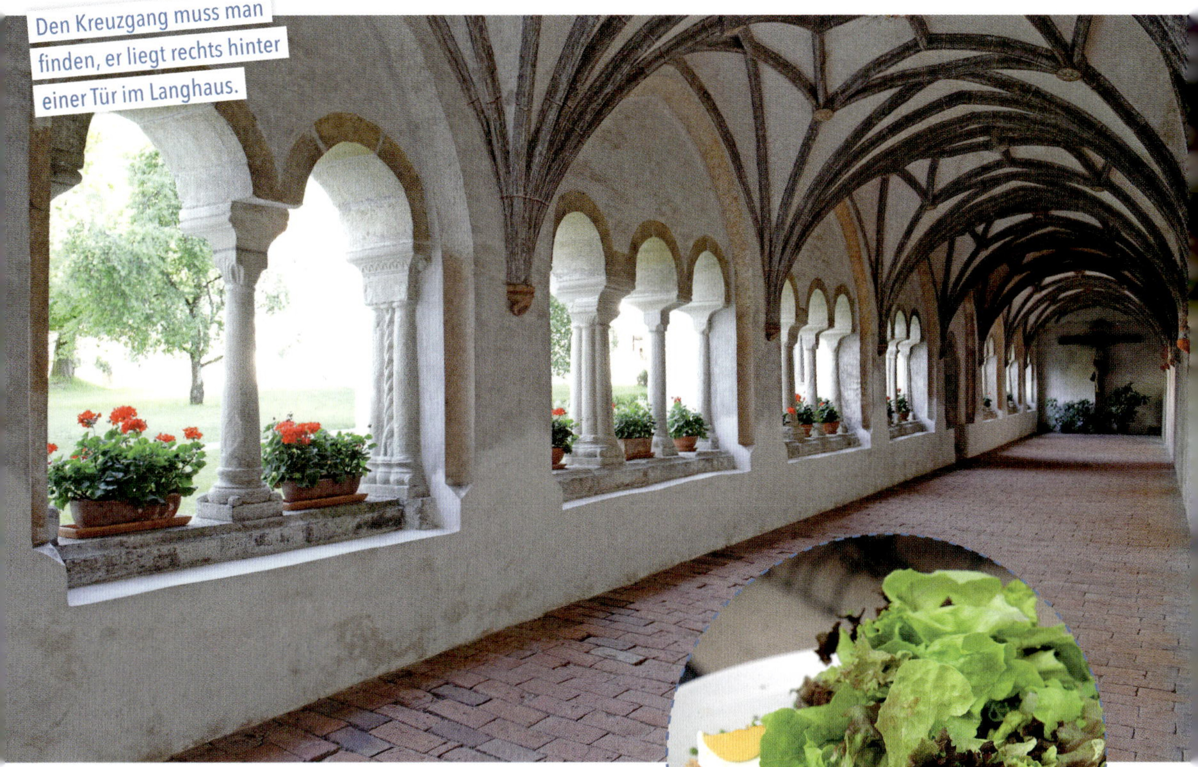

Schmankerltipp

Gasthof Graf: Direkt an der Hauptstraße in Steingaden liegt der Gasthof Graf, der ungeahnte kulinarische Genüsse hinter dem ergrauten Mauerwerk bietet – beim Graf harmonieren Tradition und Qualität perfekt, die meisten Zutaten stammen aus der Region oder sind selbst gemacht. Die Küche ist bayerisch, aber doch mit Raffinesse, dazu gibt es auch beste Kuchen – es schmeckt einfach sensationell gut! Wer in Steingaden unterwegs ist, sollte seinen Hunger definitiv im Gasthof Graf stillen (Mo/Di Ruhetage).
■ *gasthof-graf.de*

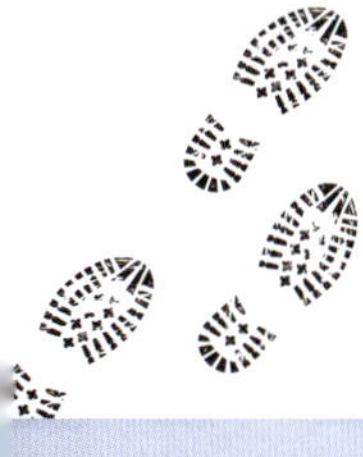

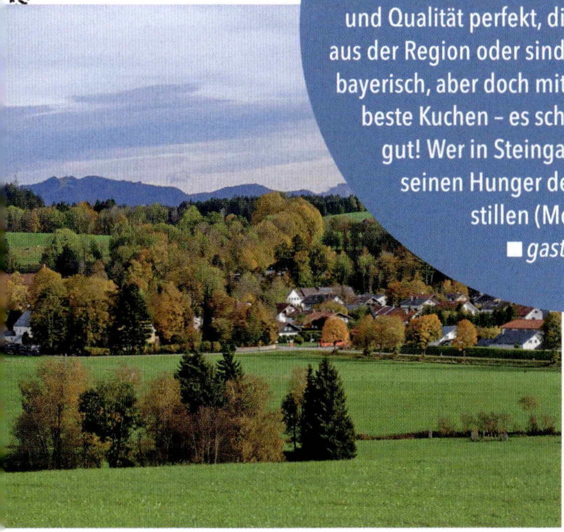

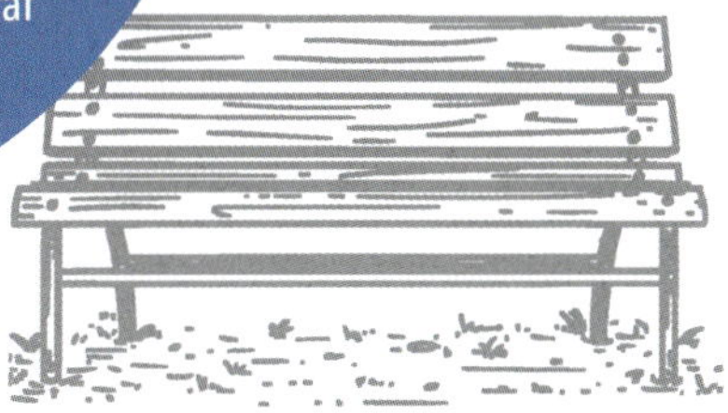

Geheimtipp

Die alte Klosterkirche von Steingaden ist unbedingt einen Besuch wert – das romanische Eingangsportal lässt nicht erahnen, welch starker Kontrast dazu einen im Inneren des Gotteshauses erwartet.

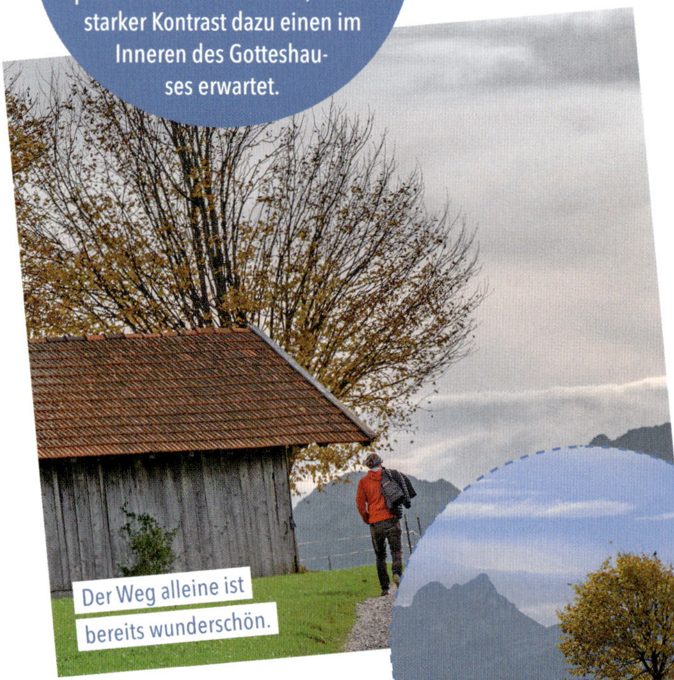

Der Weg alleine ist bereits wunderschön.

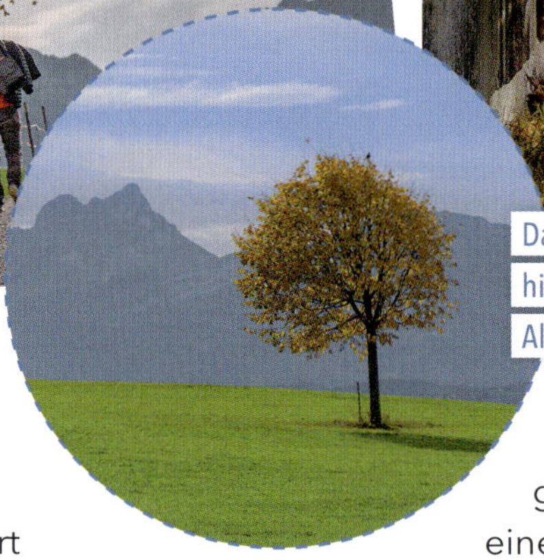

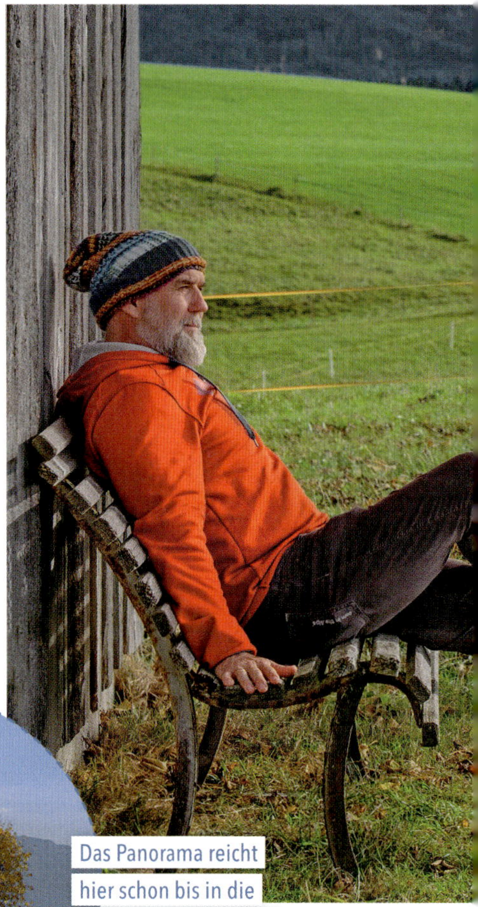

Das Panorama reicht hier schon bis in die Allgäuer Berge hinein.

Scheunen vorbei zu einem Bankerl an einer Wegekreuzung. Nach der Pause wandert man links weiter, leicht bergauf und bergab, um dann an der Teerstraße links die Egg zu erreichen.

Über den Storchenweiher zur Egg

Für die längste Runde biegen wir rechts in den Griesfeldweg ein und passieren geradeaus ein Neubaugebiet. Dahinter beginnt ein bequemer Feldweg, der uns zum Storchenweiher führt. An seinem Nordufer steht eine herrliche Liegebank, perfekt für eine Pause. Die brauchen wir auch, denn anschließend geht es auf einem Trampelpfad direkt über die Wiese aufwärts. Versprochen, oben wird der Weg gleich wieder besser, aber eine schöne Aussicht will nun mal erobert werden. Die haben wir sogleich, wenn wir die kleine Anhöhe geschafft haben.

Unser Weg führt uns nun zu einer Wegkreuzung mitten auf dem Feld – von links stoßen hier die Wanderer zu uns, die die zweite, mittlere Variante gewählt haben. Zur Egg wandern wir noch einmal leicht aufwärts geradeaus weiter. Oben an einer Scheune haben wir den höchsten Punkt erreicht, und auch hier steht wieder ein Bankerl zur Pause bereit. Nun geht es abwärts zur Teerstraße, der wir nach links zum Egg folgen (Achtung hier auf Autos!).

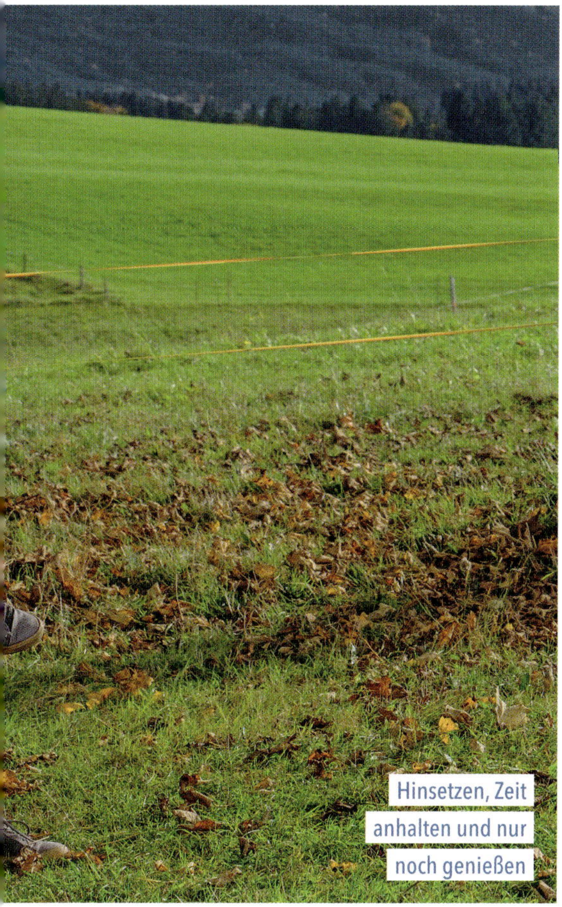

Hinsetzen, Zeit anhalten und nur noch genießen

Panoramagenuss par excellence

Schnell ist die Egg erreicht, wo uns erneut Rastbänke erwarten. Dazu gibt es eine Panoramatafel, die die grandiose Schau rundum bestens erklärt: Allgäuer und Ammergauer Alpen geben sich ein Stelldichein, und auch der Lechstausee sowie die beiden Klostertürme von Steingaden sind gut zu sehen. Ein wirklich bezaubernder Platz, von dem wir uns nur schwer loseisen können.

Für den Rückweg, der nun für alle Wanderer gleich ist, geht es weiter auf der kleinen Straße hinunter zu den Häusern von Steingaden und bald auf dem Hinweg zurück zu unserem Ausgangspunkt. Jetzt ist hoffentlich noch genügend Zeit für eine Klosterbesichtigung in der Ortsmitte.

mittel | 3,6 km

40 Hm | 1.15 h

Auf einen Blick

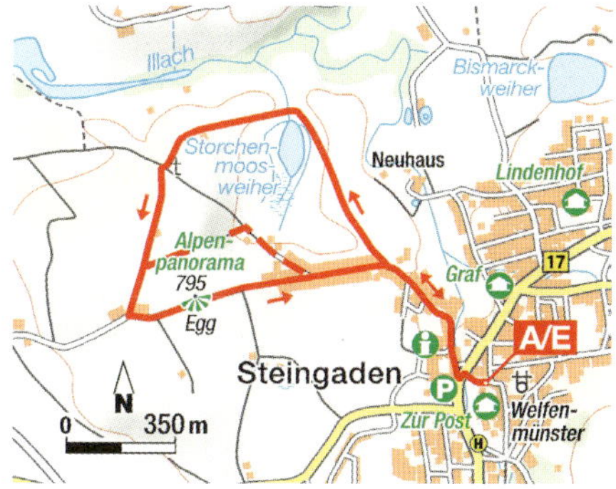

Tourencharakter
Variantenreicher Spaziergang mit nur wenigen Höhenmetern. Die Angabe von 3,6 km bezieht sich auf die längste Runde, die nicht rollatortauglich ist und für die man gutes Schuhwerk braucht, denn es geht auf einem kleinen Wiesenpfad aufwärts. Wer auf dem geteerten Sträßchen bleibt, kann die Tour mit Rollstuhl oder Rollator befahren.

Ausgangs-/Endpunkt
Steingaden, Marktplatz
GPS: 47.701449, 10.861180

Anfahrt
ÖPNV: Mit der Bahn nach Weilheim, Schongau oder Füssen und weiter mit dem Bus nach Steingaden
Auto: Über die B 17 nach Steingaden; Parkplätze am Kloster

Weitere Informationen
- *steingaden.de*

SPAZIERGANG IM PFAFFENWINKEL

12

Aussichtsloge bei Rottenbuch

Das Ziel des Pfaffenwinkler Milchwegs ist die Schönegger Käse-Alm. Je nachdem wie fit man ist, kann der Weg jedoch recht lang sein. Deshalb bieten wir eine kürzere, aber sehr aussichtsreiche Variante, die natürlich auch in die Käsewelt führt.

Wir beginnen unsere Wanderung am Parkplatz der Schönegger Käseralm und folgen der Zufahrtsstraße nach Westen. Sie führt uns sogleich zu einer Wegverzweigung und dem wunderschönen Aussichtspunkt mit Rastbank, wo wir das herrliche Panorama über die nahen Trauchgauer Berge und das hügelige Voralpenland genießen können.

Milchweg und Käse-Alm

Danach geht es noch ein kurzes Stück in Wanderrichtung weiter, bis wir rechts der Beschilderung auf den Pfaffenwinkler Milchweg folgen. Der Weg senkt sich und führt am Rand der Felder zu einem quer verlaufenden Sträßchen. Hier haben wir nun schon den Wendepunkt unserer Wanderung erreicht. Der Milchweg würde nach rechts weiterführen, wir jedoch halten uns links und müssen nun die anfangs verlorenen Höhenmeter wieder gewinnen. Zum Glück wandern wir durch den Wald und kurz darauf stehen wir erneut mit schönster Aussicht auf dem Hügel. An der Weggabelung geht es wieder links und wir flanieren nun förmlich zurück zu unserem Aussichtspunkt. Von dort ist es derselbe Weg wie zu Beginn, der uns zurück zur Schönegger Käse-Alm führt, wo wir uns eine deftige Brotzeit verdient haben.

Geheimtipp

Der Pfaffenwinkler Milchweg startet im Klosterort Rottenbuch und ist insgesamt rund 6 km lang (100 Hm); konditionell stärkere Wanderer, die mit ÖPNV anreisen, können die gesamte Runde gehen. Der Weg informiert unterhaltsam an verschiedenen Stationen über das Thema »Milch«.

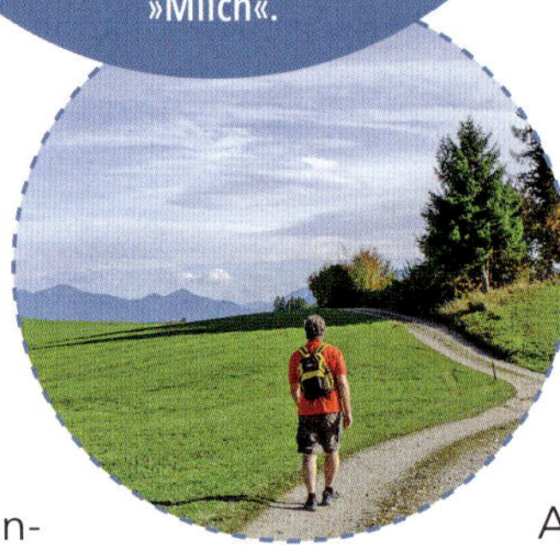

Schönegger Käse-Alm

Man kennt sie von zahlreichen Verkaufsstellen im ganzen Oberland: die Schönegger Käse-Alm. Unweit von Rottenbuch liegt die »Firmenzentrale«, ein Bauernhof in herrlicher Aussichtslage. Mit dem tollen Spielplatz ist sie als Ausflugsziel auch perfekt für Familien mit Kindern geeignet. Für kulinarische Freuden sorgt der an-

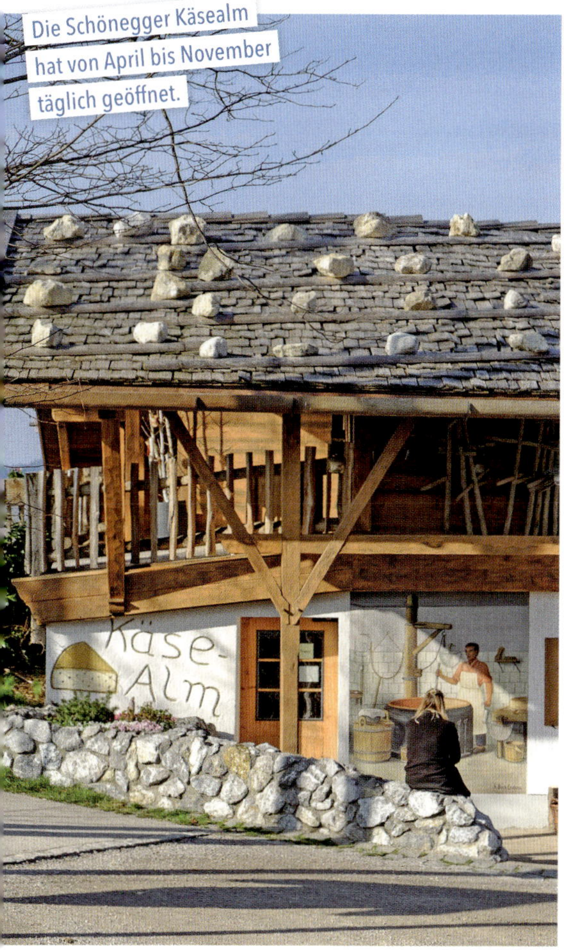

Die Schönegger Käsealm hat von April bis November täglich geöffnet.

geschlossene Hofladen – dort kann man sich nicht nur für zu Hause eindecken, sondern seine selbst zusammengestellte Brotzeit direkt auf den Bänken rund um den Hof verspeisen. Käseteller, bei denen man sich durch das große Sortiment der Käsewelt probiert, stehen dabei hoch im Kurs, es gibt aber auch Kaffee und selbst gemachte Kuchen.

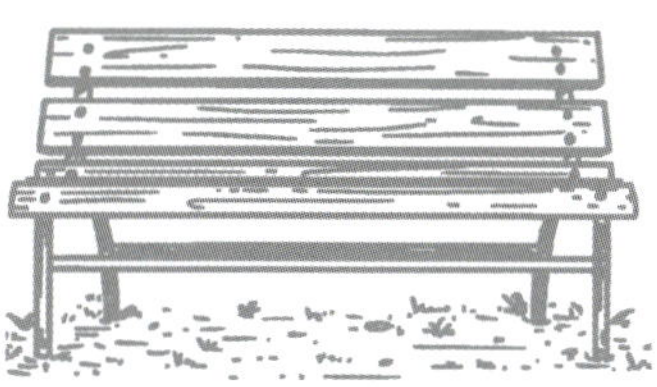

mittel

2,5 km

40 Hm

1 h

Auf einen Blick

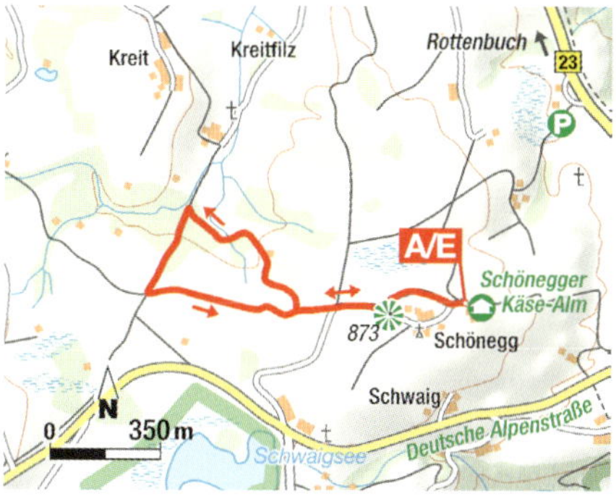

Tourencharakter

Schöner Spaziergang auf meist geteerten Wegen und Sträßchen. Anfangs bergab, beim Rückweg folgt ein kurzer steilerer Anstieg – wer das schafft, kann die Runde auch mit Rollstuhl oder Rollator bewältigen.

Ausgangs-/Endpunkt

Schönegger Käse-Alm bei Rottenbuch
GPS: 47.712025, 10.966458

Anfahrt

ÖPNV: Mit der Bahn bis Weilheim, Peißenberg oder Peiting und weiter mit dem Bus nach Rottenbuch. Dann muss man aber die gesamte Runde absolvieren (s. Tipp).
Auto: A 95 bis Ausfahrt Murnau, weiter nach Murnau und über Bad Kohlgrub zur Echelsbacher Brücke über den Lech, dann links Ri. Wildsteig und kurz darauf rechts der Beschilderung zur Schönegger Käse-Alm folgen

Weitere Informationen

- *rottenbuch.de*

13

Das Moor bei Bad Bayersoien

Bad Bayersoien liegt an einem Moorsee, der nach der letzten Eiszeit durch Verlandung stark geschrumpft ist. Vor allem an seinem Nordwestufer sind die großen Verlandungsflächen deutlich erkennbar. Der See ist nicht sehr tief, daher erwärmt er sich im Frühsommer sehr schnell – ideal zum Baden!

Wir beginnen unseren Seerundweg am Fischerhäusl, einem kleinen Kiosk, und wenden uns dort nach rechts. Wer Lust hat, kann die Schuhe ausziehen, um die gesamte Runde auf einem Barfußpfad zurückzulegen. Der Hauptweg ist immer ein bequemer Uferweg, von dem sich einige nette Abstecher ins Moor machen lassen. Viele davon sind mit Balancierelementen versehen – ein großer Spaß nicht nur für Kinder!

Das Moor und die Römer

Gleich zu Beginn passieren wir ein Bodendenkmal, das an die Zeit der Römer erinnert, die hier am See gelebt haben sollen. Es symbolisiert den Limes, die römische Grenzbefestigung gegen die Germanen. Ein paar bunte Liegestühle und einige Bankerl deuten auf den wunderschönen Badeplatz im Sommer hin.

Kurz nach dem Denkmal verzweigt sich der Weg. Auch hier hat man mit Rastbankerln nicht gespart: Unter Birken sitzend, können wir hier weit über den See blicken und die Wasservögel beobachten. Wir halten uns an der Verzweigung links, überqueren den Glotzenbach und erreichen das Nordufer des Sees.

Bohlenweg oder Kneippen?

Jetzt haben wir die Hälfte des Wegs geschafft. Für ein Zusatzprogramm könnten wir nach rechts den Bohlenweg wählen. Ansonsten bleiben wir dem Ufer treu, erst eine

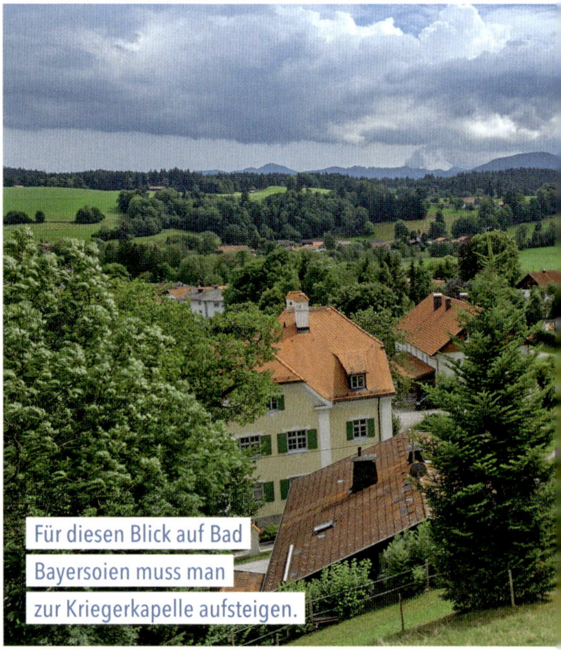

Für diesen Blick auf Bad Bayersoien muss man zur Kriegerkapelle aufsteigen.

Sogar Ruderboote kann man sich am See ausleihen.

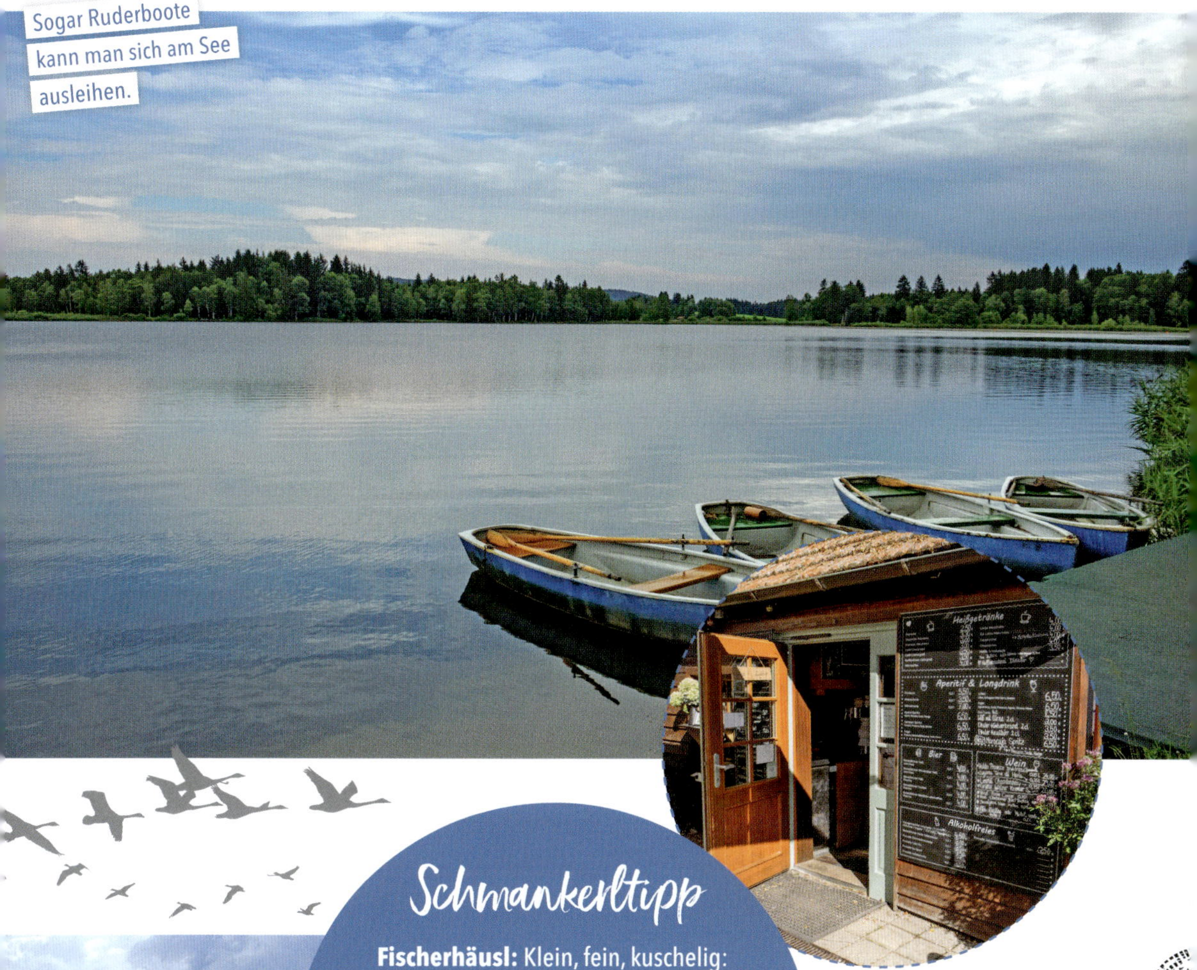

Schmankerltipp

Fischerhäusl: Klein, fein, kuschelig: Der Kiosk direkt am See ist eine kulinarische Besonderheit in Bad Bayersoien. Jeden Wochentag werden andere Gerichte angeboten, allesamt fein und sehr lecker. Vom Prinzip her ist es ein Kiosk, also Selbstbedienung, mit kleiner Auswahl, alles ganz einfach und trotzdem chillig. Dazu genießt man aber den unbezahlbaren Seeblick.
■ *Tel. 08845/757 23 38*

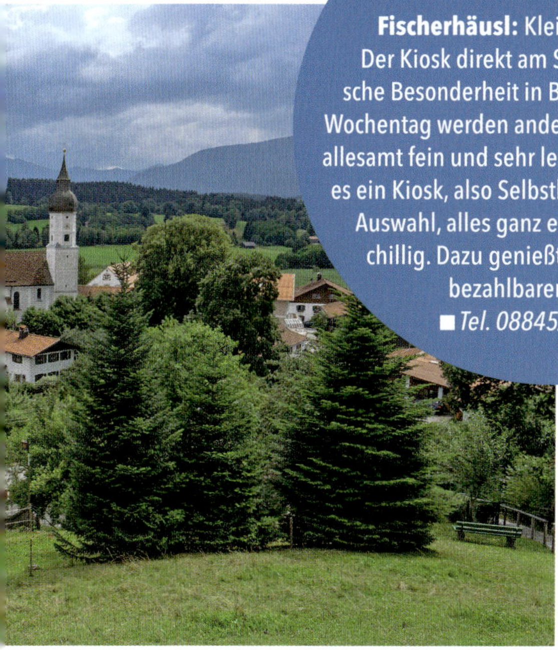

leicht

2 km

0 Hm

1 h

Auf einen Blick

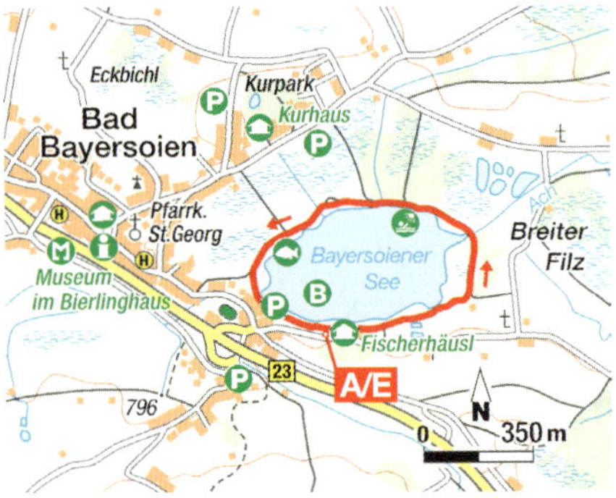

Tourencharakter
Einfacher Spaziergang auf ungeteerten, autofreien Wegen, barrierefrei und somit ideal für Rollstuhl und Rollator geeignet. Im Sommer Badesachen nicht vergessen

Ausgangs-/Endpunkt
Bad Bayersoien, Kiosk Fischerhäusl
GPS: 47.688598, 11.003423

Anfahrt
ÖPNV: Mit dem Zug nach Bad Kohlgrub, weiter mit Bus 9606 nach Bad Bayersoien bis Haltstelle Eisplatz, von dort zu Fuß auf der Dorfstraße nach Südosten, dann links der Beschilderung zum See folgen (+10 Min.)
Auto: A 95 bis Ausfahrt Sindelsdorf, weiter nach Murnau, dort der Beschilderung »Bad Kohlgrub, Saulgrub« folgen, vor Saulgrub auf die B 23 nach Bad Bayersoien; Parken entweder direkt am Fischerhäusl (gebührenpflichtig) oder auf der anderen Seite der Bundesstraße am Trathweg (gebührenfrei)

Weitere Informationen
■ *gemeinde-bad-bayersoien.de*

Kneippanlage bremst uns wieder etwas aus, schließlich wird dem dunklen Moorwasser eine besonders starke Heilwirkung zugesagt.

Kurz nach der Kneippanlage wendet sich unser Weg nach links und bleibt, jetzt ganz leicht höher gelegt, in der Nähe des Seeufers. Rechts von uns gab es einmal einen zweiten See, er wurde allerdings trockengelegt, weil die Bauern das auf ihm wachsende Schilf als Einstreu nutzen wollten. Links von uns finden wir im Schilf weitere Liegen versteckt.

Wir überqueren den Bärenbach und erreichen den Dorfrand von Bad Bayersoien. Zum Abschluss fällt noch ein gewaltiger Menhir oder Findling auf, der neben einer Friedensglocke steht – sein Gewicht wird auf fünf Tonnen geschätzt. Von hier ist es nicht mehr weit, und in ein paar Minuten haben wir unseren Ausgangspunkt, das Fischerhäusl, wieder erreicht.

Tipp
In Bad Bayersoien gibt es noch einen netten interaktiven Vogellehrpfad (Infos darüber in der Tourist-Info).

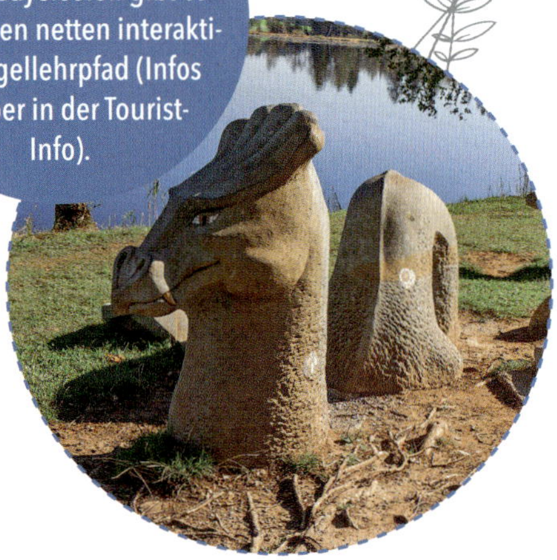

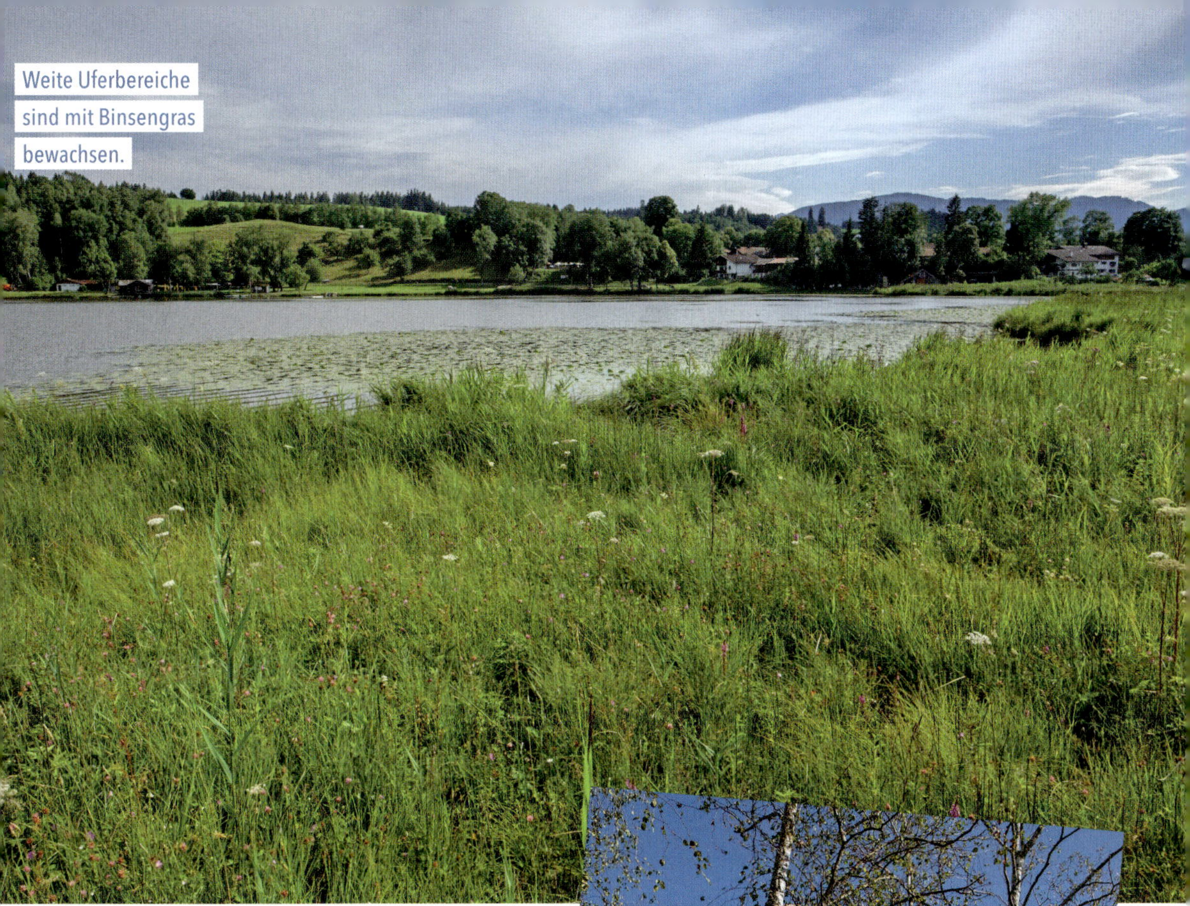

Weite Uferbereiche sind mit Binsengras bewachsen.

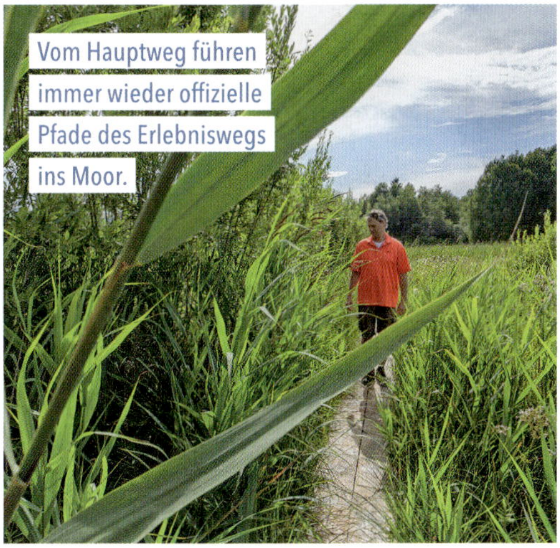

Vom Hauptweg führen immer wieder offizielle Pfade des Erlebniswegs ins Moor.

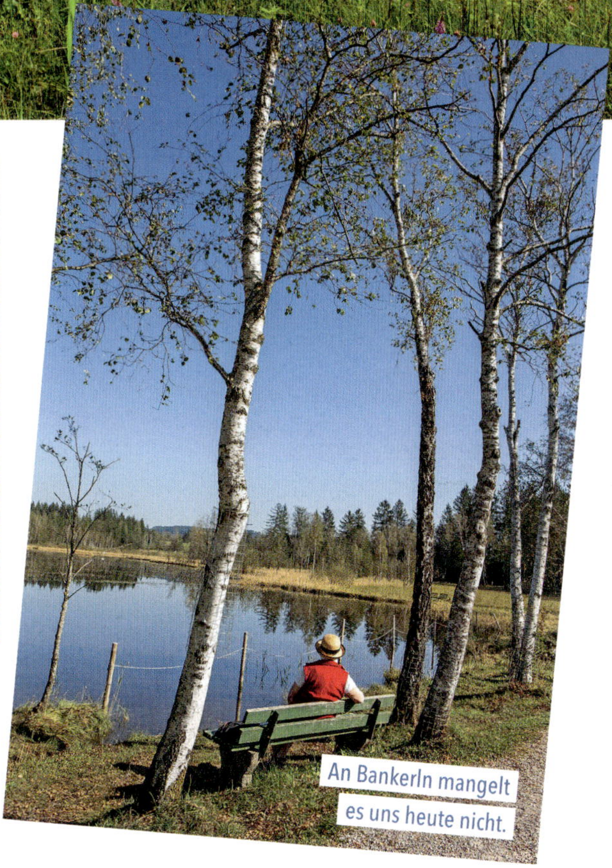

An Bankerln mangelt es uns heute nicht.

KLEINES ABENTEUER MIT AUSSICHT

14

Wilde Wege in Bad Kohlgrub

Bad Kohlgrub liegt am Fuß des Hörnles. Die Ausläufer diese Bergs lassen sich schon in der Ortsmitte erspüren. Ein naturbelassener Weg führt vom Kurpark entlang des Stickelgrabens hinauf zu einem Panoramaweg. Rastbänke sorgen für Erholung, genauso wie das nette Café Wohlig.

Am Brunnen vor dem Rathaus und der Kirche St. Martin in Bad Kohlgrub beginnen wir unsere Wanderung. Mit Blick auf die Kirche geht es für uns nach links, und wir steuern das große Haus des Gastes an. Auf dem Weg dorthin sollten wir einen Blick auf den wunderschönen Bauernhof rechts von uns werfen, seine hübschen Lüftlmalereien fallen sofort ins Auge.

Geheimtipp

In Bad Kohlgrub lohnt sich noch ein zweiter kurzer Spaziergang: Nördlich der Bahn führt ein Themenweg ins Bergkiefernmoor, wo man u. a. in einem Moor-Kneippbecken für das Wohlbefinden seiner Gelenke sorgen kann.

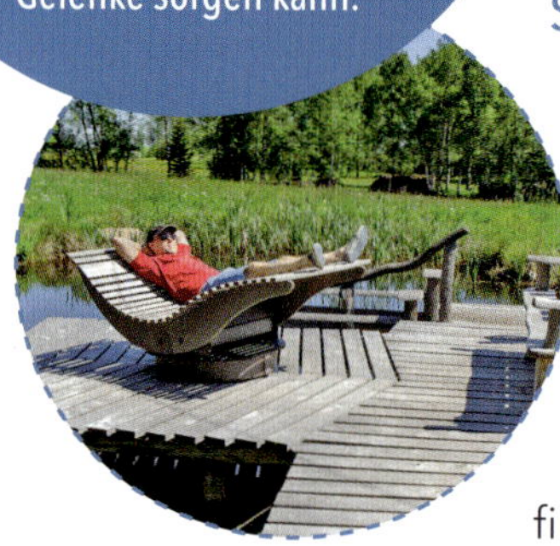

Der Obstbaumgarten der Kinder

Hinter dem Haus des Gastes beginnt der Bad Kohlgruber Kurpark. Der Ort ist für seine Moorbäder bekannt, die auch bei Kinderwunsch helfen sollen. Wer aufmerksam durch den Kurpark schlendert, wird den Lebensgarten entdecken: einen Obstgarten, in dem für jedes Kind ein Baum gepflanzt wurde, das nach einer Kinderwunschkur zur Welt kam. Übrigens so erfolgreich, dass inzwischen kein Platz mehr für neue Bäume ist – jetzt werden die Namen der »Moor-Babys« auf einer Plakette an einem geschmiedeten Baum verewigt.

Wir durchqueren den Kurgarten auf dem Hauptweg, vorbei am Kurkonzert-Pavillon. Fast am Ende des Parks halten wir uns rechts und queren dann links auf einem Steg den Stickelgraben (Schild »Timberland-Trail Mythen-Weg«).

Schaukeln unter Hainbuchen

Jetzt kommen wir gleich ein bisschen ins Schwitzen. Steil steigt der Weg entlang des Bergbachs an. Dass wir uns hier am Ausläufer des Hörnles befinden, merkt man gleich.

Der Weg benötigt sogar zwei winzige Serpentinen, um nicht zu steil zu werden, aber schließlich haben wir es geschafft und treten aus dem Wald heraus auf den kurzen Panoramaweg über

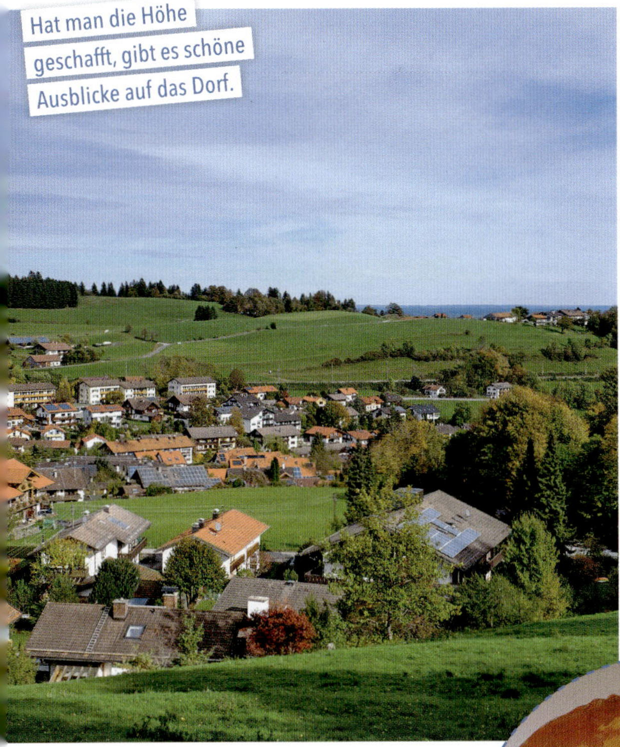

Hat man die Höhe geschafft, gibt es schöne Ausblicke auf das Dorf.

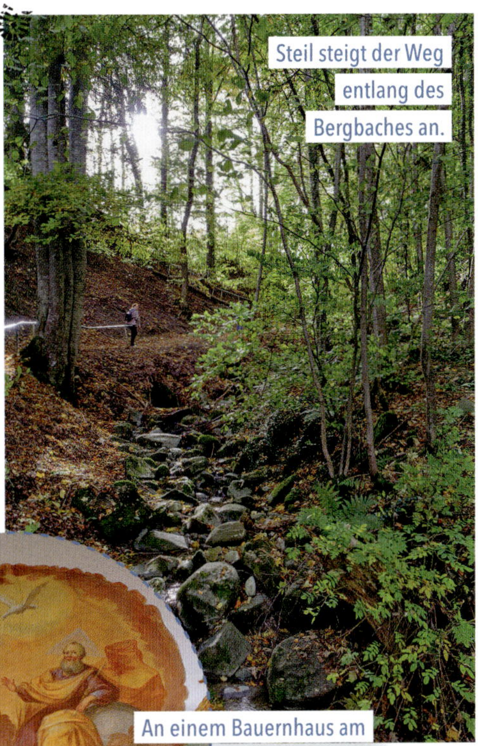

Steil steigt der Weg entlang des Bergbaches an.

Bereits 1871 gab es eine erste Kuranstalt in Bad Kohlgrub mit Moorbädern.

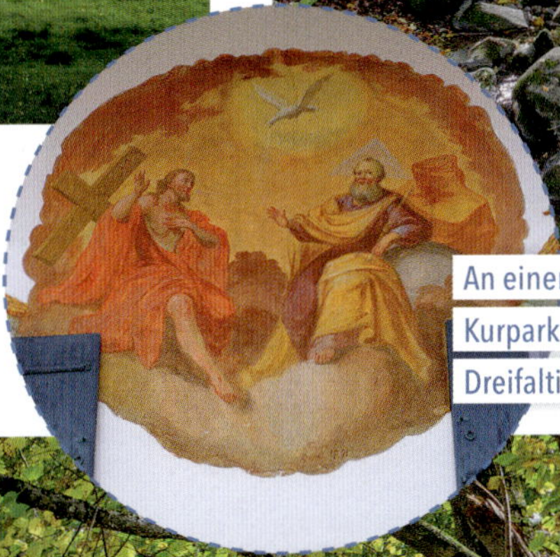

An einem Bauernhaus am Kurpark entdecken wir eine Dreifaltigkeitsdarstellung.

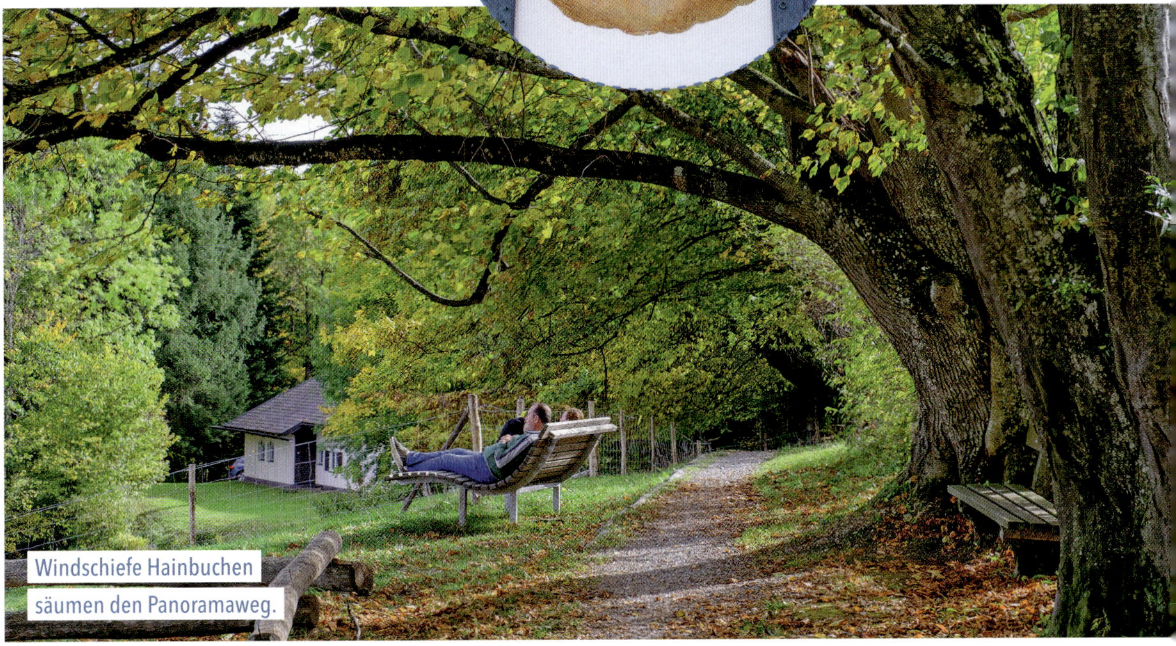

Windschiefe Hainbuchen säumen den Panoramaweg.

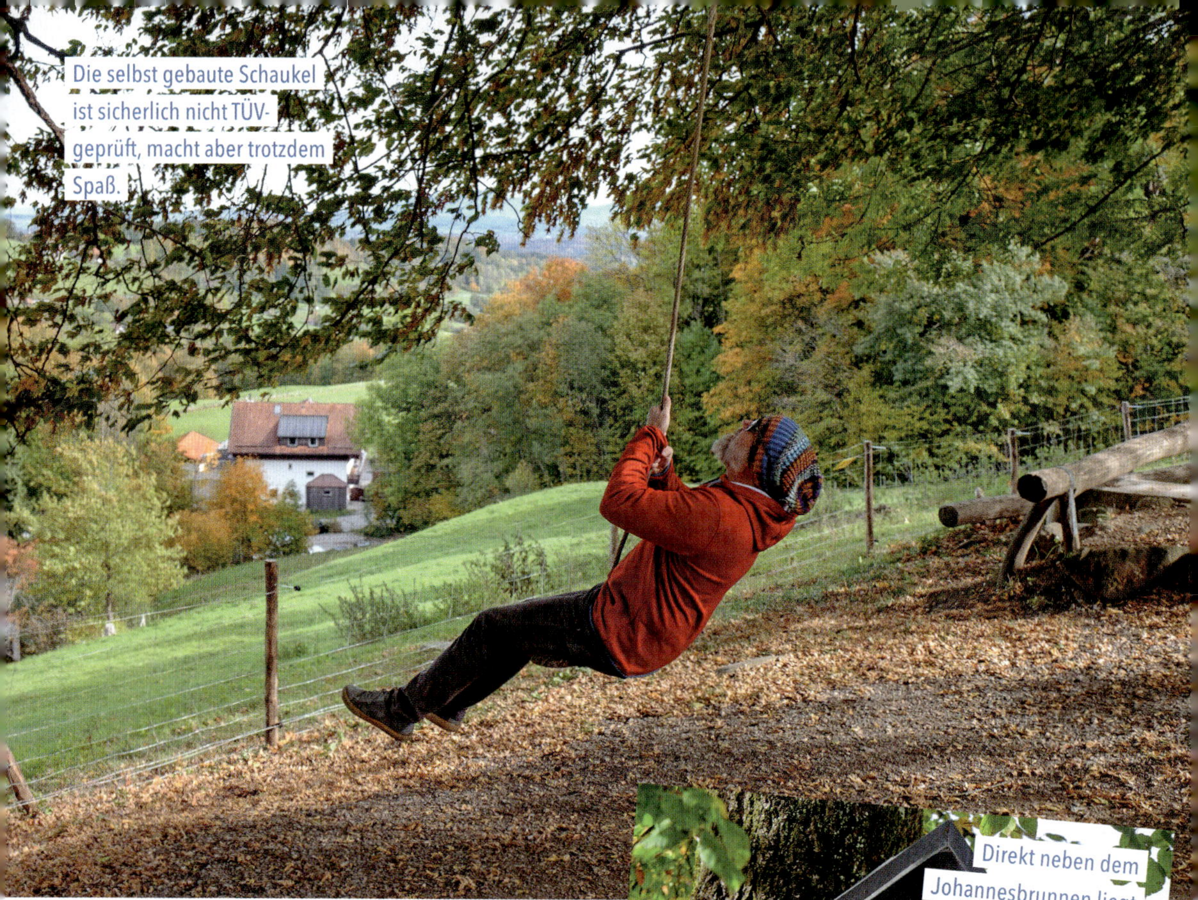
Die selbst gebaute Schaukel ist sicherlich nicht TÜV-geprüft, macht aber trotzdem Spaß.

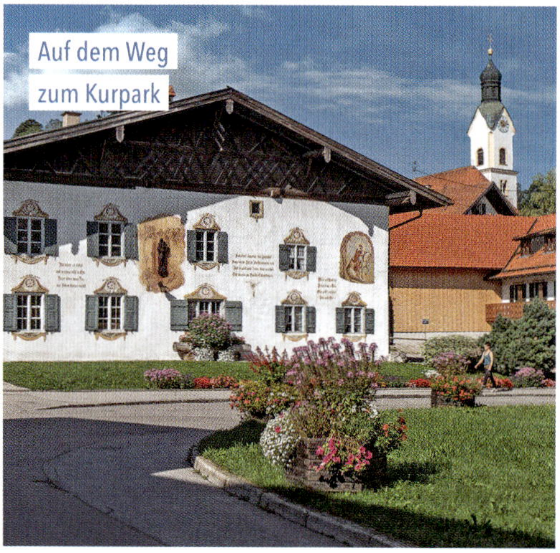
Auf dem Weg zum Kurpark

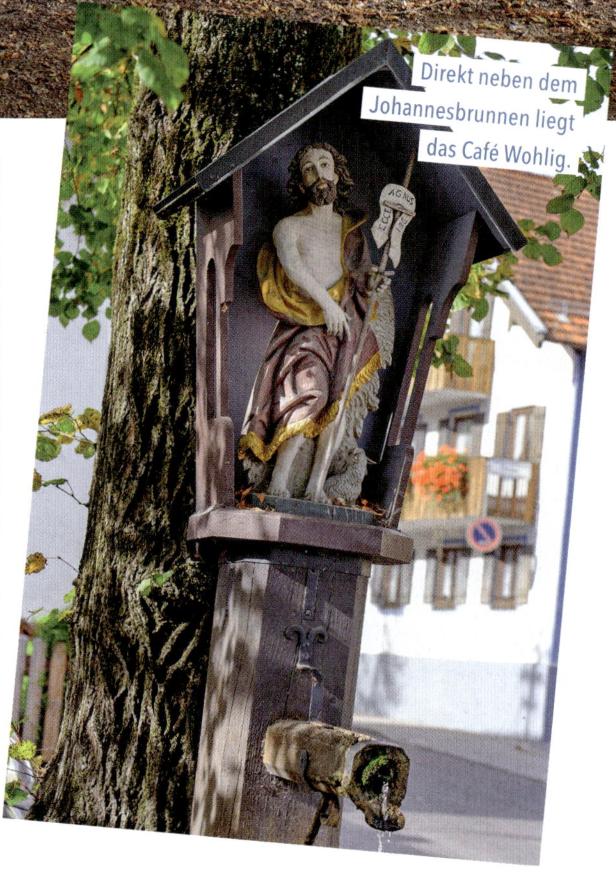
Direkt neben dem Johannesbrunnen liegt das Café Wohlig.

Bad Kohlgrub. Hier stehen viele Rastbänke und eine Liege, es gibt sogar eine große Schwingschaukel. Dazu ist der gesamte Weg gesäumt von herrlich knorrigen Hainbuchen – ein schöner Platz zum Verweilen!

Bergab auf dem Timberland-Trail

Weiter in Wanderrichtung verlieren wir sogleich wieder an Höhe. Wir kommen in den Wald und treffen dort am Obernaugraben auf den nächsten Bachlauf. Hier würde man nun nach rechts zur Talstation der Hörnlebahn gelangen. Wir steigen aber links weiter bergab und folgen dabei einem Teil des Timberland-Trails. Achtung, der Wegabschnitt ist relativ uneben und Trittsicherheit gefragt.

Am Waldrand lockt noch eine große Schaukel, dann geht es auf der Ludwigstraße nach links. Kurz vor der Ortsmitte wird sie zur Prentstraße, auf der wir die Hauptstraße erreichen. Rechts sind wir mit einem Abstecher im Café Wohlig, nach links erreichen wir wieder unseren Ausgangspunkt.

Schmankerltipp

Café Wohlig: Mitten in Bad Kohlgrub findet man das Café Wohlig an der Hauptstraße. Im Sommer sitzt man neben dem plätschernden Johannisbrunnen oder in einem kleinen Garten. Wenn es kühl wird, fühlt man sich behaglich wohl in den gemütlichen Innenräumen. Feine Kuchen u. a. aus Dinkelmehl, beste Kaffee- und Teegetränke, dazu wechselnde kleine Gerichte und eine freundliche Besitzerin – ein Highlight.

■ *cafewohlig.de*

mittel | 1,6 km | 50 Hm | 0.45 h

Auf einen Blick

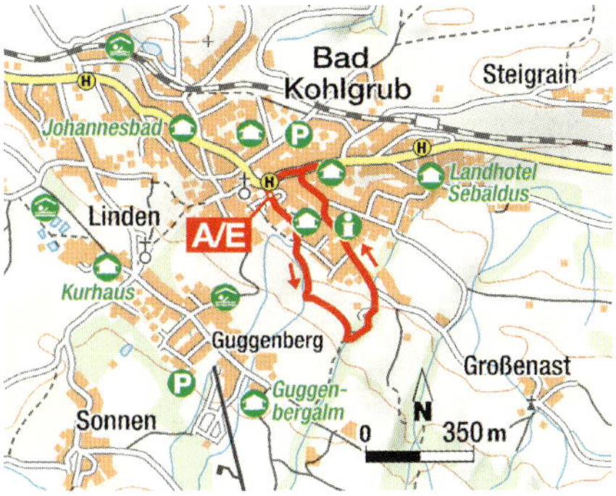

Tourencharakter
Schöner Spaziergang im Kurpark auf geteerten Wegen. Zum Panoramaweg führt jedoch ein steil ansteigender, unebener Weg hinauf, der anschließend genauso holprig wieder hinabgeht, aber es gibt jede Menge Bankerl zum Ausruhen. Nicht für Rollstuhl oder Rollator geeignet

Ausgangs-/Endpunkt
Bad Kohlgrub, Rathaus
GPS: 47.666277, 11.051364

Anfahrt
ÖPNV: Mit der Bahn nach Bad Kohlgrub und weiter zu Fuß durch Bahnhof- und Murnauer Straße in ca. 10 Min. in die Ortsmitte (+ 500 m einfach)
Auto: A 95 bis Ausfahrt Murnau und über Murnau nach Bad Kohlgrub; die Parkplätze sind ausgeschildert.

Weitere Informationen
■ *ammergauer-alpen.de*

EIN PARK MIT HIMMLISCHEM AUSBLICK

15

Stadtspaziergang durch Murnau

Die beiden Brüder Gabriel und Emanuel Seidl galten um 1900 herum als die Star-Architekten von Hochadel und Hochfinanz in Bayern. Bestimmend für Murnau war der Jüngere der beiden, Emanuel. Wir wollen heute auf seinen Spuren wandeln und dabei unter anderem auch den Spaziergang durch den herrlichen Seidlpark genießen.

Wir beginnen unseren Weg am Rathaus am Untermarkt von Murnau und nehmen die Schloßbergstraße leicht aufwärts Richtung Schloss. Unmittelbar vor dem Schloß biegen wir jedoch rechts in den Mayr-Graz-Weg ein, der uns direkt zur Pfarrkirche von Murnau bringt, die dem Heiligen Nikolaus geweiht ist – ein Blick in ihren Innenraum lohnt sich sehr.

Anschließend durchqueren wir den Friedhof und verlassen ihn nach Süden in den Bauhofer Weg, der in der Kocheler Straße endet. Wir folgen ihr wenige Meter nach links und biegen rechts in den Jahnweg ab. Dieser bringt uns zur Wimmerstraße, in die wir links einbiegen, und kurz darauf geht es rechts in die Wankstraße – damit haben wir unser Ziel, den Seidlpark, erreicht.

Ein Park zu Emanuels Ehren

Es war um 1895, als sich der Münchner Stararchitekt Emanuel Seidl in die Landschaft um Murnau herum verliebte und sich entschloss, dort eine Sommerfrische zu bauen. Das kam nicht von ungefähr, denn seine älteste Schwester Theresia lebte schon seit 1891 in einem Haus in Murnau direkt neben dem heutigen Seidlpark. Seidl erwarb ein großes Grundstück am südlichen Ortsrand von Murnau und ließ es im Stil eines englischen Parks umgestalten. Am westlichen Rand des Grundstücks baute er sich ein großes, prächtig ausgestattetes Landhaus, das für ihn und seine zahlreichen Gäste genügend Platz bot. Damit erschließt sich auch der Hintergrund dieser Investition:

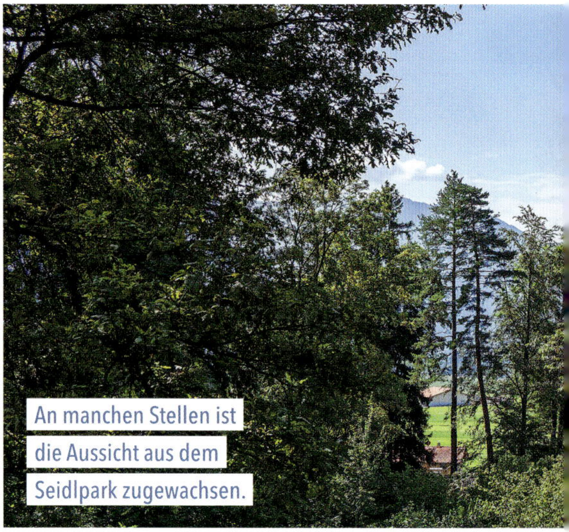

An manchen Stellen ist die Aussicht aus dem Seidlpark zugewachsen.

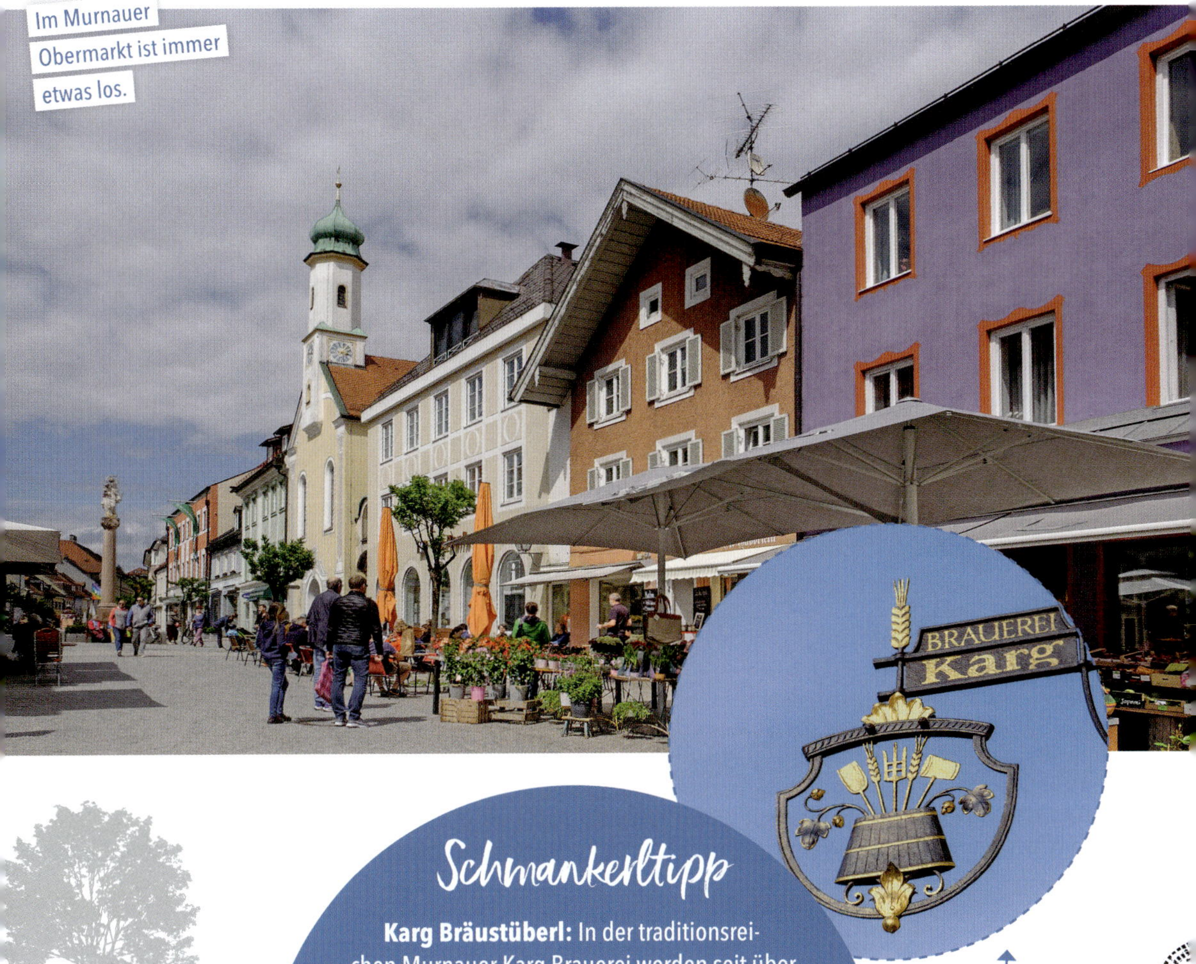

Im Murnauer Obermarkt ist immer etwas los.

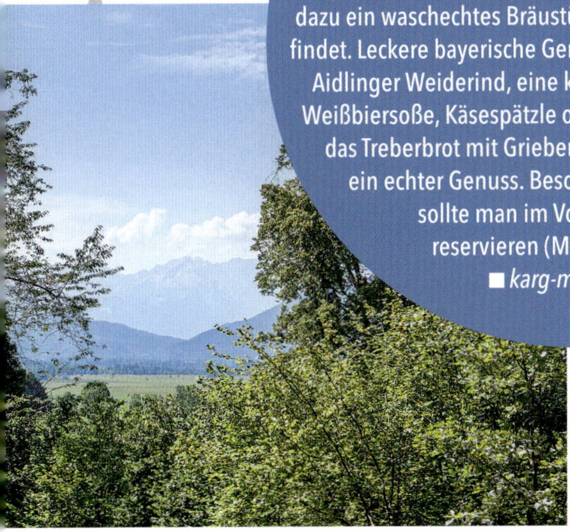

Schmankerltipp

Karg Bräustüberl: In der traditionsreichen Murnauer Karg Brauerei werden seit über 110 Jahren helle und dunkle Weißbiere gebraut. Wie es sich für eine gute Brauerei gehört, gibt es passend dazu ein waschechtes Bräustüberl, das man im Untermarkt findet. Leckere bayerische Gerichte wie das Biergulasch vom Aidlinger Weiderind, eine knusprige Schweinshaxe mit Weißbiersoße, Käsespätzle oder klassische Brotzeiten wie das Treberbrot mit Griebenschmalz oder Obazda sind ein echter Genuss. Besonders an Wochenenden sollte man im Vorfeld einen Tisch reservieren (Mo/Di Ruhetage).
■ *karg-murnau.de*

leicht

3 km

40 Hm

1 h

Auf einen Blick

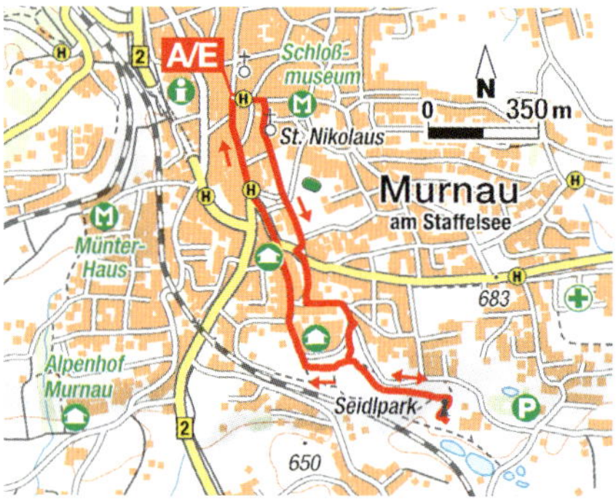

Tourencharakter
Stadtspaziergang durch einen großen Park. Für Rollstuhl/Rollator wegen des hügeligen Geländes nur beschränkt geeignet

Ausgangs-/Endpunkt
Murnau, Rathaus am Untermarkt
GPS: 47.677485, 11.200988

Anfahrt
ÖPNV: Vom Murnauer Bahnhof folgt man zu Fuß dem Bahnhofsweg zur Hauptstraße, die hier einen Bogen macht. Etwas rechts versetzt beginnt die Bahnhofstraße, die dann zum Burggraben wird. Die Höllgasse führt zum Untermarkt, dort rechts abwärts zum Startplatz.
Auto: A 95 bis Ausfahrt Sindelsdorf und weiter nach Murnau. Kostenfrei parken kann man am Festplatz P6 im Norden der Altstadt, Zufahrt durch die Kemmelallee; von dort sind es knapp 10 Min. zu Fuß zum Rathaus.

Weitere Informationen
■ *murnau.de*

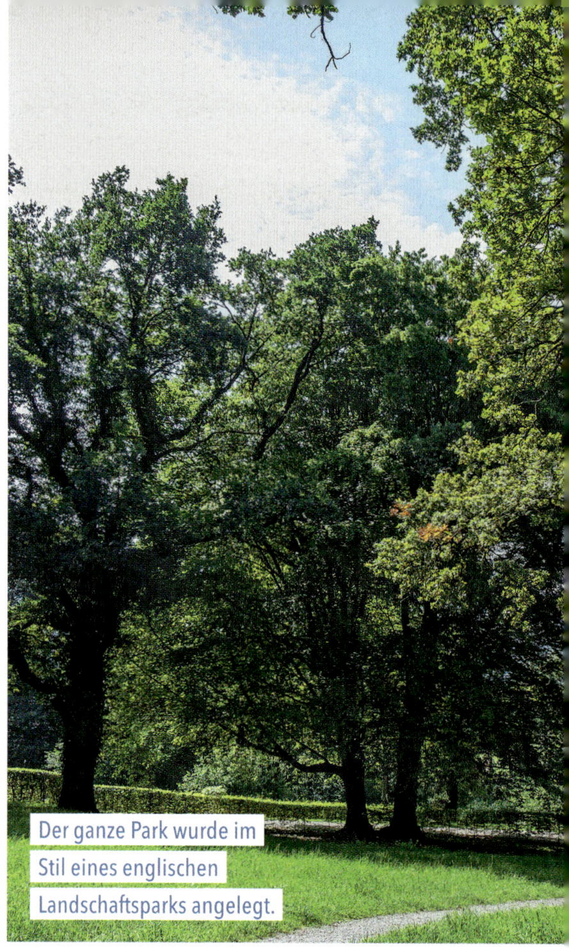

Der ganze Park wurde im Stil eines englischen Landschaftsparks angelegt.

Seinen Auftraggebern sollte unmittelbar vor Augen geführt werden, welchem bedeutenden Mann sie ihre Objekte anvertrauten.

Die damals geschaffenen Sichtachsen und damit auch die zugehörigen Wege sind weitgehend erhalten geblieben, Seidls Landhaus jedoch wurde, heute völlig unverständlich, 1972 abgerissen.

Himmelsleiter zum Elysium

Wir passieren auf der Wankstraße die Abzweigung der Straße Seidlpark und biegen unmittelbar danach in den breiten Fußweg ein, der hangabwärts zu einem quer verlaufenden Weg führt. Dort steht am Promenadenweg ein Rosenpavillon, umgeben von

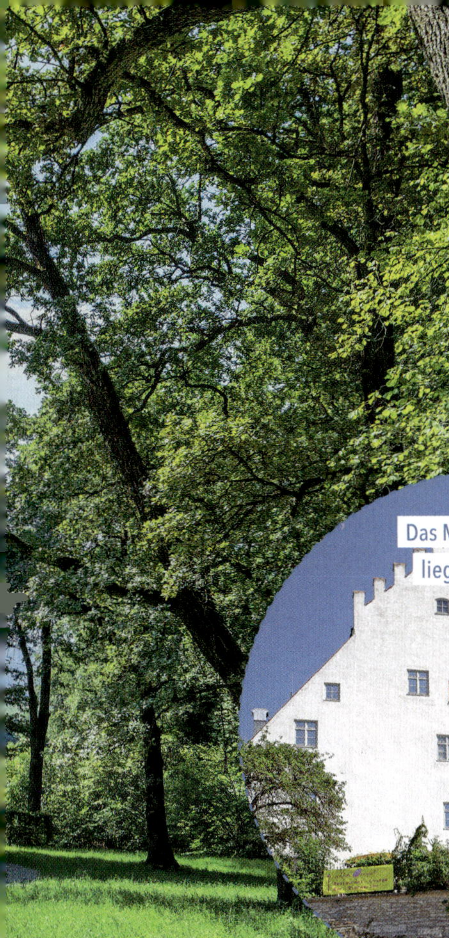

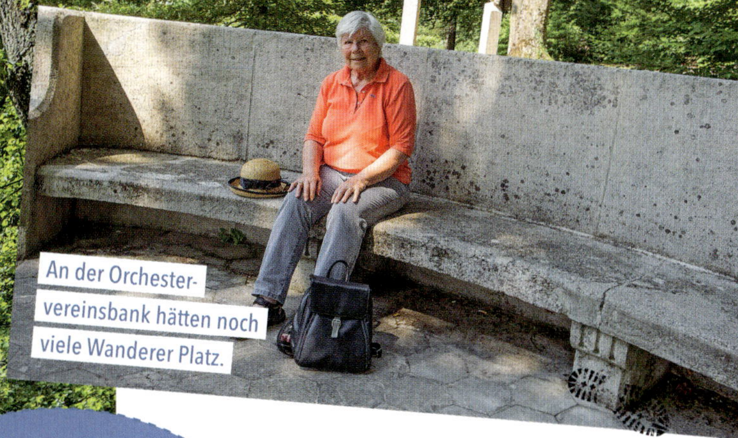

An der Orchestervereinsbank hätten noch viele Wanderer Platz.

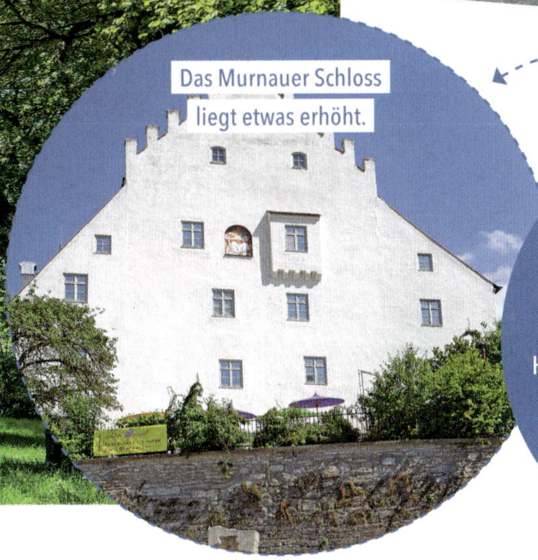

Das Murnauer Schloss liegt etwas erhöht.

Geheimtipp

Zwei Museumbesuche lohnen sich in Murnau: zum einen im Schloßmuseum, zum anderen im Münter-Haus, dem ehemaligen Wohnhaus der berühmten Malerin.
■ *schlossmuseum-murnau.de*
■ *dasblaueland.de/poi/muenter-haus*

dichten Blumenrabatten. Gegenüber am einstigen Brunnen ist der Ausblick auf das Ettaler Mandl von zwei steinernen Hirschskulpturen eingerahmt. Am Promenadenweg geht es links weiter zum Hermesrondell mit den Stelen von Beethoven, Bach, Goethe und Shakespeare und etwas weiter zur Orchestervereinsbank.

Jetzt wird der Weg etwas hügelig, wir sehen schon einen Teil der Treppenstufen, über die wir dann den Freundschaftshügel erreichen, ein Wiesenplateau mit alten Bäumen und schönen Rastbänken. Von hier oben führt die »Himmelsleiter« steil über ein paar Stufen zum Altar der Freundschaft, auf dem Goethes Spruch »Uns gaben die Götter auf Erden Elysium« verewigt ist.

Panoramaweg und Bummelfreuden

Wir gehen die vielen Treppenstufen wieder hinunter und kehren auf dem Panoramaweg zurück. Diesmal passieren wir den Rosenpavillon geradeaus, überqueren einen kleinen Bach auf einem Holzsteg und erreichen das Gelände, auf dem bis 1972 das Haus von Emanuel Seidl stand.

Zurück zum Ausgangspunkt geht es nun durch die Seidlstraße, der wir an der Ampel geradeaus zum Untermarkt folgen. Hier und am Obermarkt, der sich nach dem Rathaus anschließt, lohnt sich ein Bummel, denn es gibt viel zu schauen und auch jede Menge verführerische Gaststätten und Cafés für eine Einkehr – ein gelungener Abschluss unserer kleinen Wanderung.

QUELLWASSER UND EINE MÜHLE

16

Durchs Ettaler Weidmoos

Zwischen Ettal und Oberammergau, am Beginn des Graswangtals, liegt das Naturschutzgebiet Ettaler Weidmoos, das nicht nur für seine Ammerquellen bekannt ist, sondern auch für die Blütenpracht im Frühsommer, wenn die Wiesen im Ammermoos in allen Farben leuchten.

Wir starten an der Ettaler Mühle und folgen dem Wanderschild »Graswang über den Sonnenweg«. Dafür biegen wir gleich nach der Querung des kleinen Mühlbachs nach links auf den schmalen Wanderweg ein, der uns ins Ammermoos führt. Der Bach neben uns mit glasklarem Wasser heißt bereits Ammer, denn wir befinden uns im Quellgebiet des Flusses, der dem Ammersee seinen Namen gibt. Hier im Ammermoos tritt an vielen Stellen Wasser in Quelltöpfen an die Oberfläche, sammelt sich zu Bächen und macht sich dann auf den Weg nach Norden. Kurz vor Oberammergau vereinen sich alle großen und kleinen Bäche zur Ammer, die übrigens nach dem Ammersee ihren Namen wechselt und fortan bis zu ihrer Mündung bei Moosburg in die Donau Amper genannt wird.

Geheimtipp

Wer noch etwas Zeit hat, sollte unbedingt das nahe Kloster Ettal besuchen. Gegründet 1330, beeindruckt heute vor allem die barocke Klosterkirche mit ihrer großen Kuppel. Man erreicht sie über den schönen Innenhof. Weltlichere Genüsse entdeckt man in der Ettaler Klosterbrauerei und in der Klosterdestillerie, die Produkte erhält man auch im Klosterladen.

■ *kloster-ettal.de*
■ *ettaler.de*

Libellentanz und Blumenpracht

Links von uns plätschert es, Libellen schweben durch die Luft, und zum Glück gibt es ein paar Bankerl, sodass wir genügend Pausen einlegen können. Schließlich stößt in einem spitzen Winkel von rechts ein Weg zu uns, den werden wir später für den Rückweg nützen (außer es möchte jemand jetzt schon abkürzen).

Wir bleiben in Wanderrichtung und queren geradeaus die größere Ammer. Wer jetzt aufmerksam die Bäche betrachtet, stellt fest, dass kleinere Quellbäche mit Hilfe eines Dückers unter dem größeren hindurchgeleitet werden. Gleich nach der Brücke setzt sich die herrliche Natur fort. Mit jedem Schritt wandern wir tiefer hinein in die Landschaft des Ammermoors und freuen uns über die Feuchtwiesen mit ihrer einzigartigen Blütenpracht, die je nach Jahreszeit unterschiedlichste Farbakzente auf die

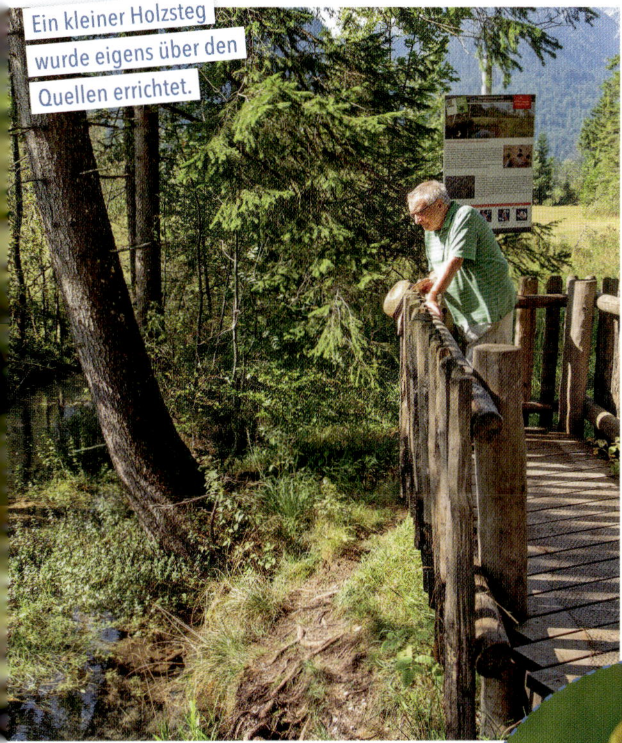

Ein kleiner Holzsteg wurde eigens über den Quellen errichtet.

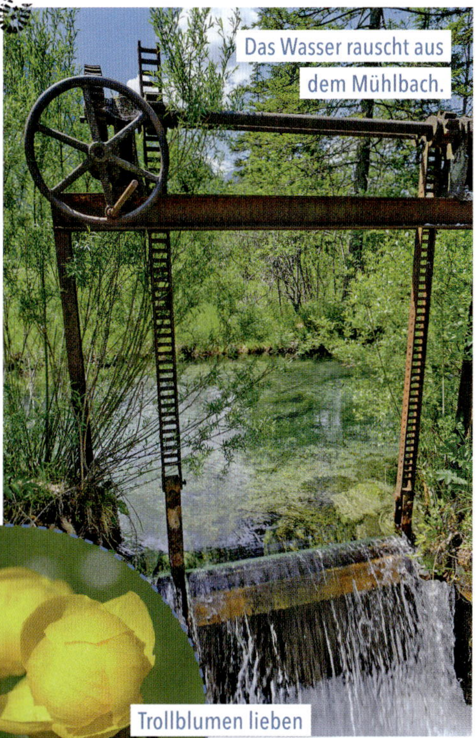

Das Wasser rauscht aus dem Mühlbach.

Blumen sind das Lächeln der Natur. Es geht auch ohne sie, aber nicht so gut. (Max Reger)

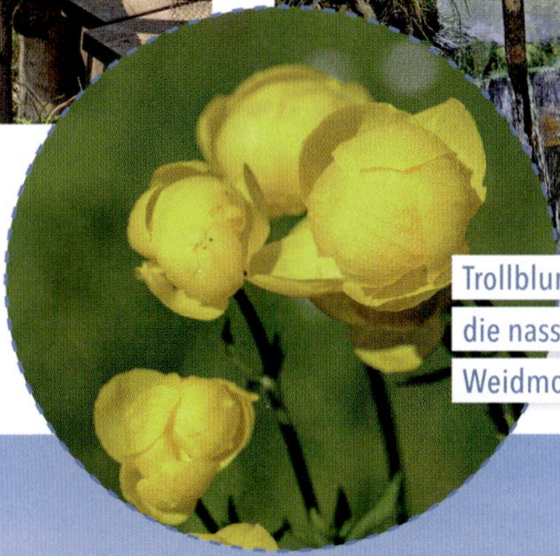

Trollblumen lieben die nassen Wiesen im Weidmoos.

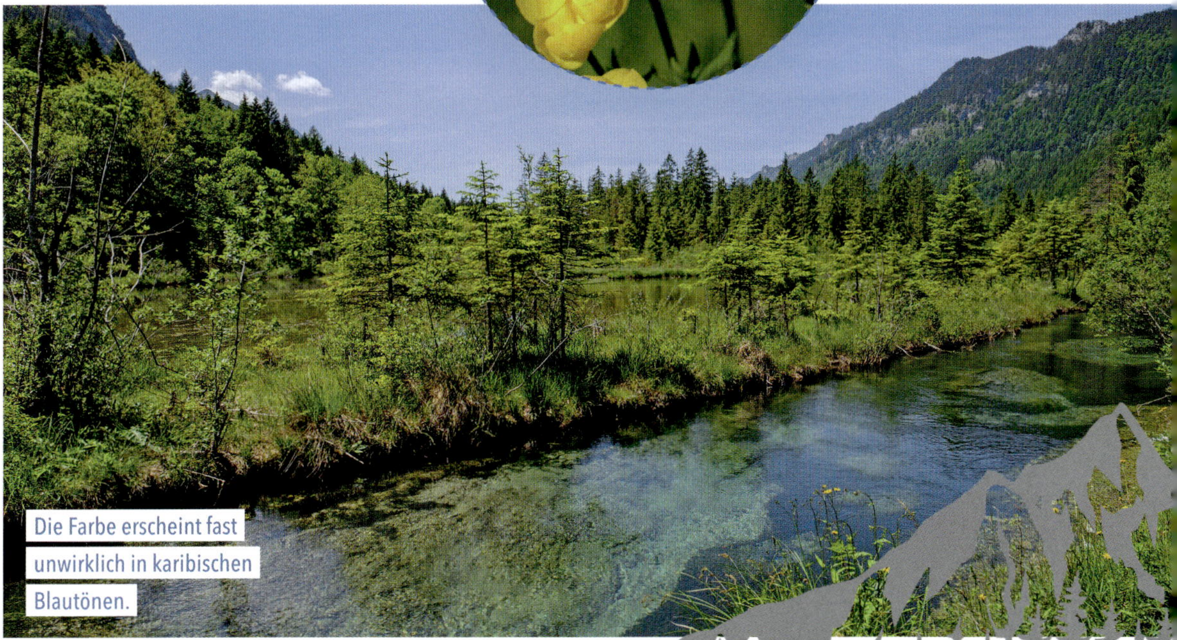

Die Farbe erscheint fast unwirklich in karibischen Blautönen.

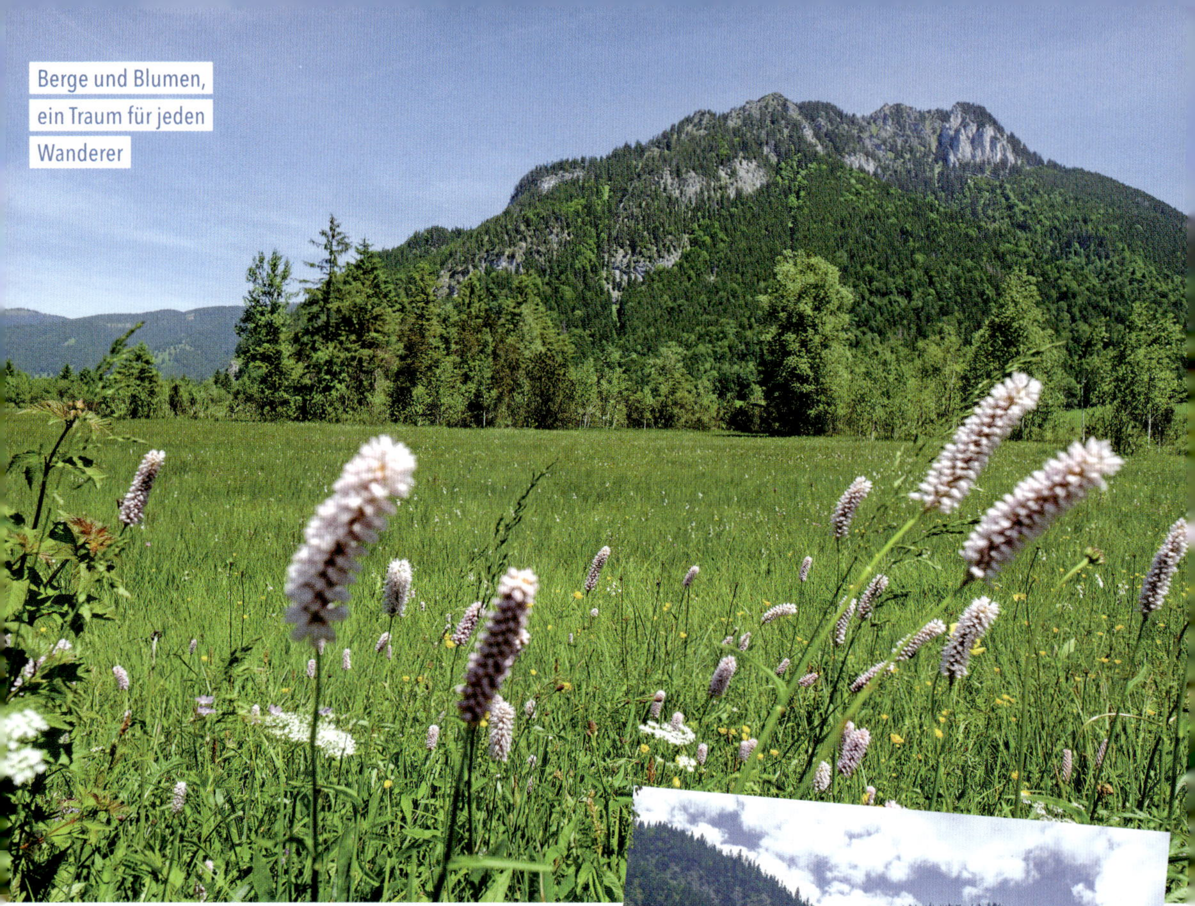

Berge und Blumen, ein Traum für jeden Wanderer

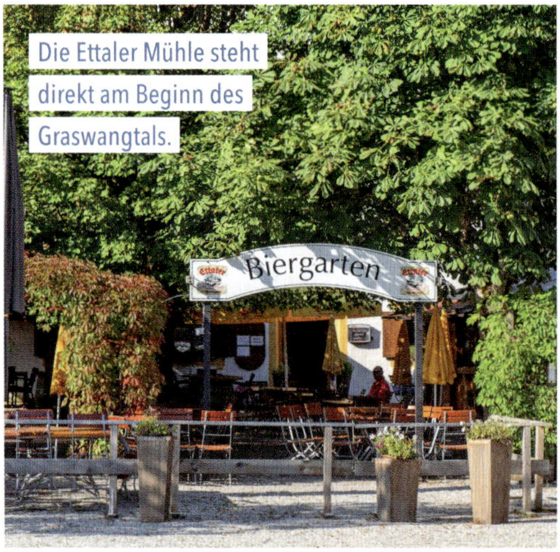

Die Ettaler Mühle steht direkt am Beginn des Graswangtals.

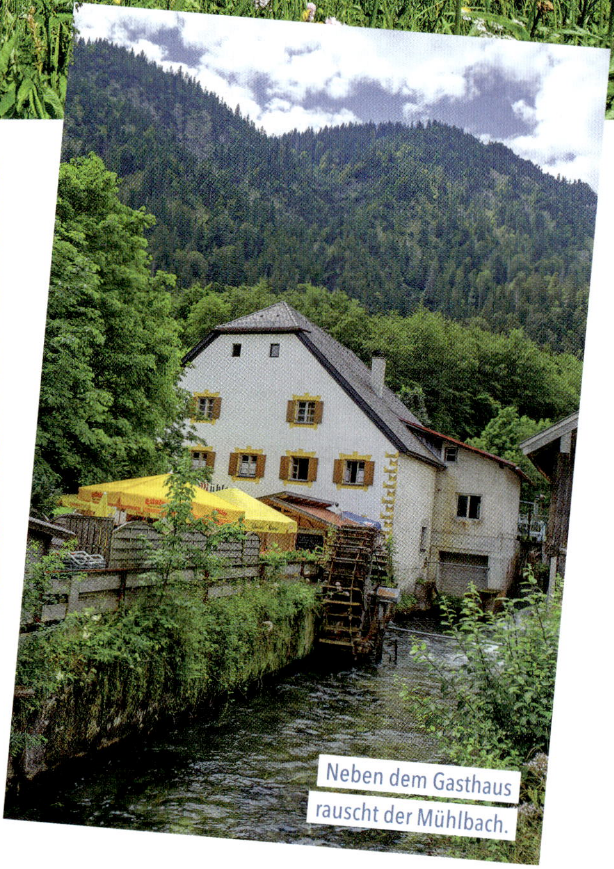

Neben dem Gasthaus rauscht der Mühlbach.

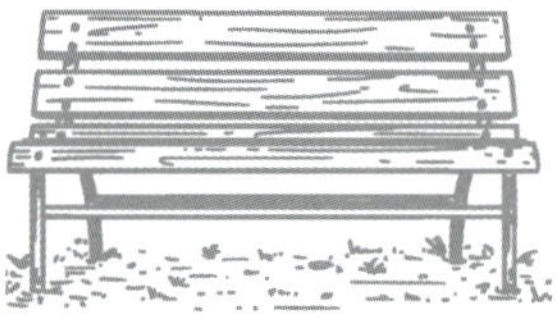

leicht	3,8 km
10 Hm	1.15 h

Felder tupft. Dazu kommt die wunderbare Bergwelt der Ammergauer Alpen – eine Wohltat für alle Sinne.

Blubbernde Quellen

Unser Wanderweg mündet an einer kleinen Teerstraße, die wir geradeaus queren. Der Weg führt uns zu einem Quelltopf – an den Blubberblasen erkennt man das aufsteigende Wasser. Wir können jetzt dem Weg durch den Wald noch ein Stück folgen. Dann erreichen wir den Waldrand, und von links stößt ein Weg zu uns. In diesen biegen wir links ein und wandern über Wiesen zur kleinen Teerstraße. Dieser folgen wir nach links, zum Teil auf einem schmalen Weg neben der Straße. Schon nach wenigen Schritten sind wir an der Stelle zurück, die wir vom Hinweg kennen. Bis zur Brücke über die Ammer verlaufen Hin- und Rückweg nun identisch. Auf der anderen Seite wählen wir zur Abwechslung den linken Weg, um zur Ettaler Mühle zurückzuwandern.

Ettaler Mühle

Die Ettaler Mühle trägt nicht zufällig ihren Namen, gehörte sie doch einst zum Kloster Ettal und mahlte das Getreide, das von den gegenüber dem Kloster zinspflichtigen Bauern angeliefert wurde. Ganz im Schatten des alten Mühlgebäudes dreht sich heute immer noch ein Mühlrad. In der Mühle selbst ist heute ein Gasthaus untergebracht, das weit über die Region hinaus bekannt ist. Hier werden einfache, aber sehr schmackhafte Gerichte serviert, dazu passt als Lokalkolorit das Ettaler Bier aus der klösterlichen Nachbarschaft (Di/Mi Ruhetage).

■ *ettaler-muehle.de*

Auf einen Blick

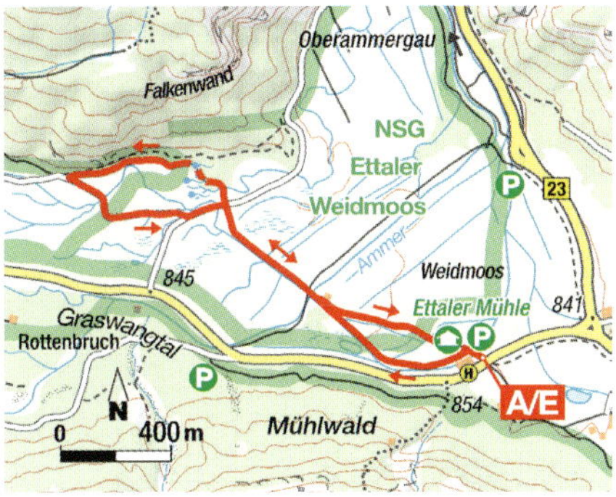

Tourencharakter

Einfacher rollstuhl- und rollatortauglicher Spaziergang auf ungeteerten, aber gut gepflegten Wegen ohne nennenswerte Steigungen. Kann abgekürzt werden

Ausgangs-/Endpunkt

Ettaler Mühle im Graswangtal
GPS: 47.569981, 11.075496

Anfahrt

ÖPNV: Mit dem Zug nach Oberammergau und weiter mit dem Bus Richtung Linderhof bis Haltestelle Ettaler Mühle
Auto: Zwischen Ettal und Oberammergau zweigt das Graswangtal in Richtung Linderhof und Plansee ab. Nach ca. 500 m liegt auf der rechten Straßenseite der Gasthof Ettaler Mühle mit gebührenpflichtigem Wanderparkplatz.

Weitere Informationen

■ *ammergauer-alpen.de*

17

Über den Höhenrain

Die Wanderung bringt uns auf einen langgezogenen Höhenrücken bei Grainau. Offiziell heißt er Am Höhenrain, für die Einheimischen ist es »Der Nocherer«. Aber ganz gleich, wie man ihn nennt: Er bietet eine traumhaft schöne Aussicht auf das Wettersteingebirge mit der Zugspitze.

Wir starten am großen Kurhaus von Grainau und gehen auf dem Parkweg, der eigentlich eine normale Straße ist, vor zur Waxensteinstraße, in die wir rechts einbiegen. Das ist die Hauptstraße von Grainau, hier gibt es einige Hotels, Pensionen, Gaststätten, Cafés sowie Einkaufsmöglichkeiten. Wobei man schnell erkennt, dass Grainau ein kleines Dorf ist.

Fotozauber mit Vergangenheit

Fast am Straßenende steht die Kapelle St. Josef, die im späten 18. Jahrhundert entstand. Hier biegen wir links in den Baderseeweg ein, um dann vor dem letzten großen Haus rechts zur Eibseestraße vorzugehen. Etwas links versetzt beginnt auf der anderen Straßenseite der Höhenrainweg, dem wir, den Schildern »Höhenrain« nach, aufwärts folgen.

Vorbei an ein paar Häusern, erreichen wir dann über drei Kehren an der großen Kriegergedächtniskapelle fast den höchsten Punkt unserer Tour. Die Kapelle mit der Zugspitze im Hintergrund ist ein zauberhaftes Fotomotiv. Sie wurde 1957 vom Veteranen- und Kriegerverein Grainau errichtet, um an die vielen Gefallenen und Vermissten der Gemeinde zu erinnern. Wenige Meter weiter kommen wir zu einer Kreuzung, biegen hier rechts ab und sind damit auf dem eigentlichen Höhenrain-Panoramaweg, der seinem Namen alle Ehre macht.

Am Höhenrain

Im fast unmerklichen Auf und Ab führt er am Waldrand und entlang der Hangkante zur Loisach, von der man jedoch nichts sieht. Gewaltige Buchen säumen den Weg, aber auch dichtes Unterholz, das den steilen Hang bedeckt. Jedoch brauchen sich Höhenangstgeplagte hier keine Sorgen machen: Rechts von uns erstreckt sich eine langgezogene Almwiese, die von vielen einzeln stehenden Bäumen gegliedert wird. Rastbänke und sogar Sonnenliegen laden zu einer Pause ein. Sehr verführerisch, denn unser Blick schweift hier über das Tal von Grainau hinauf zur Zugspitze und weiter nach links über die Waxensteine, die Alpspitze und das Kreuzeck zum Garmischer Hausberg. Die drei Letzteren sind durch Skilifte bestens erschlossen, die rasanten Abfahrten kann man deutlich erkennen.

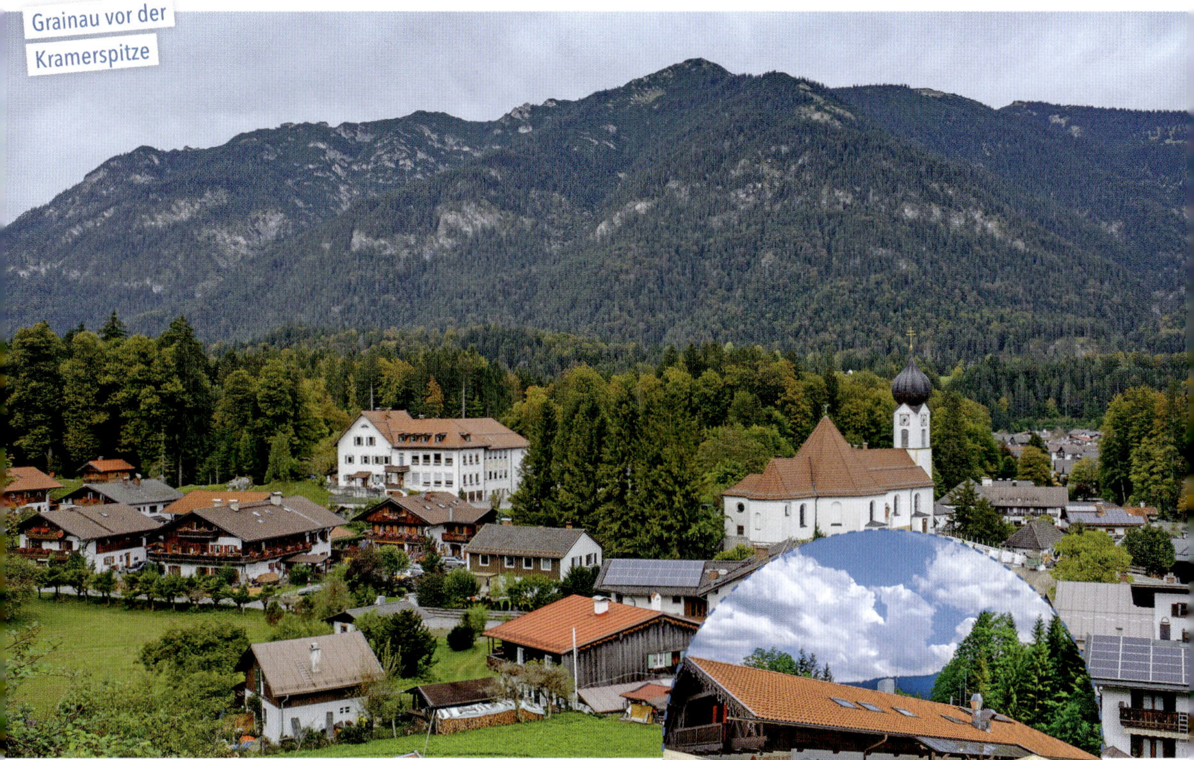

Grainau vor der Kramerspitze

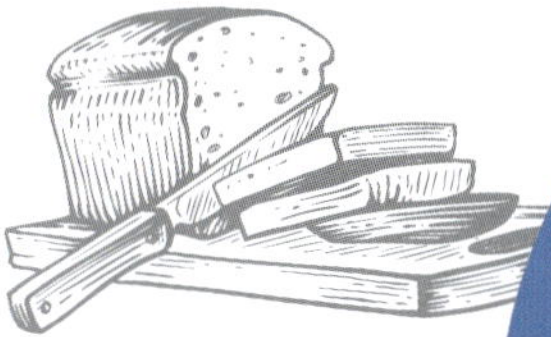

Schmankerltipp

Schmölzer Wirt: In Grainau gibt es viele gute und traditionelle bayerische Wirtschaften. Besonders gefällt uns jedoch der Schmölzer Wirt, der aber nicht direkt an unserer Wanderstrecke liegt. Man findet ihn am Camping Resort Zugspitze in der Griesener Straße 7. Neben dem sonnigen Gastgarten rauscht der wilde Hammersbach, innen ist alles sehr chic im modernen Alpenstil gehalten, und die Küche bietet Feines vom Burger über Schweinsbraten bis zu veganem Kichererbsen-Curry (kein Ruhetag).

■ *schmoelzer-wirt.de*

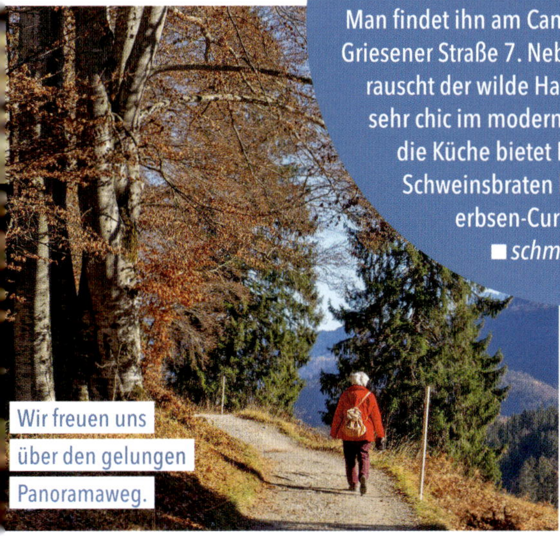

Wir freuen uns über den gelungen Panoramaweg.

mittel

5 km

80 Hm

1.45 h

Auf einen Blick

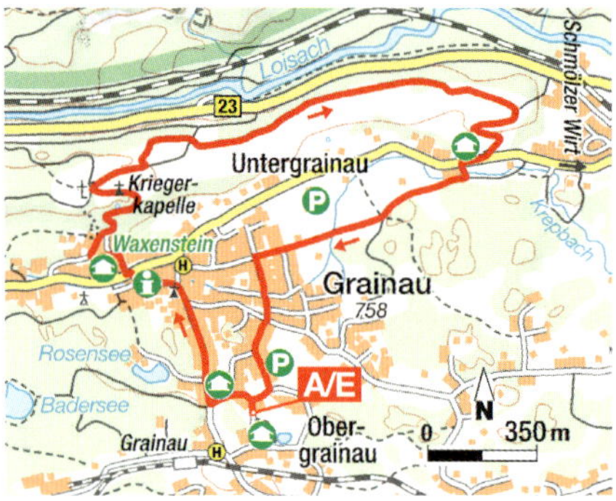

Tourencharakter
Etwas längere Rundtour auf bequemen, breiten Wanderwegen. Zu Beginn ein Anstieg, dann folgt ein ebener bzw. flach abfallender Weg. Für Rollstuhl/Rollator ist die Tour aufgrund von Höhenmetern und Länge weniger geeignet.

Ausgangs-/Endpunkt
Grainau, Kurverwaltung
GPS: 47.47419, 11.02753

Anfahrt
ÖPNV: Mit der Bahn nach Garmisch und mit der Zugspitz-Zahnradbahn oder mit dem Eibseebus weiter nach Grainau
Auto: Von Garmisch auf der B 23 Ri. Ehrwald, die zweite Abfahrt nach Grainau nehmen, in Untergrainau links über die Waxensteinstraße und dann nochmals links zum Parkplatz am Kurhaus/Schwimmbad

Weitere Informationen
■ *grainau.de*

Langsam verlieren wir beim Weiterwandern an Höhe, und zum Schluss geht es über drei weite Kehren hinab zur Loisachstraße. Auf ihr laufen wir ein paar Meter nach rechts und gehen dann kurz vor dem einzeln stehenden Haus links vor zur Brücke über den Krepbach.

Schlendern am Krepbach

Der Krepbach entspringt hoch oben an den Waxensteinen und fließt durch ganz Untergrainau, um zu guter Letzt in den Hammersbach zu münden. Wir biegen nach der Brücke rechts ein und durchwandern eine kleine Ebene, der man heute noch ansieht, dass sie ursprünglich durch den Bach entstanden ist. Wir überqueren den Bach ein zweites Mal und treffen auf die ersten Wohnhäuser von Grainau und damit auf die Straße Am Krepbach. Auf ihr kommen wir nach etwa 100 Metern zum Stepbergweg, in den wir links abbiegen. Gleich überqueren wir ein drittes Mal den Krepbach und stoßen auf die quer verlaufende Alpspitzstraße, die wir etwas links versetzt zur Straße Gassenbichl überqueren. Sie bringt uns direkt zu unserem Ausgangspunkt zurück.

Geheimtipp

Eine weitere schöne, leichte Wanderung führt vom Grainauer Kurhaus nach Westen hinauf zu Rosen- und Badersee (2,6 km/34 Hm/1 h; nicht rollstuhltauglich, dafür viele Bankerl).

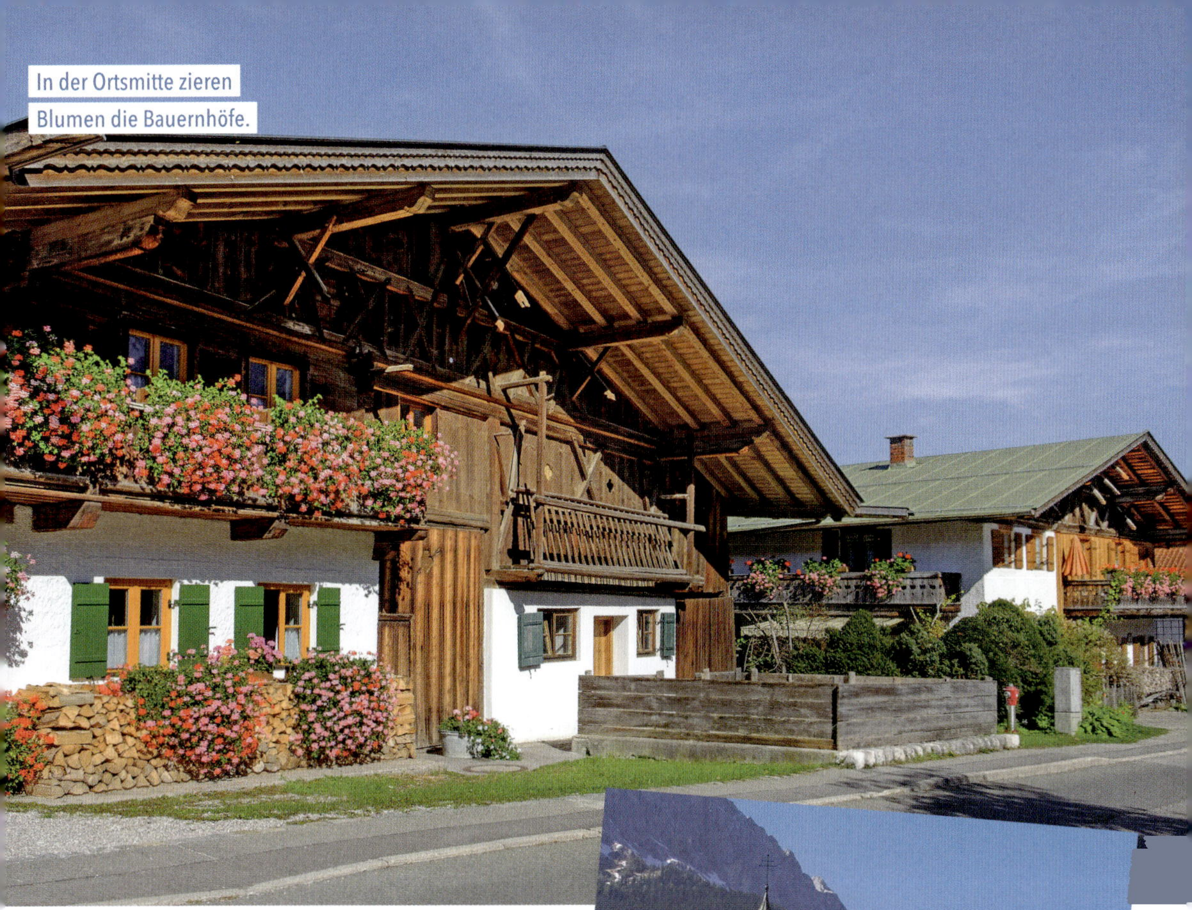

In der Ortsmitte zieren Blumen die Bauernhöfe.

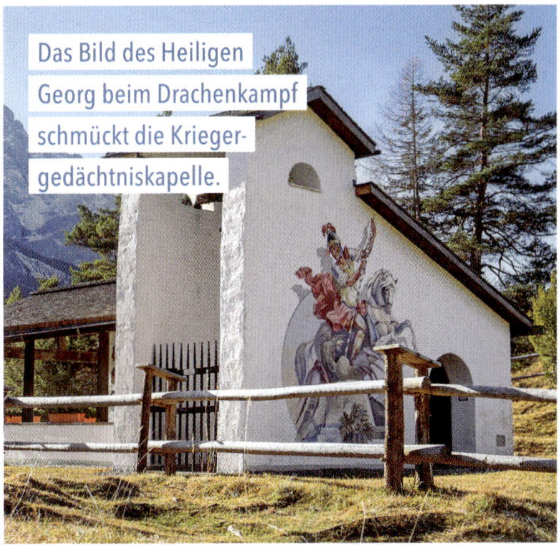

Das Bild des Heiligen Georg beim Drachenkampf schmückt die Kriegergedächtniskapelle.

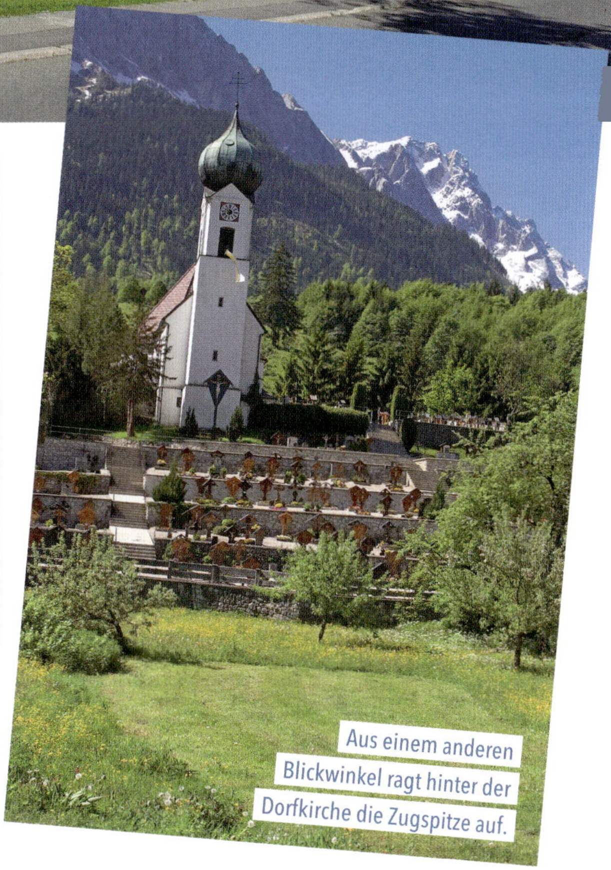

Aus einem anderen Blickwinkel ragt hinter der Dorfkirche die Zugspitze auf.

BADESPASS UND BOB-HISTORIE

18

Rund um den Riessersee

Der Riessersee befindet sich mitten in der schönen Garmischer Bergwelt. Der kleine Rundweg um das künstlich angelegte Gewässer ist gespickt mit einigen Rastbänken, und man kann hier im Sommer sogar baden. Zudem erfährt man viel über die historische Bobbahn.

Der Riessersee liegt oberhalb von Garmisch, an den nördlichen Ausläufern des Kreuzecks. Hier war es immer ein paar Grad kälter als unten im Tal, weshalb man früh damit begann, den 1886 künstlich in einem Wald angelegten See für den Wintersport zu nutzen. Eishockey und Eisschnelllauf wurden bevorzugt ausgeübt, und 1909 errichtete man zusätzlich eine Natureisbahn für Bobrennfahrer, die während der Olympischen Winterspiele von 1936 weltbekannt wurde. Auch später hielt man hier noch zahlreiche Wettkämpfe ab.

Verschnaufpausen mit See- und Bergblick

Heute ist der See vor allem im Sommer als Badesee bekannt. Reste der alten Natur-Bobbahn gibt es aber immer noch – die Zielkurve liegt im Südwesten des Sees.

Wir starten am Parkplatz vor dem großen Riessersee-Hotel und steigen entweder die paar wenigen Stufen zum Riessersee hinauf oder benützen den stufenlosen Zugang am Seehaus. In diesem Restaurant können wir am Ende der kurzen Runde einkehren. Welche Richtung wir um den See herum einschlagen, ist eigentlich egal – überall stehen Rastbänke für eine Verschnaufpause und um die Aussicht zu genießen. Direkt hinter dem See ragen die felsigen Spitzen des Waxensteins und der Alpspitze in die Höhe. Ein wirklich eindrucksvoll dramatischer Bergblick!

Schmankerltipp

Riessersee Seehaus Restaurant & Café: Das Seehaus bietet neben Leckereien auch eine traumhafte Aussicht auf Waxensteine und Alpspitze. Man sitzt am glitzernden See, wo eine Fontäne in den weiß-blauen bayerischen Himmel sprüht – ein echtes Schmankerl (Mo/Di Ruhetage).
■ *riessersee-hotel.de/seehaus*

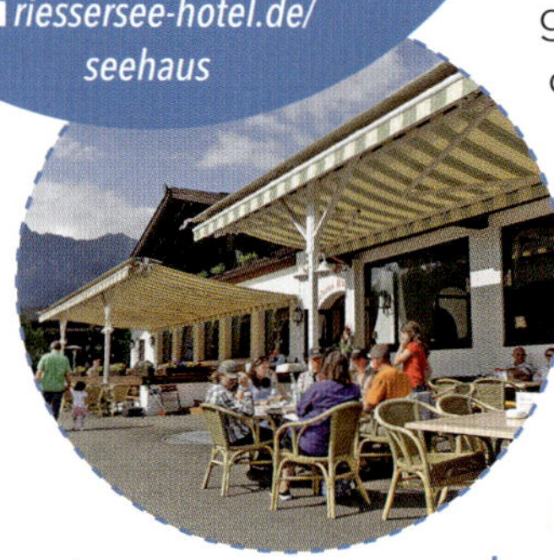

Einst olympisch und kurvenreich

Am entgegengesetzten Ende treffen wir auf die Reste der historischen Bobbahn, die 1966 geschlossen wurde. Fast 40 Jahre lang

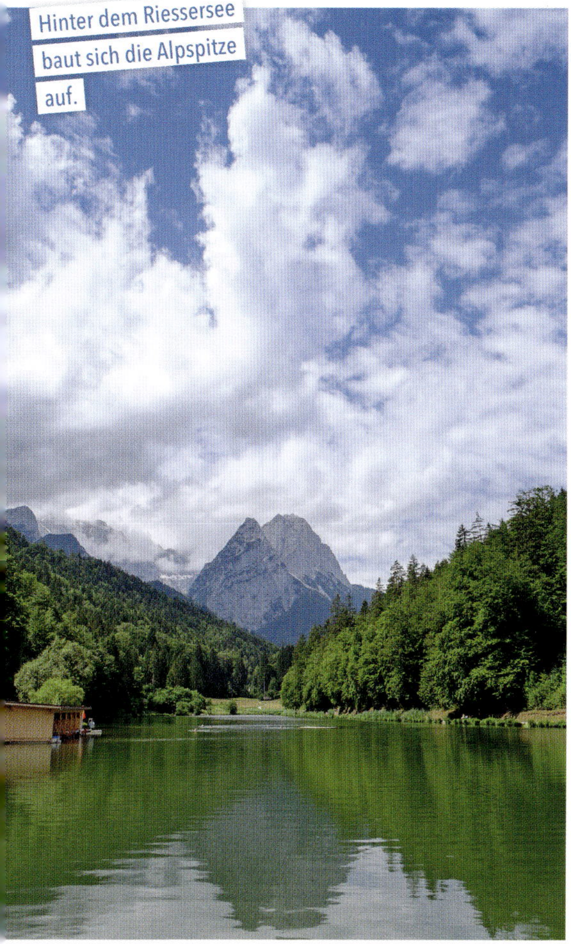
Hinter dem Riessersee baut sich die Alpspitze auf.

lag sie unbeachtet in der Landschaft, dann wurde die Bobbahn unter Denkmalschutz gestellt und von freiwilligen Helfern wieder zugänglich gemacht.

Egal, in welche Richtung unsere Seeumrundung geführt hat, am Ende erwartet uns immer ein hervorragender Einkehrschwung auf der sonnenverwöhnten Terrasse des Cafés Riessersee, das zum gleichnamigen Hotel-Resort gehört.

leicht

1,2 km

0 Hm

0.30 h

Auf einen Blick

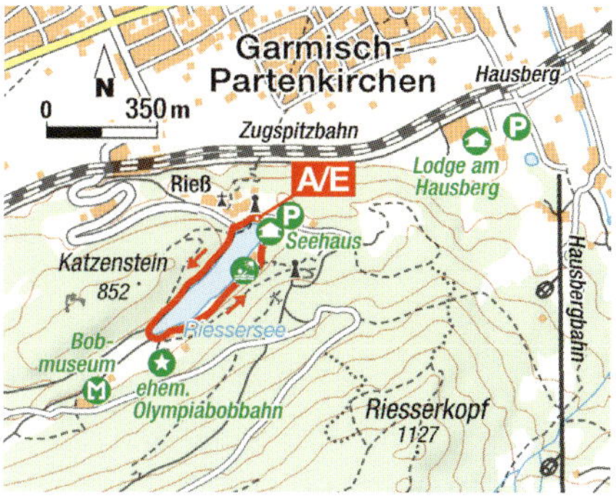

Tourencharakter
Einfache Rundtour auf sehr guten Wanderwegen ohne Steigungen. Für Rollator und Rollstuhl gut geeignet

Ausgangs-/Endpunkt
Garmisch-Partenkirchen, Riessersee Hotel
GPS: 47.479542, 11.081498

Anfahrt
ÖPNV: Mit der Bahn nach Garmisch, weiter nur mit dem Taxi zum Hotel Riessersee
Auto: Von Garmisch auf der B 23 Richtung Grainau/Ehrwald. Noch im Ort links in die Hochblassenstraße, sie wird an ihrem Ende geradeaus zur Riesserseestraße, der man dann bergauf zum Hotel und dem großen gebührenpflichtigen Parkplatz folgt.

Weitere Informationen
■ *gapa.de*

TÜRKISER EDELSTEIN ZWISCHEN MOORWIESEN

19

Um den Barmsee

Der Barmsee ist ein türkisfarbener Bergsee, der mit seinen weiten Schilf- und Moorflächen zwischen Mittenwald und Krün an den Ausläufern des Estergebirges liegt. Im Sommer kann man dort herrlich baden – mit Blick auf das Karwendel schwimmt man in bester Kulisse.

Ausgangspunkt ist der Alpengasthof Barmsee, und wir gehen links am Gasthof und der Hofkapelle vorbei. Der Weg steigt an, und wir folgen ihm in den Wald. An der ersten Kreuzung bleiben wir geradeaus und erreichen weiter ansteigend die nächste Wegkreuzung. Jetzt folgen wir rechts der Beschilderung Richtung Barmsee und mühen uns weiter bergauf. Das dauert aber nicht lange, denn bald haben wir den Scheitelpunkt des kleinen Hügels erreicht und sehen vor uns schon den Barmsee, den wir nun schnell über zwei Kurven steil abwärts erreichen.

Blitzblau mit Bergblick

Der nun folgende Uferspaziergang ist ein Kinderspiel. Zunächst wandern wir über die Feuchtwiesen und wissen dabei gar nicht, wo wir zuerst hinsehen sollen: über das blitzblaue Wasser auf die nahen Berge oder in die sattgrünen Wiesen, auf denen Knabenkraut, Iris und Mädesüß ihre Farbtupfer setzen? Zum Glück stehen hier einige Bankerl, sodass wir genügend Zeit haben, das Ambiente so richtig zu genießen. Es gibt sogar schon Bademöglichkeiten, aber die richtigen Liegewiesen folgen erst später. Wir haben nun das Westufer abgewandert und halten uns möglichst in Ufernähe, um den See im Uhrzeigersinn zu umrunden. Der Weg ist nun wieder etwas breiter, und vom Nordufer blicken wir auf Karwendel- und Wettersteingebirge. Hier liegt auch der offizielle Badeplatz mit seiner leicht zugänglichen Uferstelle und einigen Bankerln.

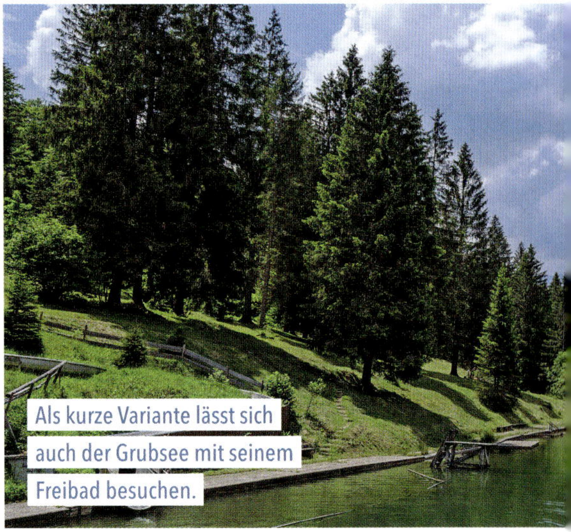

Als kurze Variante lässt sich auch der Grubsee mit seinem Freibad besuchen.

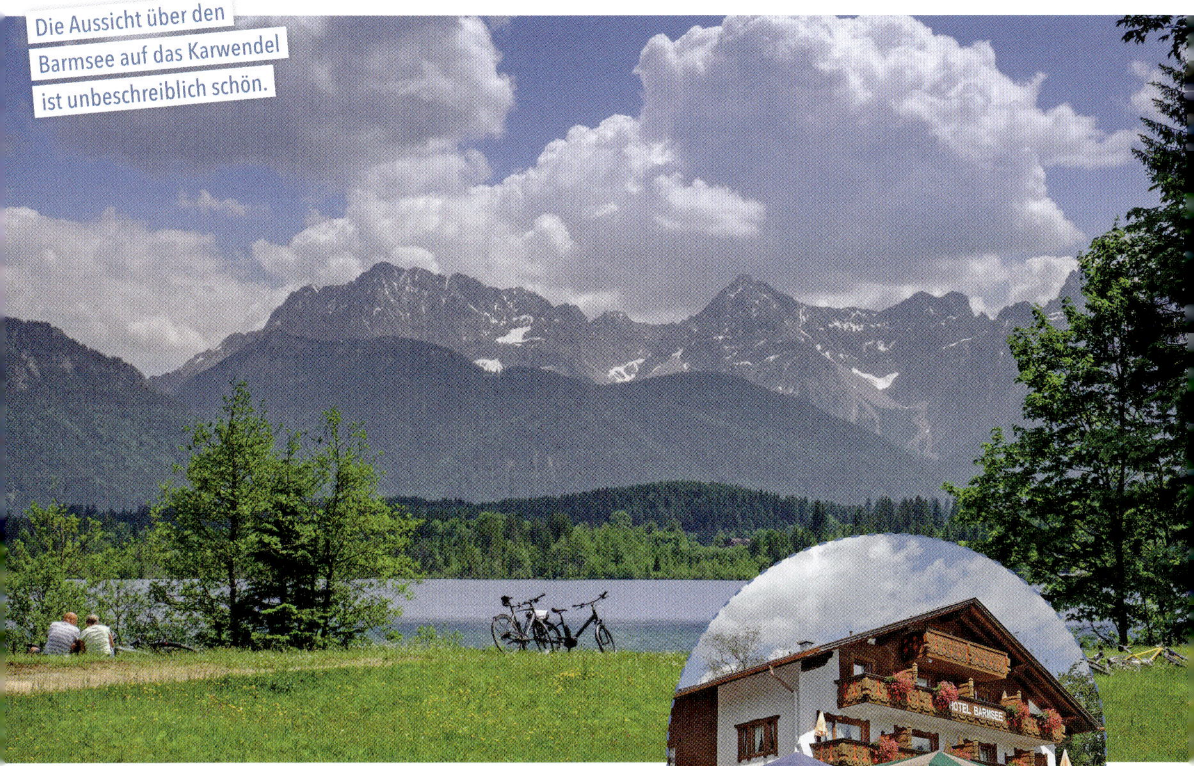

Die Aussicht über den Barmsee auf das Karwendel ist unbeschreiblich schön.

Schmankerltipp

Alpengasthof Barmsee: Wer meint, der Gasthof sei mit seiner genialen Lage nur ein Touristen- und Ausflugs-Hotspot, liegt völlig falsch – hier wird noch mit Liebe gekocht, regional, bayerisch, aber auch vegetarisch, gluten- und laktosefrei. Tradition trifft auf Moderne, das schließt sich hier nicht aus! Man sitzt gemütlich, entweder sonnig auf der Terrasse oder unter den Bäumen im Gastgarten. Einen großen Gastraum für die kühlere Jahreszeit gibt es natürlich auch (Di/Mi Ruhetage).

■ *barmsee.de*

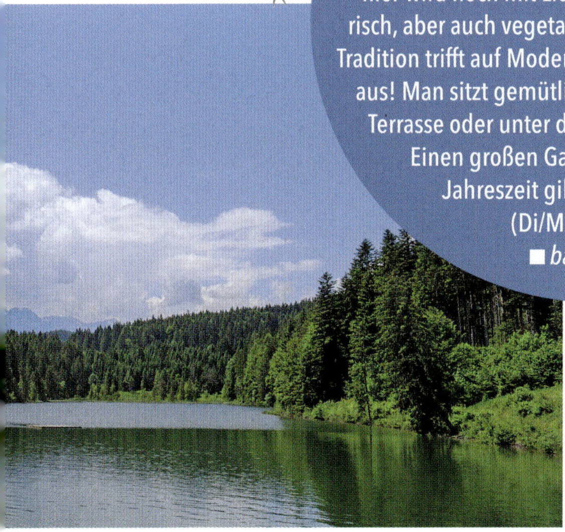

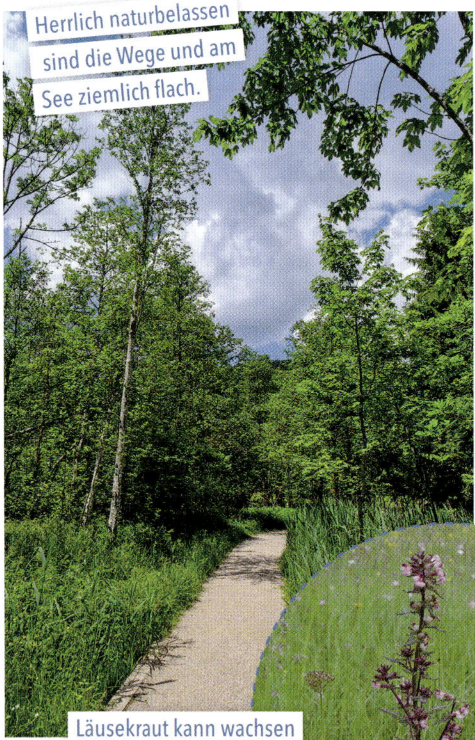

Herrlich naturbelassen sind die Wege und am See ziemlich flach.

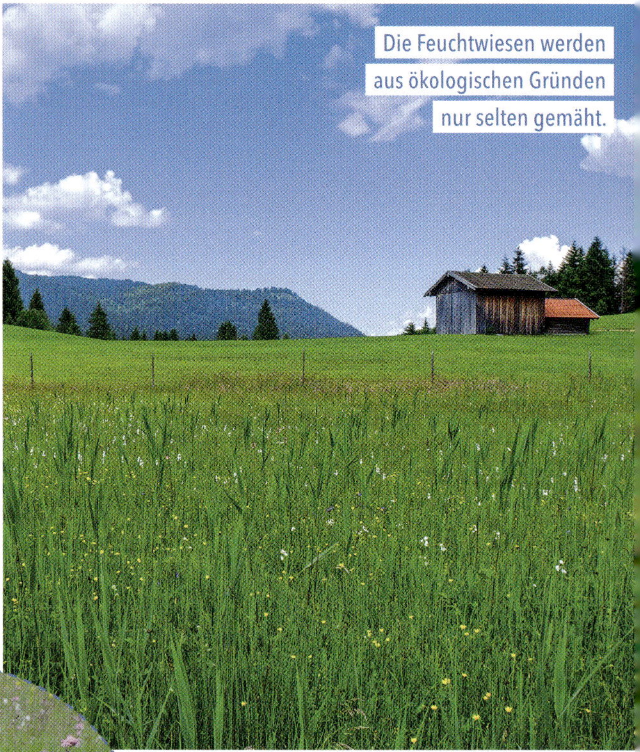

Die Feuchtwiesen werden aus ökologischen Gründen nur selten gemäht.

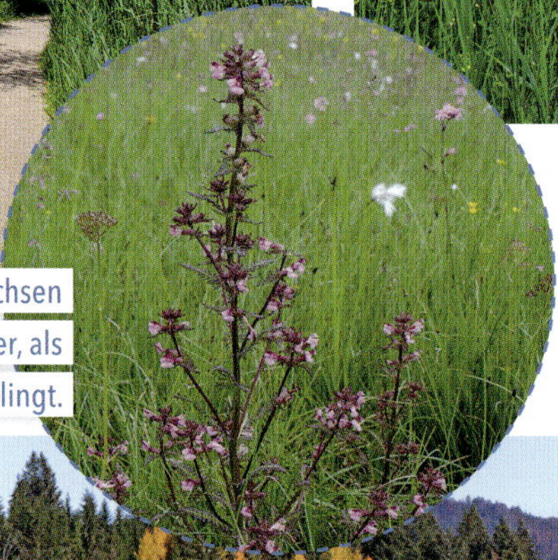

Läusekraut kann wachsen und es ist hübscher, als sein Name klingt.

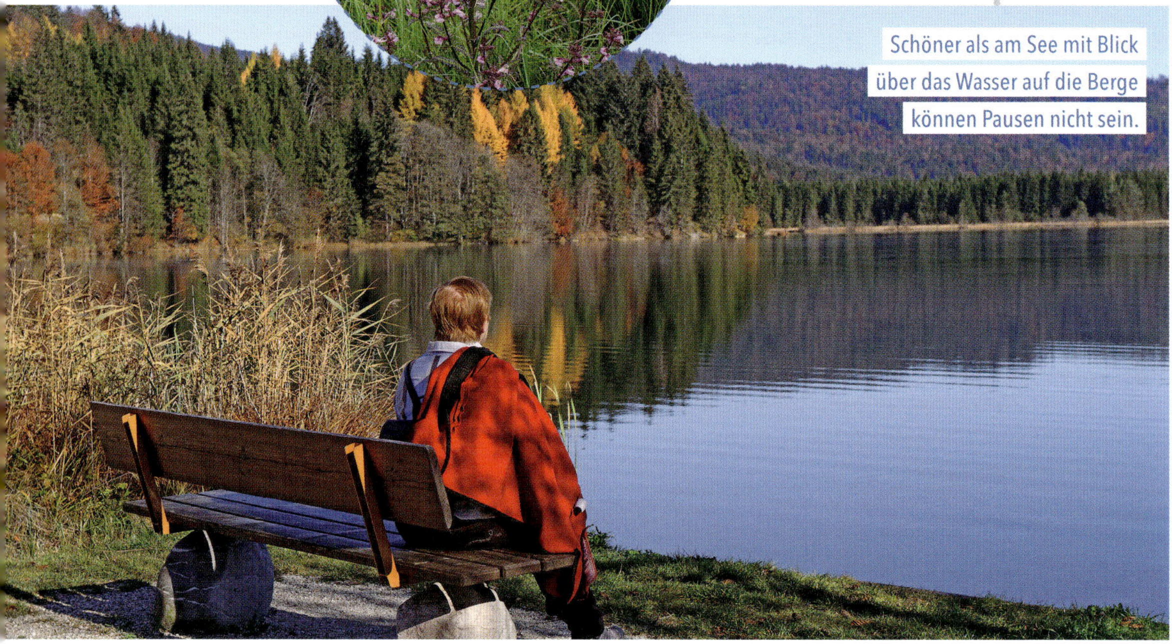

Schöner als am See mit Blick über das Wasser auf die Berge können Pausen nicht sein.

Buckelwiesen und Schilfgeflüster

Bald nach dem Badeplatz müssen wir uns rechts halten. Jetzt wandern wir durch den Wald, der Barmsee ist mit einem Schilfgürtel von uns abgetrennt. Wo der Wald sich lichtet, biegen wir zweimal kurz hintereinander nach rechts ab und queren dabei den Kranzbach.

Zum Finale geht es nun über kleine, buckelige Wiesen, vorbei an weiten Schilfflächen und entlang eines Bachs, bis wir unweit der B 2 auf eine querende kleinere Straße treffen. Ihr folgen wir nach rechts und erreichen an ein paar Häusern vorbei rasch wieder den Alpengasthof Barmsee, unseren Ausgangspunkt.

Wer jetzt noch Zeit hat, sollte den nahen Markt Mittenwald besuchen. Es ist ein Ort mit langer Geschichte. In der Antike führte die römische Straße Via Raetia durch das Tal. Um 1080 wurde dann der Ort das erste Mal als »Media silva« in den Urkunden erwähnt. Das Herz der Altstadt schlägt am Obermarkt, in der Fußgängerzone, durch die ein offener Bachlauf plätschert. Die Häuser sind alle reich bemalt. Kein Neubau stört den Gesamteindruck. In den vielen Straßencafés und Gaststätten stehen Tische zur Einkehr bereit und überall gibt es nette Läden zum Bummeln. Sehr sehenswert sind die bereits von außen mit Fresken verzierte Pfarrkirche St. Peter und Paul und das dahinter liegende Museum für Geigenbau. Mittenwald ist bis heute ein Zentrum des Streichinstrumentenbaus, für dessen Gründer Matthias Klotz vor der Kirche ein Denkmal gesetzt wurde. Warum gerade hier? – die umliegenden Wälder liefern hervorragendes Holz für die Instrumente.

mittel | 5,5 km | 50 Hm | 1.45 h

Auf einen Blick

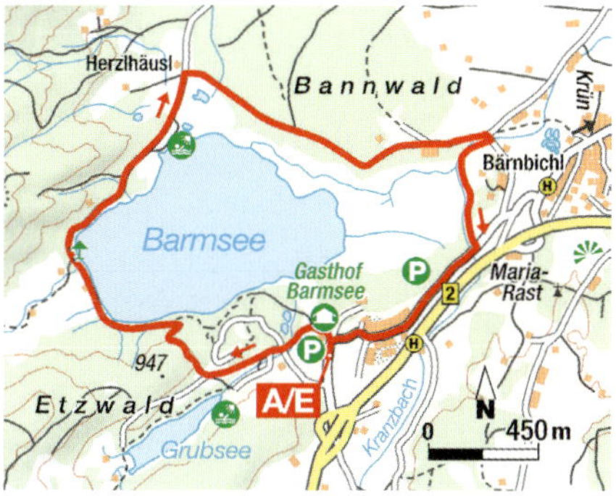

Tourencharakter
Etwas längerer Spaziergang, anfangs mit einer Steigung und einem kleinen Abstieg, für Rollstuhl/Rollator deshalb nicht geeignet (außer man ist sehr sportlich!), auch wenn der Rest des Wegs dafür passen würde. Im Sommer Badesachen nicht vergessen

Ausgangs-/Endpunkt
Wanderparkplatz Barmsee bei Krün
GPS: 47.495771, 11.253485

Anfahrt
ÖPNV: Mit dem Zug nach Mittenwald oder Garmisch-Partenkirchen und weiter mit dem Bus bis Haltestelle Alpengasthof Barmsee
Auto: A 95 nach Garmisch und weiter auf der B 2 Ri. Mittenwald; kurz hinter dem Weiler Klais liegt der gebührenpflichtige Parkplatz Barmsee am gleichnamigen Alpengasthof auf der linken Straßenseite.

Weitere Informationen
■ *alpenwelt-karwendel.de*

YAKS UND TORTENHIMMEL, ABER KEINE BANK

20

In der Jachenau

Bei dieser Tour entdeckt man einen wahren Tortenhimmel – für Schmankerl ist also gesorgt. Richtig ausgleichen wird man die Kalorienzufuhr jedoch nicht, ist doch der Weg, den man zurücklegt, sehr kurz, eher schon ein Spaziergang. Aber dieser lohnt sich trotzdem, auch ohne Bankerl-Pausen.

Die Jachenau ist ein langgezogenes sonniges Tal, das von Westen nach Osten verläuft und durch den Fluss Jachen entwässert wird. Früher war die Jachen ein wilder und ungestümer Gebirgsfluss, der oft für Überschwemmungen sorgte. Sie ist eigentlich der natürliche Ablauf des Walchensees, der nun aber seit 100 Jahren durch ein Wehr reguliert wird, das man zum Bau des Walchenseekraftwerks installiert hatte.

Geheimtipp

Richtig baden kann man in der Jachen nicht. Aber es lohnt sich ein Handtuch mitzunehmen oder eine Picknickdecke, denn bei Niedrigwasser kann man sich nett auf die freigelegten Kiesbänke setzen und die Füße ins Wasser strecken.

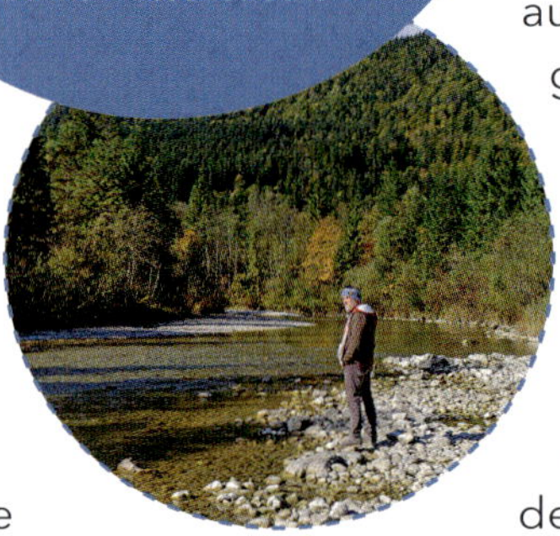

Lange Haare statt roter Flecken

Das Tal der Jachenau ist umgeben von Bergen, die für ein schönes Landschaftsbild sorgen, und auf der Fahrt in das Tal passiert man prächtige alte Bauernhöfe, Kapellen und Wegkreuze. Es scheint ein bisschen, als ob die Zeit hier stehengeblieben wäre, doch das täuscht: Auch in der Jachenau geht man neue Wege, und so werden wir an unserem Ausgangspunkt statt von einer Herde Fleckvieh von einer Horde markanter langzotteliger Yaks begrüßt. Die robusten Tiere, die normalerweise im Himalaya, in Sibirien und der Mongolei beheimatet sind, haben seit 2018 auch Einzug im Fleckhauser Hof in der Jachenau gefunden. Beobachten lassen sie sich auf ihrer Weide direkt von der Terrasse des Café Dannerers aus, von der man zudem einen Blick auf die umliegenden Berge genießt.

Café Dannerer

Der Spaziergang startet am Parkplatz vor dem Café Dannerer. Man folgt nun einfach dem Feldweg, der in südlicher Richtung verläuft. Er ist nicht lang und endet am Weidezaun der Yaks, wo unser Weg auch schon zu Ende ist (man darf das Gatter nicht öffnen). Wer aber hier noch kurz nach rechts weitergeht, erreicht mit

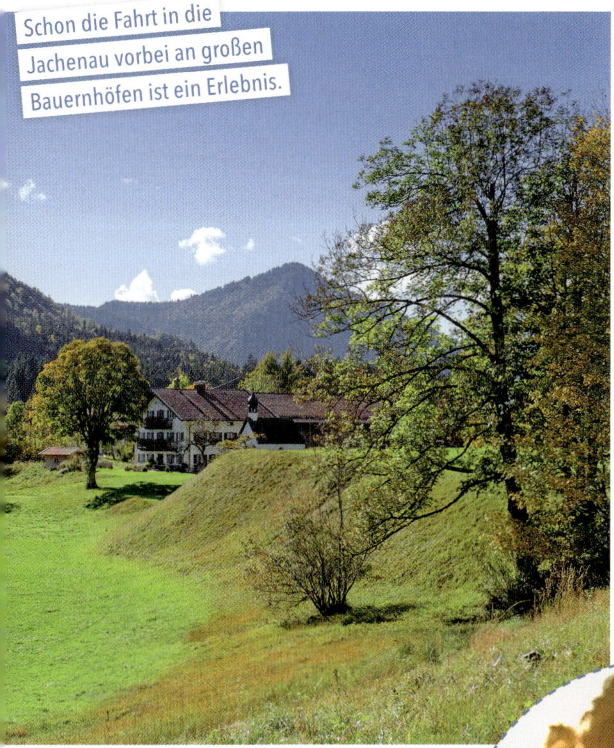

Schon die Fahrt in die Jachenau vorbei an großen Bauernhöfen ist ein Erlebnis.

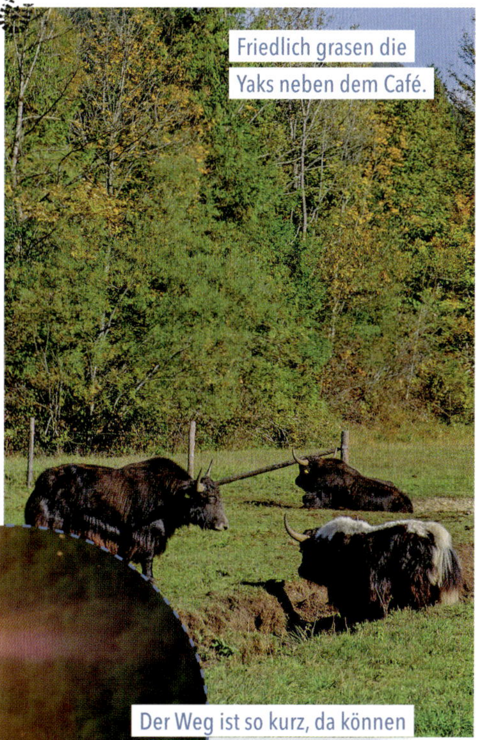

Friedlich grasen die Yaks neben dem Café.

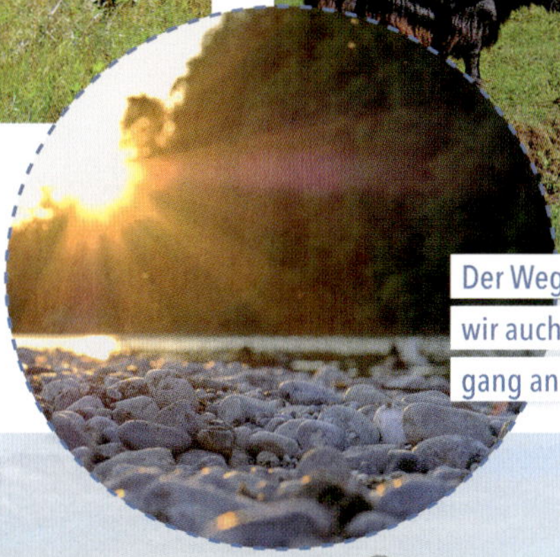

Der Weg ist so kurz, da können wir auch den Sonnenuntergang an der Jachen abwarten.

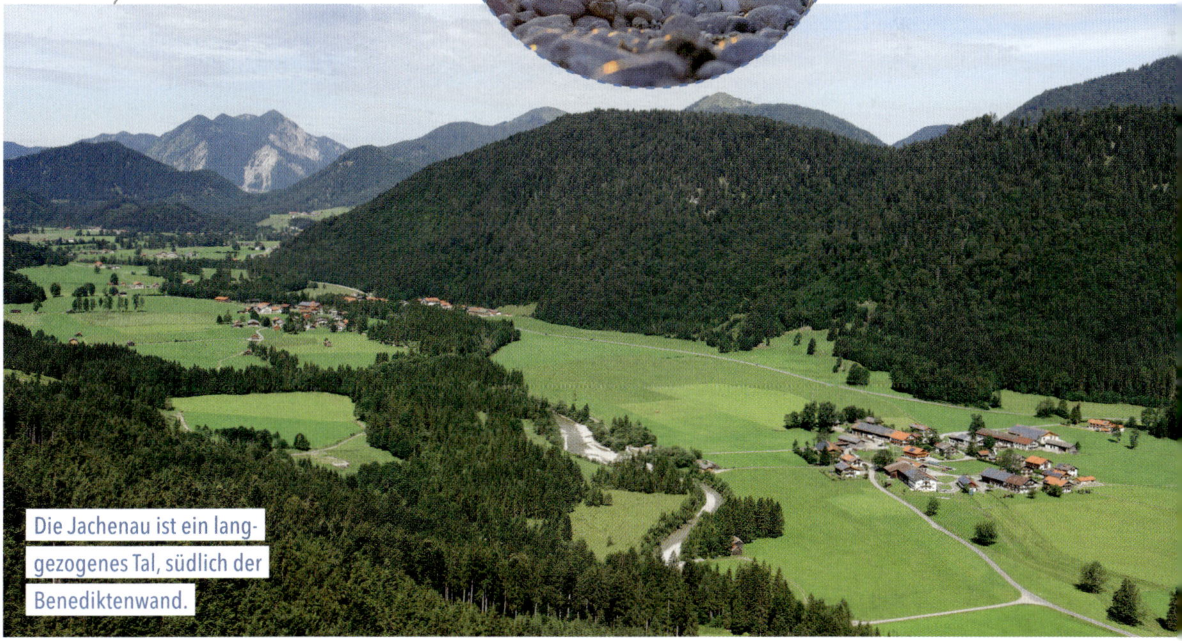

Die Jachenau ist ein langgezogenes Tal, südlich der Benediktenwand.

leicht

0,8 km

0 Hm

0.20 h

Auf einen Blick

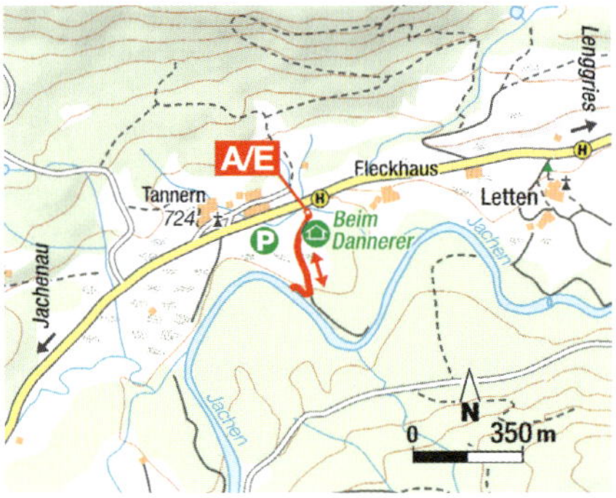

Tourencharakter
Sehr einfacher Spaziergang auf einem Feldweg, für Rollstuhl und Rollator geeignet. im Winter ist der Spaziergang dort nicht mehr möglich, da hier die Loipe durchs Tal verläuft!

Ausgangs-/Endpunkt
Café Dannerer in der Jachenau
GPS: 47.627902, 11.518708

Anfahrt
ÖPNV: Mit der BRB nach Lenggries und weiter mit Bus 9595 in die Jachenau bis Haltestelle Tannern
Auto: Über Bad Tölz nach Lenggries und weiter in die Jachenau; den Parkplatz Dannerer findet man im Ortsteil Tannern auf der linken Straßenseite (kostenfrei darf man hier parken, wenn man einkehrt).

Weitere Informationen
■ *jachenau.de*

wenigen Schritten das Ufer der Jachen – leider ganz ohne Rast-Bankerl, denn es wäre ein sehr idyllischer und geradezu friedlicher Platz zum Ausruhen, aber was noch nicht ist, kann ja noch werden. Für heute genießen wir einfach den Moment am plätschernden Flüsschen, ehe wir uns auf den Rückweg zum Café und zu den uns dort erwartenden Kuchenspezialitäten machen.

Schmankerltipp

Café Dannerer: Alle Kuchen und Torten sind selbst gemacht, die Eier dafür stammen vom zugehörigen Hof und auch die meisten anderen Zutaten sind regionaler Herkunft. Wer es lieber salzig möchte, findet Brotzeiten auf der Karte. Jedoch ist der »Dannerer« weithin für seine Kuchen berühmt: von Heidelbeertorte, Apfeltorte mit Mandelkrokant über Eierlikör-Nusstorte und Himmlische mit Himbeeren bis Zwetschgenstreusel u. v. m., geöffnet Fr–So von Mai bis Okt. u. von Jan. bis März.
■ *jachenau.de/cafe-loipenstueberl-beim-dannerer*

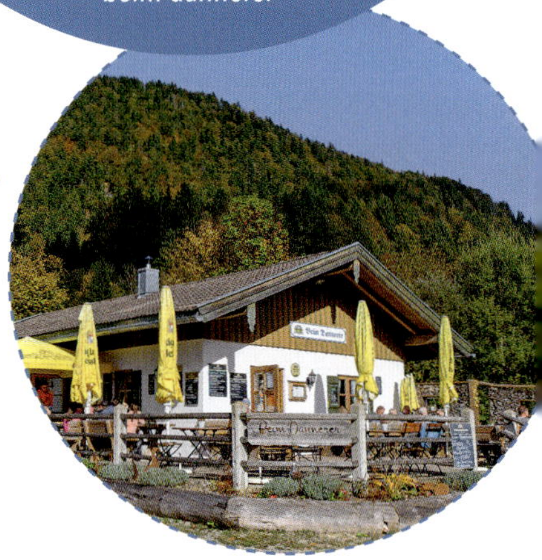

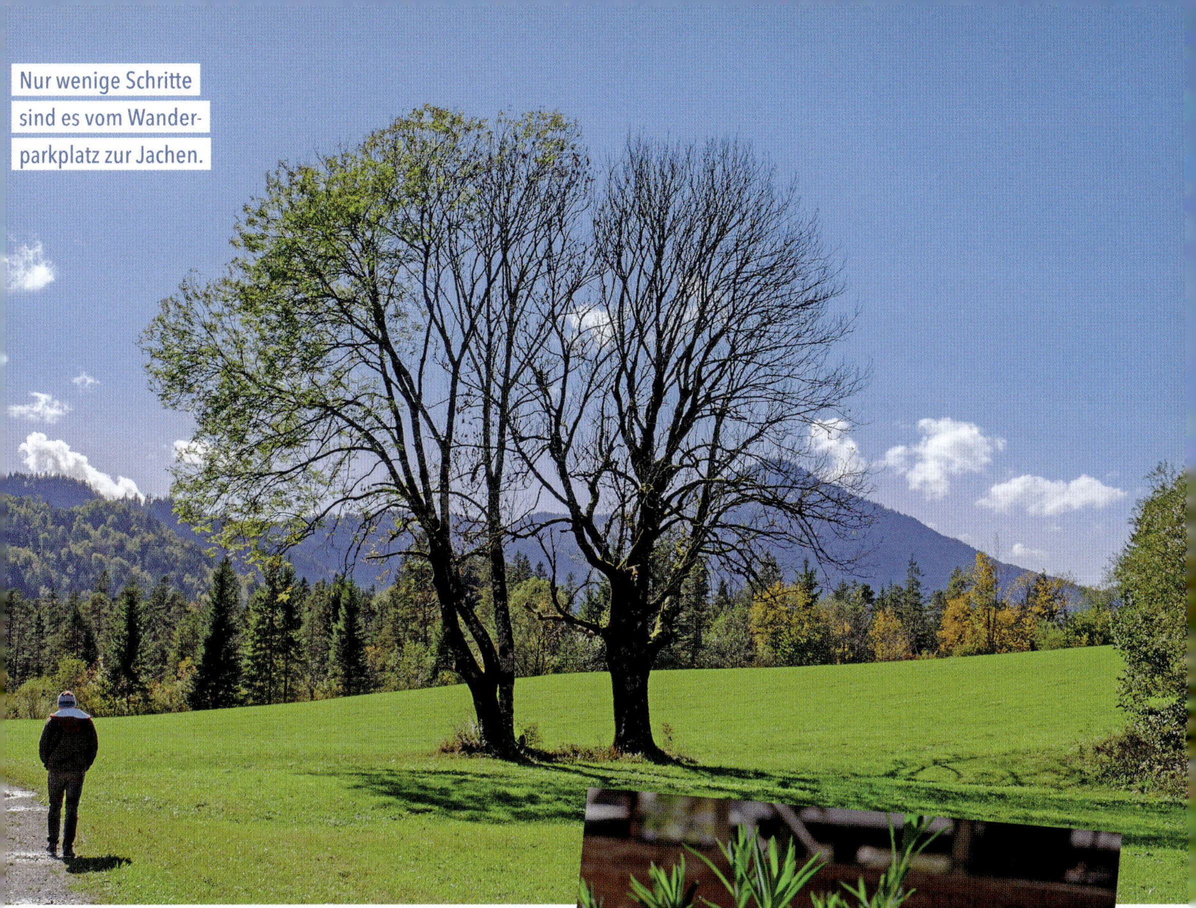

Nur wenige Schritte sind es vom Wanderparkplatz zur Jachen.

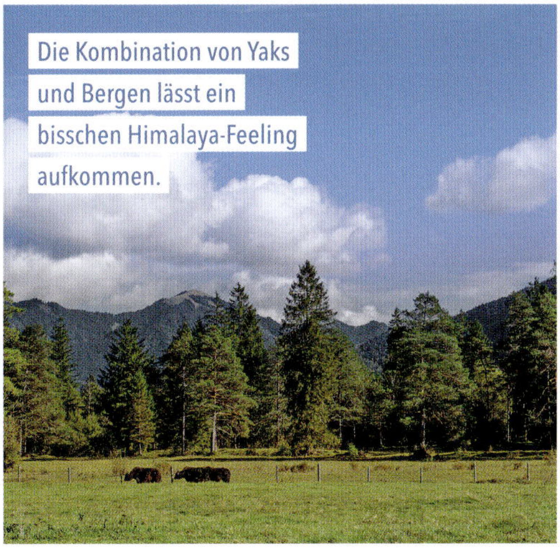

Die Kombination von Yaks und Bergen lässt ein bisschen Himalaya-Feeling aufkommen.

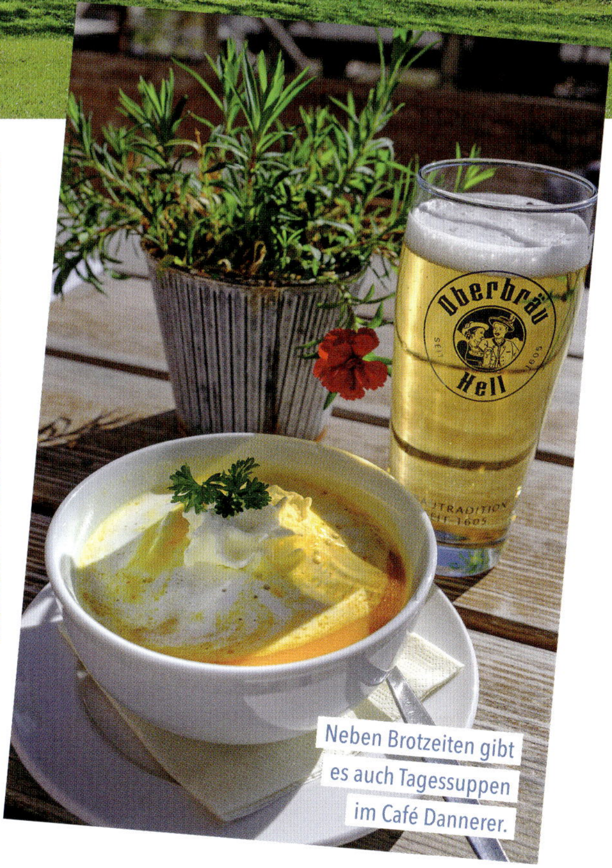

Neben Brotzeiten gibt es auch Tagessuppen im Café Dannerer.

VIELE BANKERL UND EIN KÄSE-SCHMANKERL

21

Am Walchensee

Ein verkehrsfreier Uferweg führt entlang des wunderschönen Walchensees nach Sachenbach, einem abseits gelegenen Weiler mit zwei Bauernhöfen und einem Hofladen. Die traumhafte Landschaft, eine Kombination aus Bergen und See, war Drehort für den Kinderfilm »Wickie und die starken Männer«.

Unser Ausgangspunkt liegt am nördlichen Ende von Urfeld, kurz bevor die Straße zum Kesselberg ansteigt. Hier beginnt der Uferweg, der uns gleich zu Beginn am Walchensee-Museum mit der Lovis-Corinth-Sammlung entlangführt. Wir passieren das große Appartementhaus und den Einlaufstollen für das Walchenseekraftwerk. Dann endet die Bebauung, und wir sind mitten in der Natur.

Stets die Berge im Blick

Gleich zu Beginn passieren wir schon einige Rastbänke, eine schöner als die andere gelegen und alle mit Blick auf den See und die umliegenden Berge – wer kann da schon Nein zu einer kleinen Pause sagen?

Im weiteren Wegverlauf wendet sich die Straße nach einer Lawinenverbauung nach Osten (diese Straße darf im Übrigen nur von Einheimischen befahren werden). Jetzt werden die Bankerl kurzzeitig rarer, dafür wandern wir nun ganz nahe entlang der Felsen am Wasser. Ein Geländer schafft Sicherheit, und wir sehen, wie steil der Walchensee direkt vom Ufer abfällt und wie tief er hier schon ist.

Geheimtipp

In Urfeld kann man sich bei einem Kiosk Tretboote ausleihen – vor allem im Sommer ein herrliches Vergnügen und die beste Möglichkeit, den See einmal von einer anderen Seite kennenzulernen.

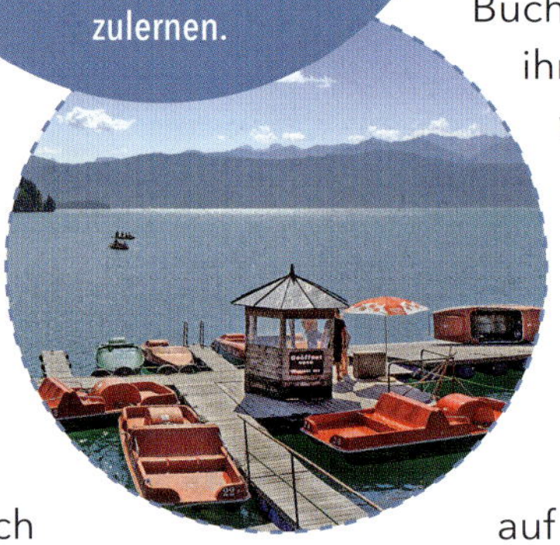

Sachenbach

Einige herrlich knorrige Buchen säumen das Ufer und ragen über die Wasseroberfläche auf den See hinaus. Weiter spazierend, sehen wir nun schon die Bucht von Sachenbach mit ihren Höfen vor uns, die wir schnell erreichen. Jetzt ist es Zeit für eine längere Pause, egal, ob im Kiosk Sachenbach oder am Ufer des Sees.

Alsdann wandern wir auf demselben Weg wieder zurück zu unserem Ausgangspunkt – nun wissen wir ja schon, wo die Rastbänke auf uns warten.

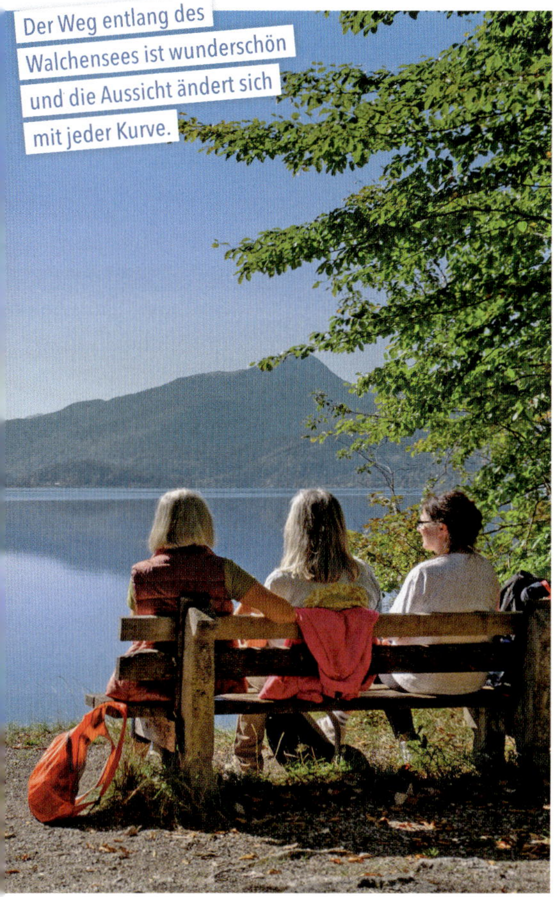

Beim Sachenbacher

Offiziell nennt sich diese Einkehrmöglichkeit »Kiosk«, aber mit einem typischen Kiosk hat der kleine Ausschank und Hofladen in Sachenbach nichts gemein. Klar, hier gibt es Selbstbedienung, aber das Ganze ähnelt eher einer modernen Alm als einem Kiosk. Es gibt ein paar warme Gerichte und vielerlei Brotzeiten. Erwähnenswert sind vor allem der besonders gute selbst hergestellte Käse sowie das frisch gebackene Bauernbrot und die feinen Kuchen. Man sitzt gemütlich mit Seeblick an langen Holztischen auf der Terrasse oder, wenn das Wetter einmal nicht so mitspielt, in einem kleinen Stüberl (geöffnet 11–17 Uhr).

■ *sachenbacher-walchensee.de*

leicht

5,5 km

10 Hm

1.30 h

Auf einen Blick

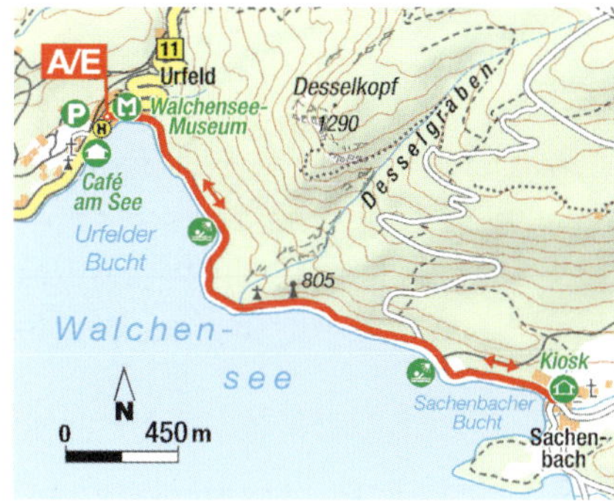

Tourencharakter

Etwas längerer, aber sehr einfacher Spaziergang entlang des Walchenseeufers. Die fast völlig ebene Strecke ist geteert und damit ideal für Rollstuhl und Rollator. Im Sommer Badesachen nicht vergessen

Ausgangs-/Endpunkt

Urfeld/Walchensee
GPS: 47.617790, 11.345800

Anfahrt

ÖPNV: Mit dem Zug nach Kochel am See und weiter mit Bus 9608 bis Haltestelle Urfeld
Auto: Über Kochel am See und den Kesselberg hinauf zum Walchensee; gebührenpflichtige Parkplätze am Seeufer oder beim Café am See in Urfeld

Weitere Informationen

■ *zwei-seen-land.de*

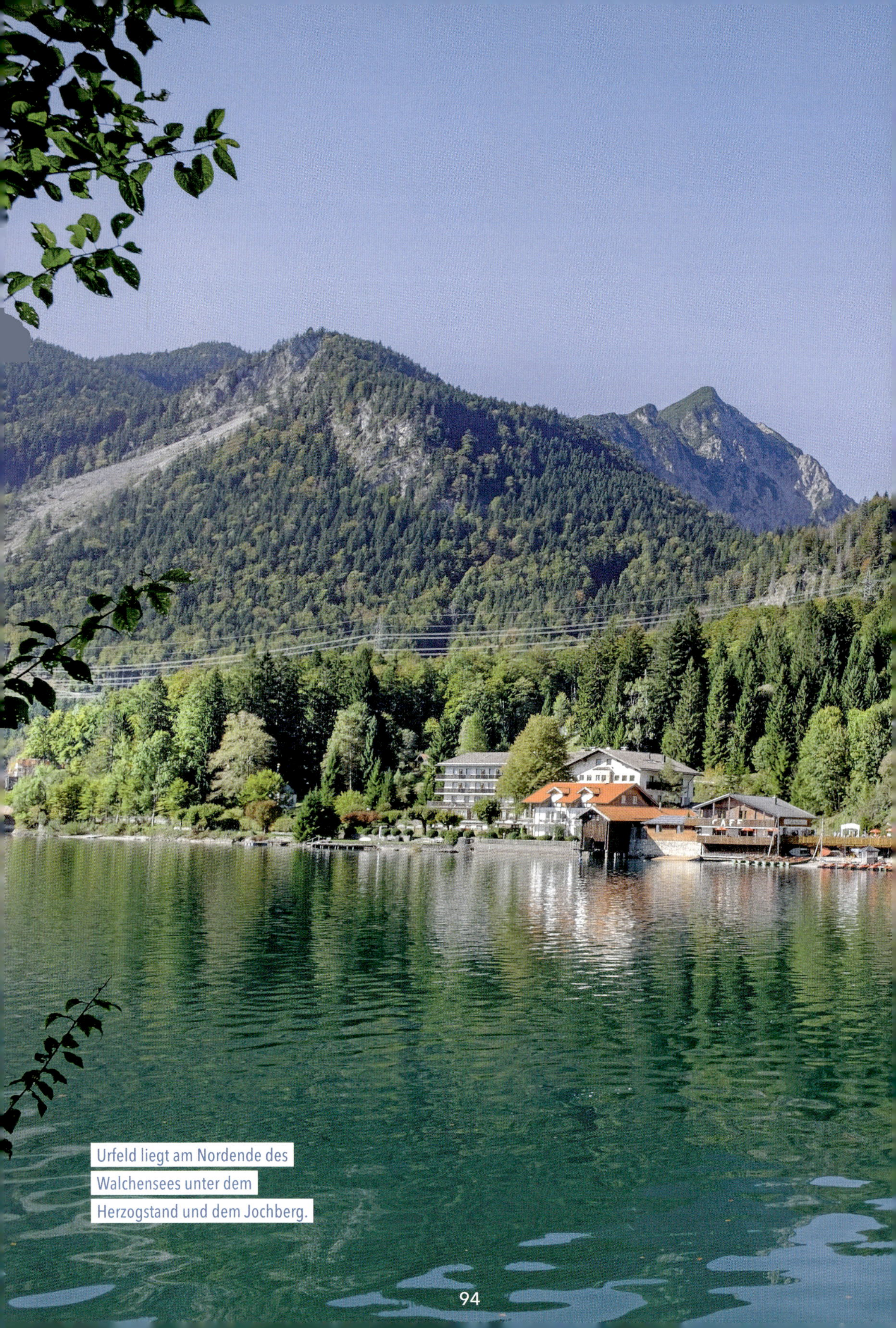

Urfeld liegt am Nordende des Walchensees unter dem Herzogstand und dem Jochberg.

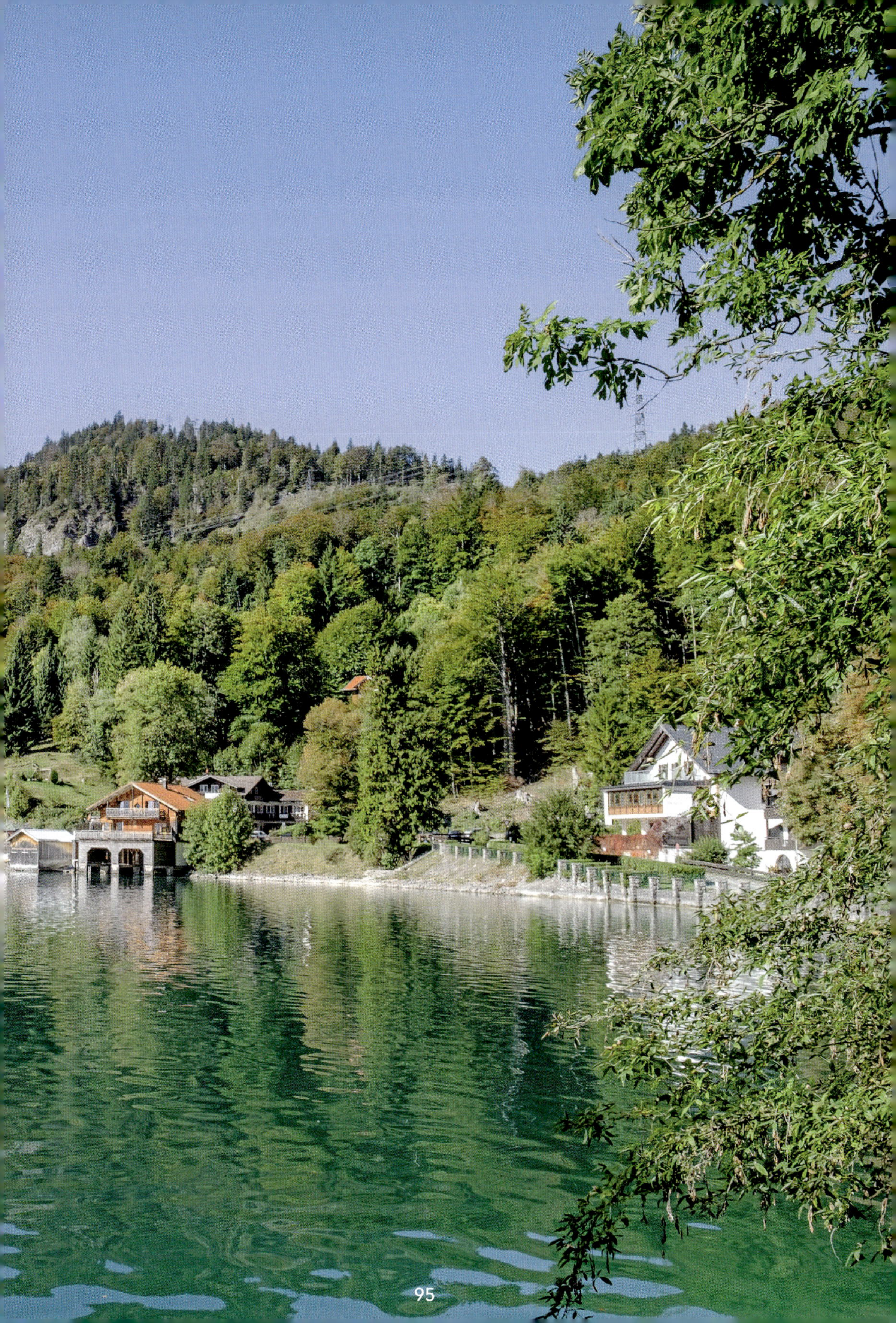

URLAUBSGEFÜHLE AM GLITZERNDEN WASSER

22

Schlehdorf und der Kochelsee

Direkt am Kochelsee liegt Schlehdorf mit seiner Klosterkirche St. Tertulin, und es gibt wohl kaum einen schöneren Uferweg als den hiesigen: Begleitet von zahlreichen Bankerln blickt man über das Wasser auf die Berge gegenüber und fühlt sich dabei wie im Urlaub.

Wir starten an der Hauptstraße in Schlehdorf vor dem Kloster St. Tertulin und steuern den großen Gasthof Klosterbräu in der Kurve an. Dort queren wir etwas nach rechts die Seestraße und laufen über den großen Parkplatz auf den Kochelsee zu. Einst standen hier malerisch ein paar Fischerhäuschen im See; diese fielen jedoch 2022 einem Brand zum Opfer und wurden seither noch nicht wieder aufgebaut. Trotzdem ist der Ausblick auf und über den See hinweg wunderschön: Markant erheben sich am anderen Ufer Jochberg, Herzogstand und Heimgarten, und man erkennt von dieser Seite des Sees aus, dass sich vor diesen höheren Gipfeln noch so einige kleinere Vorberge erheben. Auch das 100 Jahre alte historische, immer noch stromerzeugende Walchenseekraftwerk bei Kochel mit seinen langen Fallrohren ist gut zu sehen.

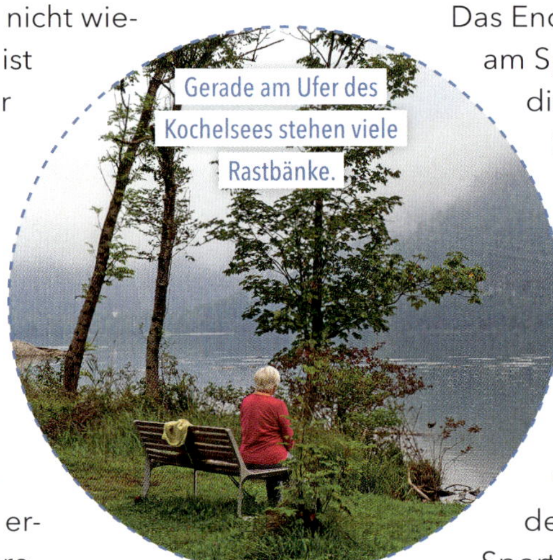

Gerade am Ufer des Kochelsees stehen viele Rastbänke.

Bezaubernde Uferwege

Wir folgen dem von Birken gesäumten Uferweg und freuen uns über die zahlreichen Bankerl zwischendurch. Auf dem Weg passieren wir die unscheinbare Bootsanlegestelle, die deswegen nicht ins Auge fällt, weil das Kochelsee-Schiff keinen Steg benötigt – es legt mit seinem herunterklappbaren Bug direkt am Ufer an.

Das Ende des Wegs haben wir am Sportplatz erreicht. Hier hat die Loisach eine Landzunge in den Kochelsee geschoben. Um der Verlandung vorzubeugen, werden an einem Kieswerk die von der Loisach mitgeschwemmten Steine entnommen. Wir verlassen nun den See und wandern kurz darauf auf der Zufahrtsstraße vom Sportplatz wieder in Richtung Kloster. An der großen Bundesstraße gibt es zum Glück einen parallel verlaufenden Fuß- und Radweg, der uns sicher nach links zurück nach Schlehdorf führt.

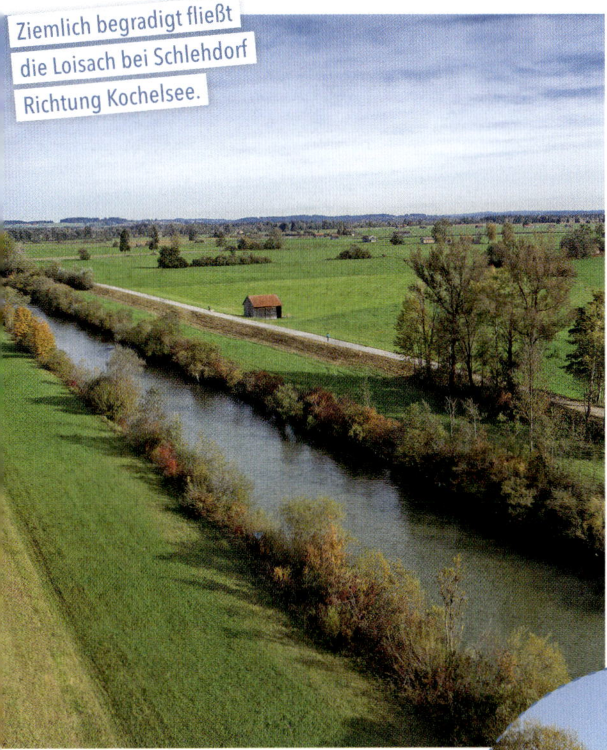

Ziemlich begradigt fließt die Loisach bei Schlehdorf Richtung Kochelsee.

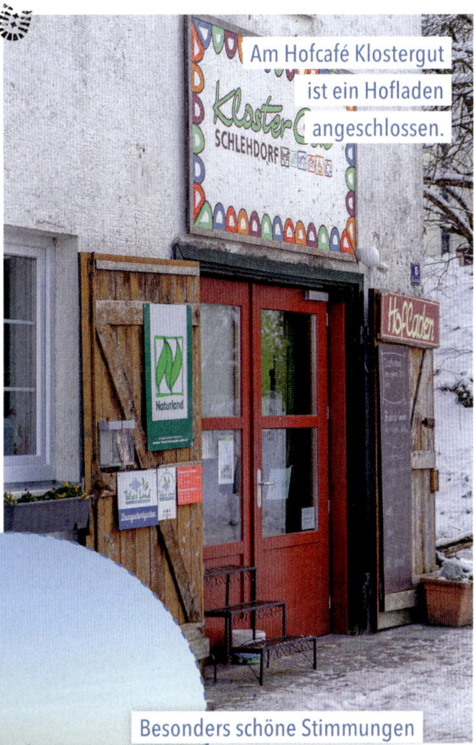

Am Hofcafé Klostergut ist ein Hofladen angeschlossen.

Was ohne Ruhepausen geschieht, ist nicht von Dauer. (Ovid)

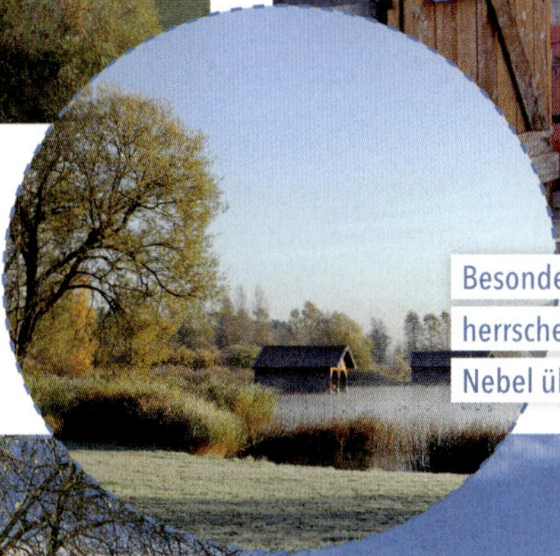

Besonders schöne Stimmungen herrschen am See, wenn der Nebel über das Wasser streicht.

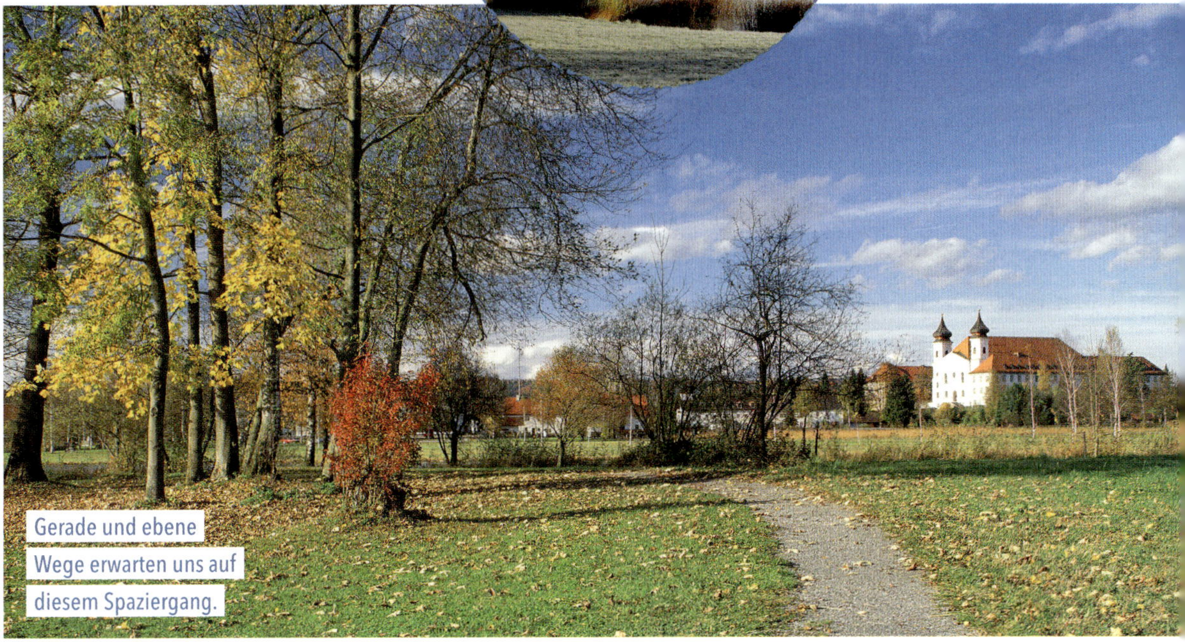

Gerade und ebene Wege erwarten uns auf diesem Spaziergang.

leicht

3 km

0 Hm

0.45 h

Auf einen Blick

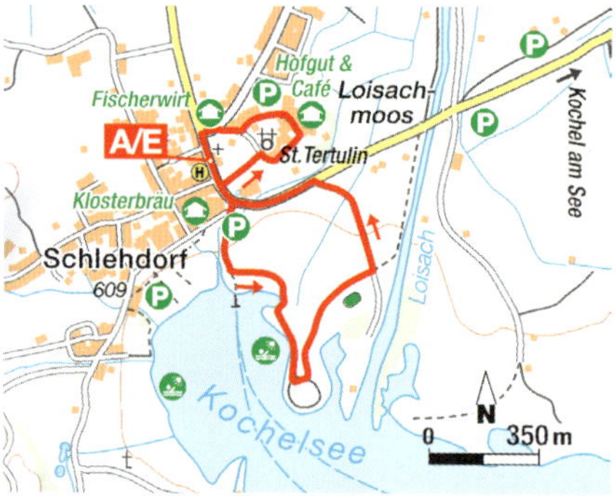

Tourencharakter
Kurzer Spaziergang ohne jegliche Steigung, für Rollator und Rollstuhl gut geeignet. Im Sommer Badesachen nicht vergessen

Ausgangs-/Endpunkt
Kloster Schlehdorf am Kochelsee
GPS: 47.656381, 11.316045

Anfahrt
ÖPNV: Mit dem Zug nach Kochel, von dort weiter mit Bus 9613 nach Schlehdorf bis Haltestelle Ortsmitte
Auto: A 95 bis Ausfahrt Großweil und über Großweil nach Schlehdorf; Parkmöglichkeiten entlang der Kochler Straße oder am Sportplatz in der Unterauer Straße

Weitere Informationen
■ *schlehdorf.de*

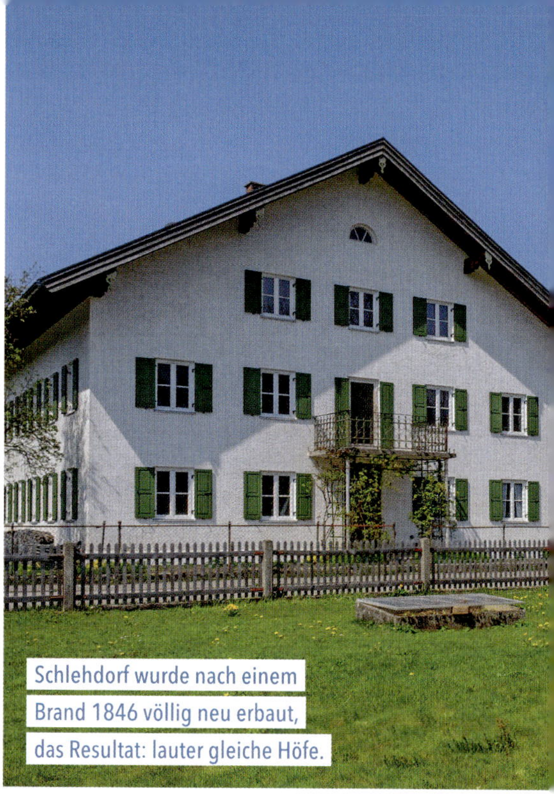

Schlehdorf wurde nach einem Brand 1846 völlig neu erbaut, das Resultat: lauter gleiche Höfe.

St. Tertulin

Fußgänger können kurz vor dem Maibaum über den kleinen Fußweg direkt zum Kloster wandern, Rollstuhlfahrer benützen besser die Unterauer Straße und dann die Kirchstraße. Das Kloster liegt etwas erhöht auf einer kleinen Erhebung. Der Platz war gut gewählt, denn die nahe Loisach sorgte früher oft für Überschwemmungen, da das Moor nicht alles Wasser aufnehmen konnte. Auf dem Hügel war die Kirche sicher und bekam keine nassen Füße.

Die Anfänge des Klosters reichen bis ins 8. Jahrhundert zurück. Der Bau der Klosterkirche stammt aus den Jahren 1717. Im Lauf der Geschichte wechselten auch die Ordensgemeinschaften von Schlehdorf, zuletzt lebten hier Missionsdominikanerinnen. 2020 wurde ein Teil des Klosters an die Ökogenossenschaft KlosterGut Schlehdorf e. G. verkauft, die dem Gebäude wieder

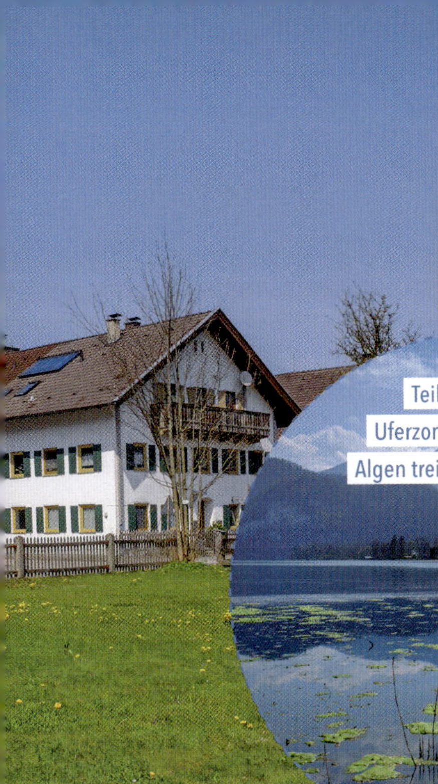

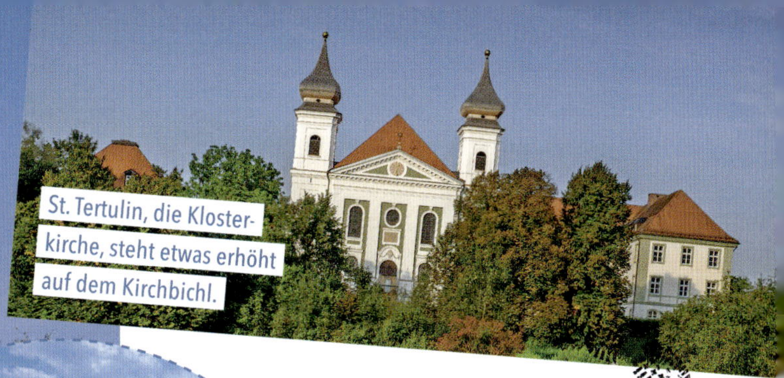

St. Tertulin, die Klosterkirche, steht etwas erhöht auf dem Kirchbichl.

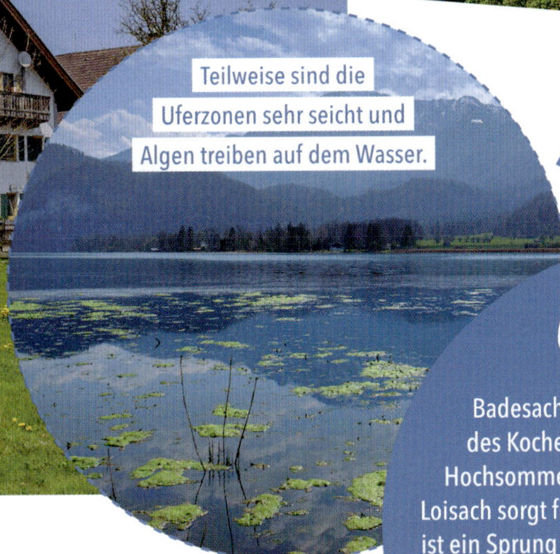

Teilweise sind die Uferzonen sehr seicht und Algen treiben auf dem Wasser.

Geheimtipp

Badesachen nicht vergessen! Das Wasser des Kochelsees erwärmt sich zwar auch im Hochsommer nur langsam, denn die kühlende Loisach sorgt für viel frisches Bergwasser – trotzdem ist ein Sprung in das saubere Wasser ein echter Hit! Sehr schön ist übrigens auch eine Schifffahrt auf dem Kochelsee, die sogar für Gehhilfen oder den Rollstuhl geeignet ist, denn beim Zustieg gibt es keine Schwellen.

■ *motorschifffahrt-kochelsee.de*

neues Leben einhauchte. Den Hofladen und das Café finden wir hinter der Klosterkirche, wo wir unseren Spaziergang gemütlich ausklingen lassen.

Klosterbräu, Fischerwirt und KlosterGut

In Schlehdorf ist es schwierig, sich auf nur eine gute Einkehrmöglichkeit festzulegen, wo es doch gleich drei davon gibt:

Zum einen lockt der Gasthof Klosterbräu mit seiner bodenständig bayerischen Küche. Gespeist wird auf der anderen Straßenseite in einem vom großen Parkplatz abgetrennten Gastgarten am Bachlauf oder überraschend modern vor großen Fensterfronten im Innenbereich (kein Ruhetag).

Sehr zu empfehlen ist auch die Küche des Fischerwirts an der Ecke zur Unterauer Straße (Mo/Di Ruhetage). Dort gibt es je nach Saison Spezialitäten vom Spargel über Sommerkräuter-Gerichte bis hin zum herbstlichen Wild-Menü.

Und wer etwas ganz Besonderes sucht, wird von April/Mai bis Oktober im Hofcafé KlosterGut fündig: untergebracht in einer alten Scheune, etwas alternativ, überwiegend bio, eine Oase der Ruhe und ein absoluter Geheimtipp. Wobei zum HofGut noch viel mehr gehört: ein Wohnmobilstellplatz, ein Hofladen, Hühner, Schafe, Alpakas und eine Gemeinschaftsgärtnerei.

■ *klosterbraeu-schlehdorf.de*
■ *fischerwirt.bayern*
■ *klostergut-schlehdorf.de*

AUSZEIT AM SEE MIT BERGBLICK

23

Uferspaziergang in Kochel

Kochel liegt am gleichnamigen See zu Füßen von Jochberg und Herzogstand und darf sich damit mehr als glücklich schätzen: Die Kombination aus Wasser und Bergen ist eben einfach bezaubernd. Kommen dann auch noch kulinarische Genüsse hinzu, würde man gern bleiben – für immer!

Wir starten am Bahnhof in Kochel und folgen der Straße in Richtung Ortsmitte. Dann queren wir die Bahnhofstraße an der kleinen Verkehrsinsel und können schon nach wenigen Schritten einen ersten Blick auf Lenas Café im Schusterhaus werfen, einem unserer Schmankertipps mit einem angeschlossenen Museum!

Zur Uferpromenade

Wir folgen hier weiter der Straße, kommen an die große Straßenkreuzung und damit auch in Kürze zum Schmied-von-Kochel-Platz. Dort überqueren wir mit Hilfe einer Ampel die Straße und steuern anschließend auf das große Denkmal mit dem Schmied von Kochel zu, der durch den Bauernaufstand und die Sendlinger Mordweihnacht von 1705 zu großer Berühmtheit kam.

Wir wählen nun die kleine Gasse zwischen dem Gasthaus Zur Post und der Raiffeisenbank und sind alsbald leicht links haltend auf der Hanersimmergasse unterwegs, die gleich ins Grüne führt. Mit etwas Abstand passieren wir die Kirche St. Michael und bleiben am Neuen Friedhof geradeaus. Der Seeweg bringt uns zum großen Parkplatz vor der Kristall Therme, wo alle mit dem Auto Angereisten die Tour starten.

Seeblicke und Kurpark

Hier wenden wir uns nach links und bestaunen die malerischen Bootshäuser am Ufer, die fast in der Loisach stehen, denn diese verlässt hier den Kochelsee. Wir wandern unter der Therme durch und folgen dem Uferweg, der mit vielen Rastbankerln bestückt ist.

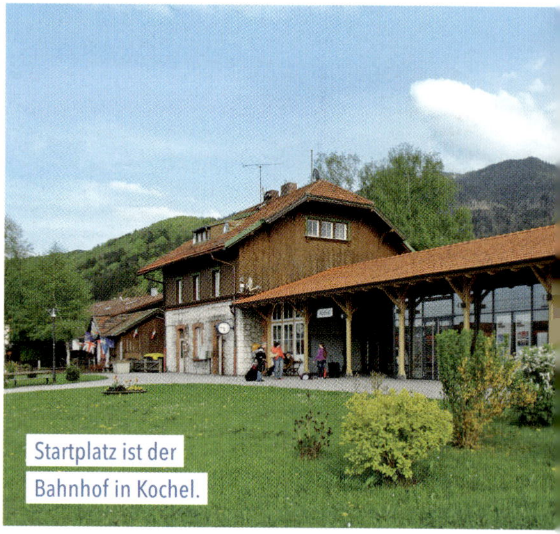

Startplatz ist der Bahnhof in Kochel.

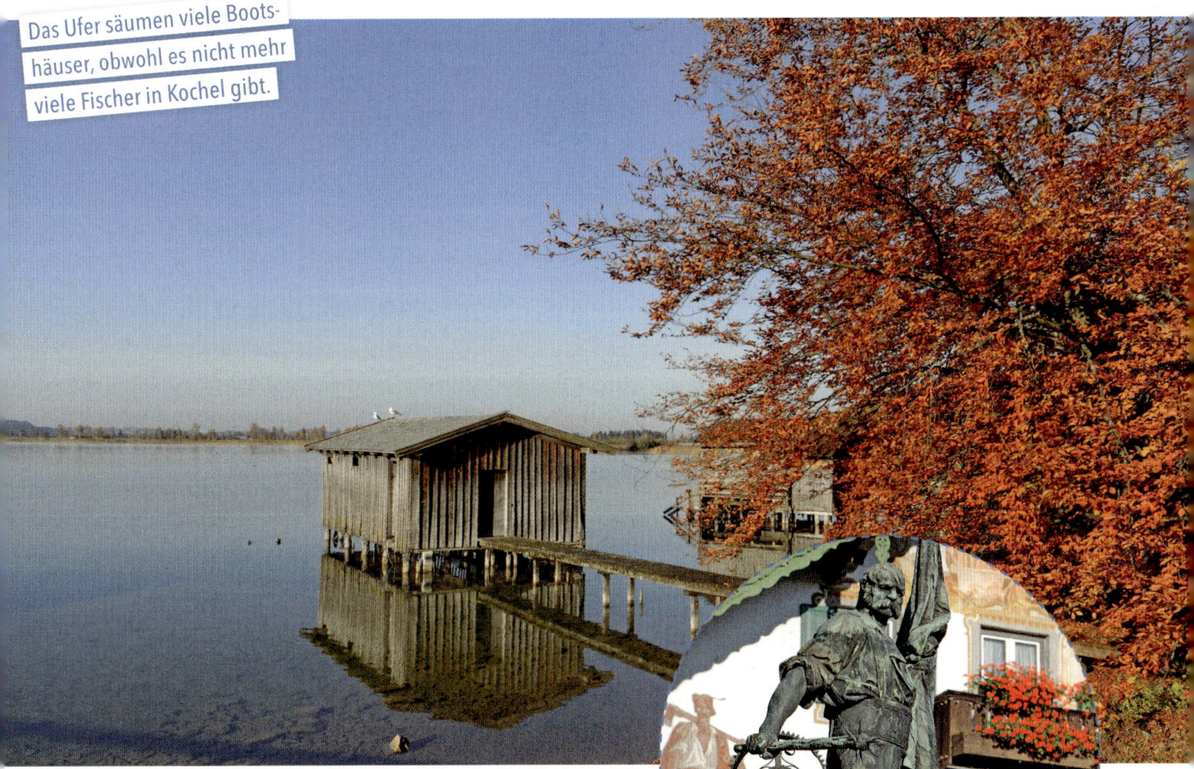

Das Ufer säumen viele Bootshäuser, obwohl es nicht mehr viele Fischer in Kochel gibt.

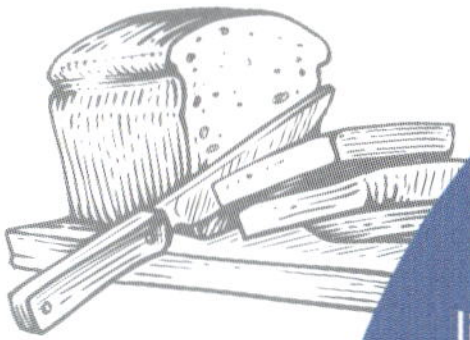

Schmankerltipp

Grauer Bär und Lenas Café im Schusterhaus:
In Kochel gibt es zwei empfehlenswerte Einkehrmöglichkeiten: Kaffee- und Kuchengelüste sowie den Brotzeithunger stillen kann man in Lenas Café im Schusterhaus (Tel. 08851/241 98 34). Hier sitzt man ruhig hinter dem Haus und genießt den Blick auf Sonnenspitze und Jochberg. Aber auch in das Gebäudeinnere sollte man unbedingt einen Blick werfen: Das historische Bauernhaus wurde wunderbar restauriert und ist jetzt ein Museum. Das Restaurant Grauer Bär hingegen ist fast schon eine Kochler Institution – es liegt nicht direkt an der Wanderstrecke, sondern an der Straße Richtung Kesselberg und ist mit dem Bus oder dem Auto erreichbar. Seine Lage direkt über dem Wasser ist – gerade bei Sonnenuntergang – legendär!

■ *Lenas Café im Schusterhaus*
■ *grauer-baer.de*

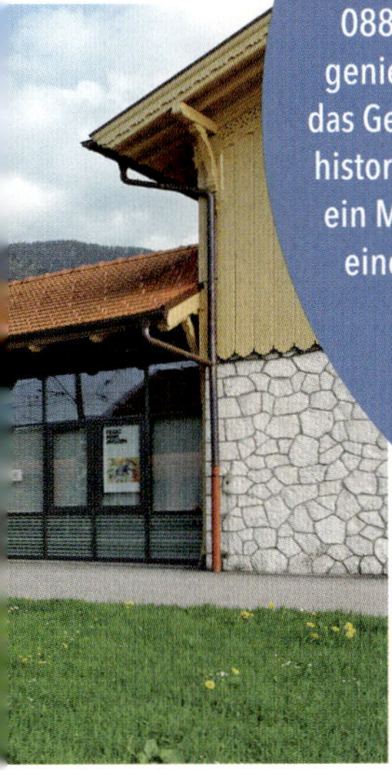

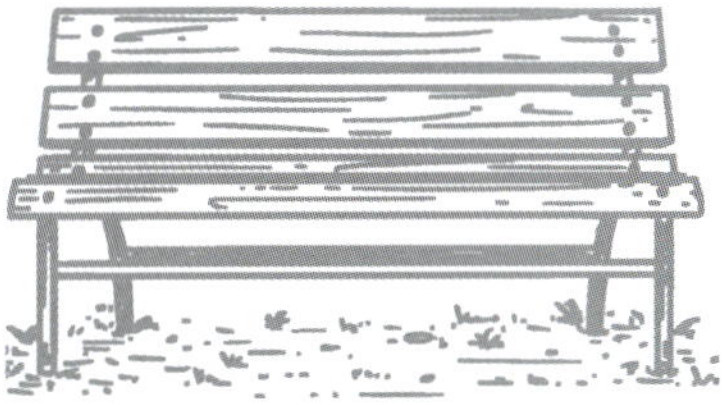

leicht

3,5 km

30 Hm

1 h

Auf einen Blick

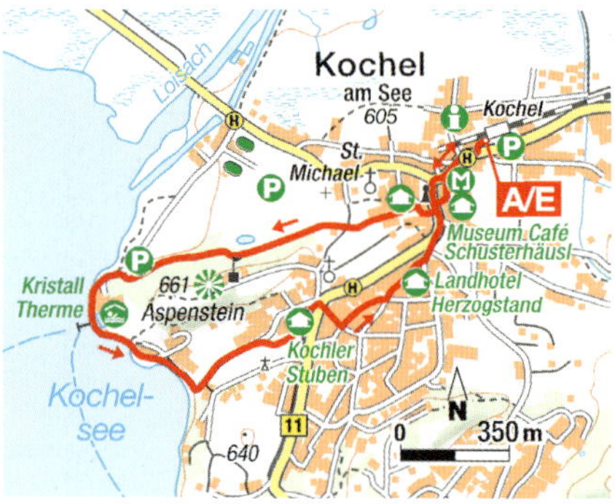

Tourencharakter
Einfacher Spaziergang, größtenteils auf ungeteerten, aber guten Wegen. Für Rollstuhl und Rollator geeignet. Im Sommer Badesachen nicht vergessen

Ausgangs-/Endpunkt
Kochel, Bahnhof
GPS: 47.660327, 11.370850

Anfahrt
ÖPNV: Mit dem Zug nach Kochel am See
Auto: A 95 bis Ausfahrt Sindelsdorf und über Benediktbeuern nach Kochel am See; Parkplätze am Bahnhof, besser am großen Parkplatz vor der Kristall Therme in der Triministraße parken und die Wanderung dort beginnen

Weitere Informationen
■ *kochel.de*

An seinem Ende werden wir nach links durch den großzügig angelegten Kurpark und aufwärts zur großen Hauptstraße geleitet. Wer möchte, wandert hier auf einem parallel dazu verlaufenden Gehweg nach links zurück zum Schmied-von-Kochel-Platz. Schöner ist es jedoch, schräg gegenüber der Heimatbühne in die Jochbergstraße einzubiegen, um dann von dort nach links dem Herzogstandweg zu folgen. Auch er führt in die Ortsmitte zurück, ist aber verkehrsberuhigter. Über die Bahnhofstraße kommen wir so zu unserem Ausgangspunkt zurück.

Geheimtipp

Wer sich richtig verwöhnen lassen will, kann in der Kristall Therme Kochel am See abtauchen und die Saunawelt besuchen. Kulturell zählt das Franz Marc Museum zu den großen Höhepunkten im Loisachtal.
■ *kristall-trimini.de*
■ *franz-marc-museum.de*

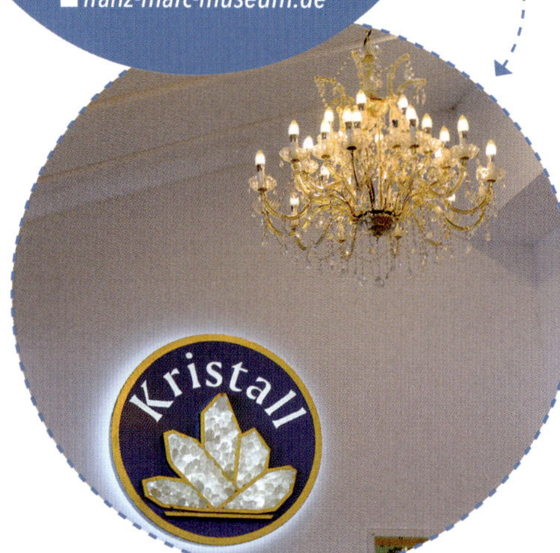

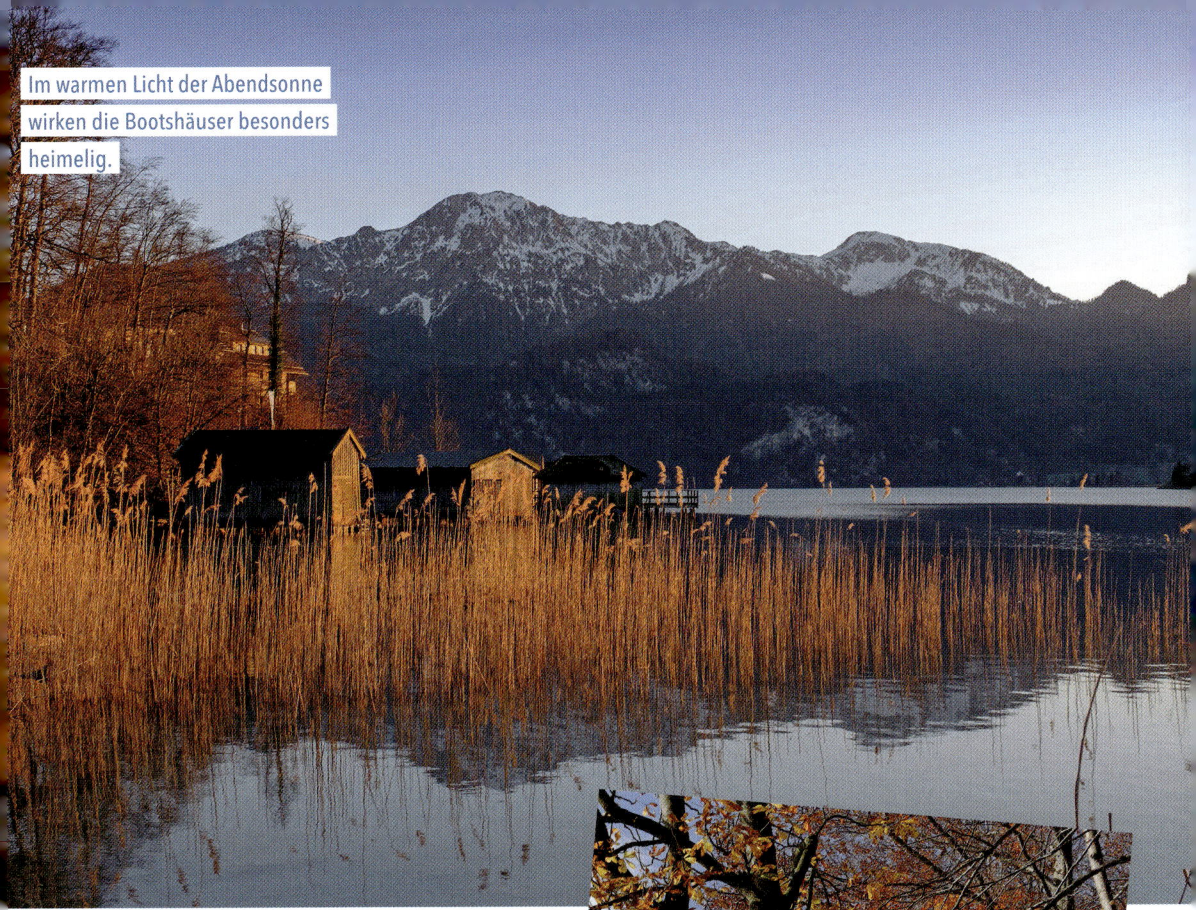

Im warmen Licht der Abendsonne wirken die Bootshäuser besonders heimelig.

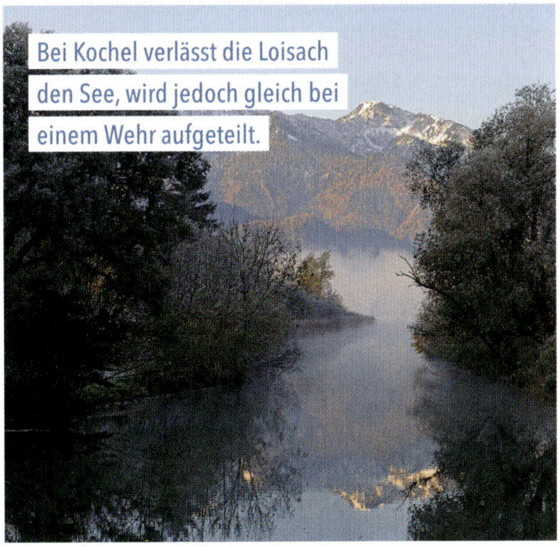

Bei Kochel verlässt die Loisach den See, wird jedoch gleich bei einem Wehr aufgeteilt.

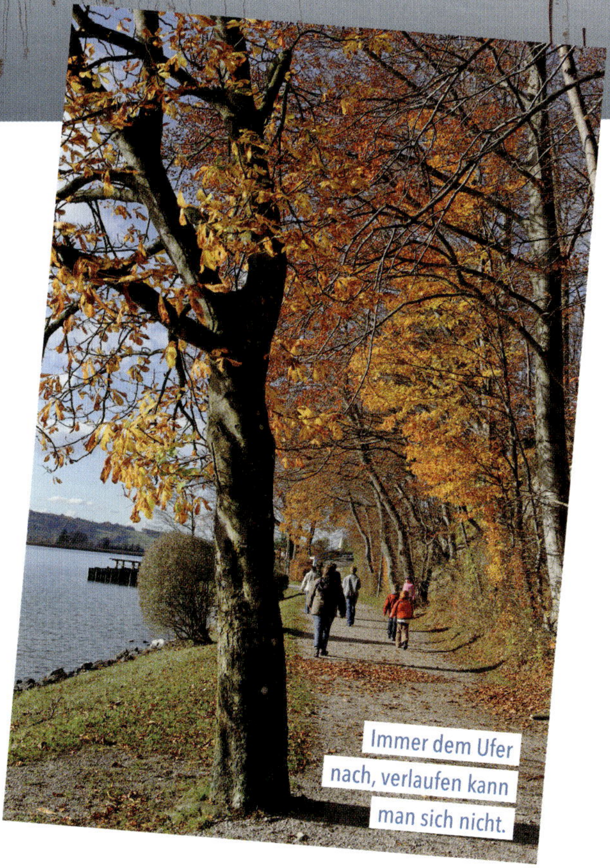

Immer dem Ufer nach, verlaufen kann man sich nicht.

MOORIGES AM BENEDIKTUSWEG

24

Rund um Benediktbeuern

Stolz reckt das Kloster Benediktbeuern seine beiden Kirchtürme gegen den Felsrücken der Benediktenwand. Bis heute prägt das Kloster die Gegend, immer noch als religiöser Anziehungspunkt, wirtschaftliches Zentrum, vor allem aber als kultureller Mittelpunkt des Loisachtals.

Wir starten unsere Wanderung am großen Parkplatz vor dem Kloster. Kurz vor dem Eingang zum Innenhof finden wir eine Info-Stele, die den Beginn des Benediktuswegs markiert. Ohne den Innenhof zu betreten, wenden wir uns nach Westen in Richtung Benediktbeurer Moor. Vorbei an der Jugendherberge und den modernen Bauten der Mensa und der Bibliothek führt ein schnurgerader Weg Richtung Moor. Obwohl er an beiden Seiten mit schattenspendenden Bäumen bepflanzt ist, erhält man hier einen ersten Eindruck von der Weite der Landschaft.

Barfuß durchs Moor …

Schon nach wenigen Minuten werden wir etwas ausgebremst, denn nach rechts können wir eine Zusatzrunde drehen, die eigentlich nicht zum Benediktusweg gehört. Dort gibt es einen Barfußpfad, der in einer Schleife um zwei Mooraugen herumführt – also Schuhe und Strümpfe runter und los! Steine oder Sand, normaler Waldboden oder Matsch, ein Knüppeldamm oder ein Bretterweg: Alles fühlt sich barfuß anders und neu an. Als kleines »Zuckerl« führt ganz am Ende ein Stichweg zu einem hölzernen Aussichtsturm, von dem aus wir das alte Kloster von seiner schönsten Seite sehen, unverbaut in der Landschaft gelegen, mit dem markanten Felsrücken der Benediktenwand im Hintergrund. Übrigens kann man den Barfußpfad natürlich auch mit Schuhen betreten.

Geheimtipp

Im Kloster gibt es noch weitere Einkehrmöglichkeiten: Das Klosterbräustüberl liefert herzhafte Gerichte, und besonders nett sitzt man auch im Klostercafé im Kreuzgang. Alternativ gibt es etwas weiter entfernt im kleinen Gewerbegebiet an der Bahn in der Georg-Merz-Straße das tolle CaféAstwerk.

■ *klosterwirt.de* ■ *kloster-benediktbeuern.de/Zu-Gast/Klostercafe* ■ *facebook.com/astwerk.cafe*

… oder über den Benediktusweg

Für den Benediktusweg biegen wir hingegen von der langen Geraden nach links weg. Dort ist ebenfalls ein Moorerlebnis-Biotop angelegt. Wir folgen der

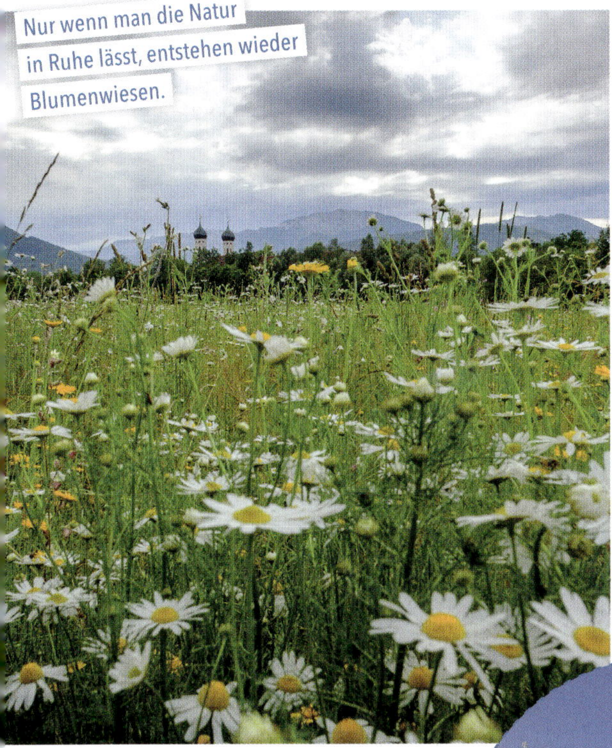

Nur wenn man die Natur in Ruhe lässt, entstehen wieder Blumenwiesen.

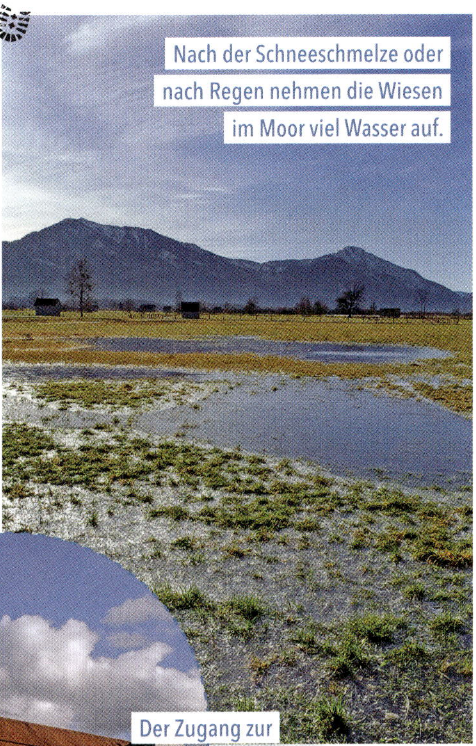

Nach der Schneeschmelze oder nach Regen nehmen die Wiesen im Moor viel Wasser auf.

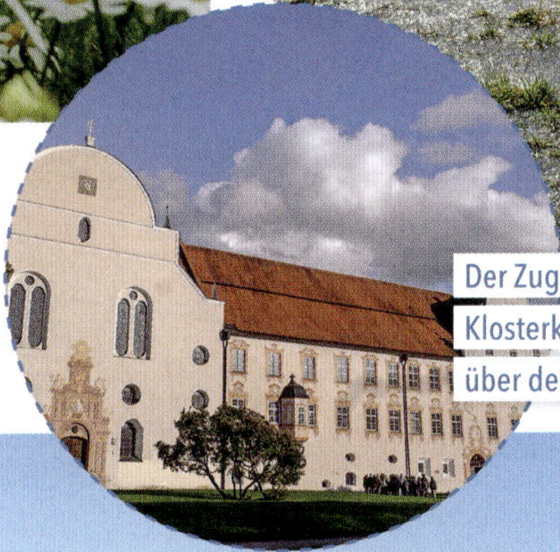

Der Zugang zur Klosterkirche erfolgt über den Innenhof.

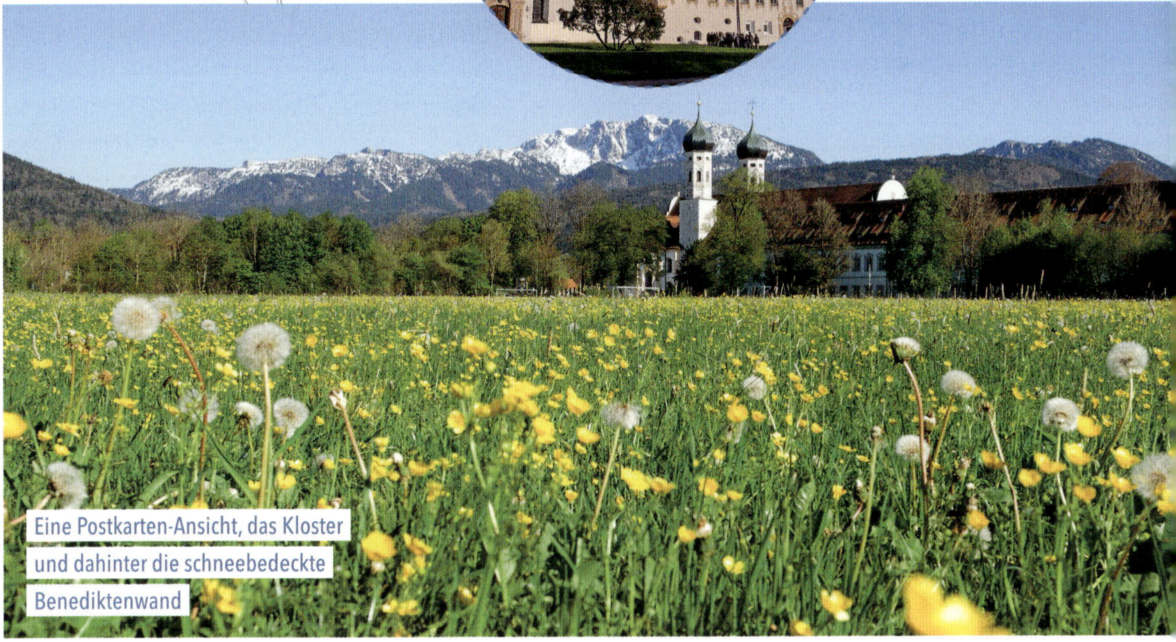

Eine Postkarten-Ansicht, das Kloster und dahinter die schneebedeckte Benediktenwand

leicht

2,5 km

10 Hm

0.45 h

Auf einen Blick

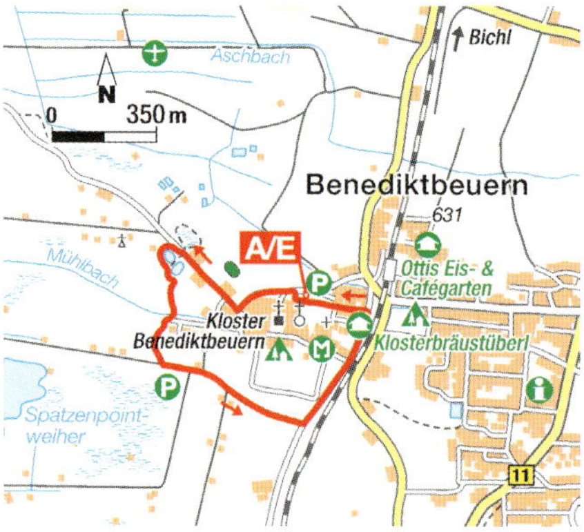

Tourencharakter
Kurzer Spaziergang ohne Steigungen. Für Rollator und Rollstuhl gut geeignet, nur auf den Moorpfaden wird es etwas holprig.

Ausgangs-/Endpunkt
Großparkplatz am Kloster Benediktbeuern
GPS: 47.708696, 11.399820

Anfahrt
ÖPNV: Mit dem Zug nach Benediktbeuern und vom Bahnhof zu Fuß in 5 Min. über die Bahnhofstraße zum Kloster
Auto: A 95 bis Ausfahrt Sindelsdorf, weiter nach Benediktbeuern zum Kloster und dort zum großen gebührenpflichtigen Parkplatz

Weitere Informationen
■ *benediktbeuern.de*

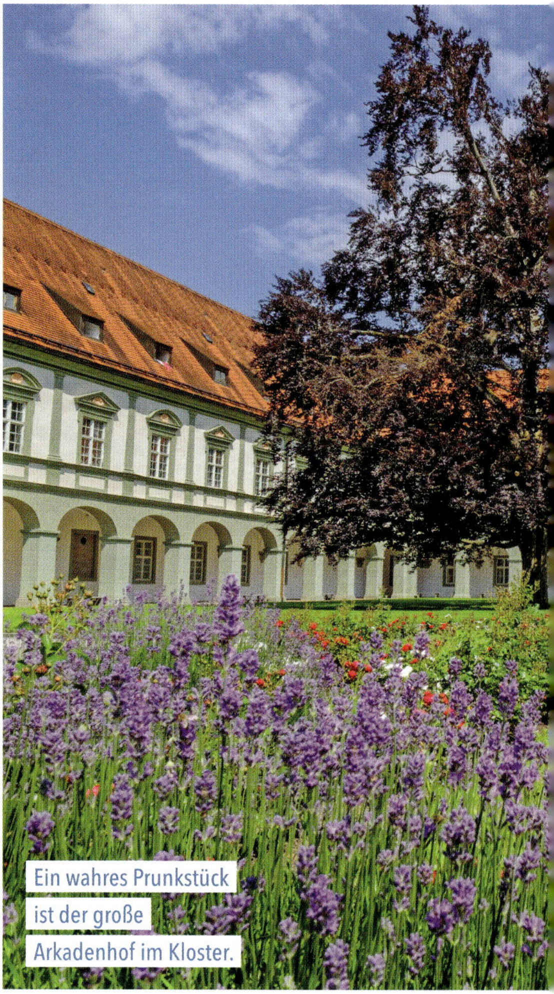

Ein wahres Prunkstück ist der große Arkadenhof im Kloster.

Beschilderung, einem stilisierten »B« mit Abtstab, zwischen den Weihern hindurch und freuen uns über die zahlreichen Libellen, die hier über dem Wasser tanzen. Auf Infotafeln können wir uns zu verschiedenen Themen wie »Schöpfung«, »Balance« oder »Demut« inspirieren lassen. Wir werden im weiteren Verlauf des Benediktuswegs noch auf weitere Tafeln stoßen; dort gibt es jeweils einen QR-Code, den man mit einem Smartphone z. B. mit der Kamera scannen kann. So gelangt man auf eine Website, bei der wir weitere Erklärungen (sogar als Hörversion) erhalten.

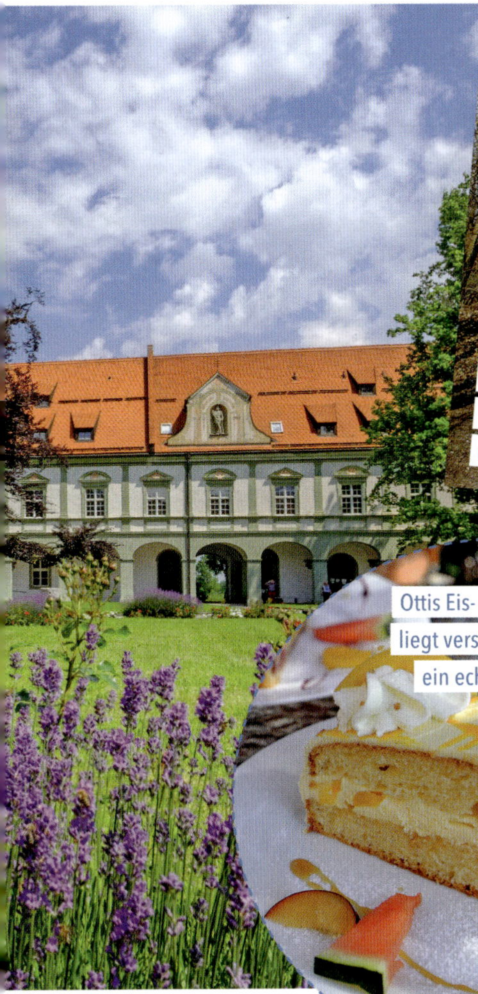

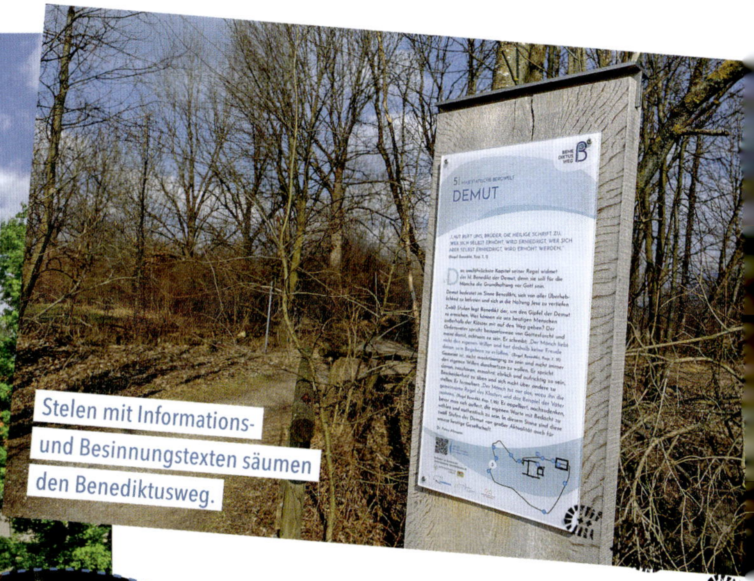

Stelen mit Informations- und Besinnungstexten säumen den Benediktusweg.

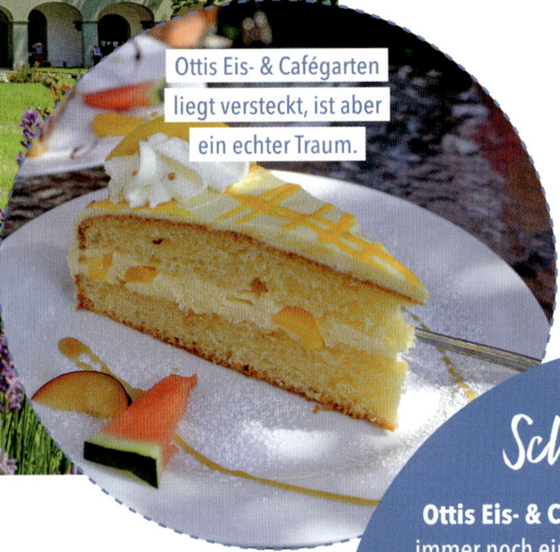

Ottis Eis- & Cafégarten liegt versteckt, ist aber ein echter Traum.

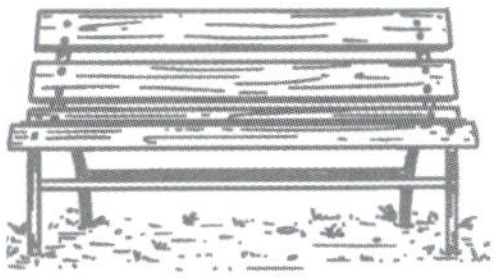

Schmankerltipp

Ottis Eis- & Cafégarten: Dieses Schmankerl ist immer noch ein Geheimtipp: Das kleine Café liegt nicht direkt am Kloster, sondern ist von der Bahnhofstraße über den Angerfeldweg erreichbar (die Parallelstraße zum Bahnhof). Otti hat hier ein kleines Paradies geschaffen – malerisch sitzt man inmitten ihres üppigen Blumengartens an kleinen Tischen und genießt die selbst gebackenen Kuchen. Es ist zwar kein reines »Schönwetter-Café«, denn es hat auch in den Wintermonaten geöffnet, aber im Garten sitzt man eben besonders bezaubernd (geöffnet 12.30–18 Uhr, im Sommer Ruhetage Mi/Do).

■ *ottis-cafe.de*

Zurück zum Kloster

Hinter dem Biotop überqueren wir einen Bachlauf und erreichen nun die Felder am Benediktbeurer Moor. Ein herrlicher Blick nach Süden auf die Berge lässt uns innehalten. Dann stoßen wir auf einen quer verlaufenden Feldweg, dem wir nach links folgen. Entlang der Klostermauer kommen wir schließlich zu den Bahngleisen, biegen dort links ein und wandern auf dem Spatzenpointweg zurück zum Kloster. Durch den Maierhof und den Meditationsgarten erreicht man die Basilika – jetzt ist hoffentlich noch Zeit für eine Besichtigung.

DUFTENDES KRÄUTERERLEBNIS UND IDYLLE

25

Um Bad Heilbrunn

Im traditionsreichen Kurort Bad Heilbrunn dreht sich vieles um Kräuter. Noch dazu liegt er herrlich leicht erhöht auf einem Hügel, von dem man weit ins Voralpenland blickt – alles wirkt hier idyllisch ruhig, und das viele Grün im Ort würde sich so mancher Kurort wünschen.

Beginnend am Rathaus, gehen wir auf der Badstraße nach Norden und erreichen durch die Kurve, wo sich die Hauptstraße nach rechts wendet, den großen Kräuter-Erlebnispark. Hier duftet und blüht es ab April/Mai, eine Orgie für alle Sinne: Bad-, Tee-, Gewürz- und Heilkräuter sind auf verschiedene Themenbeete aufgeteilt. Viele Rastbänke und Liegen wurden traumhaft platziert und verführen zum Verweilen.

Über Obermühl in die Ramsau

Wir durchqueren den Park in nördlicher Richtung und kommen zur Heilbrunner Volksschule. Links davon startet ein Fußweg, der uns zum Fußballplatz führt. Gegenüber sehen wir einen Parkplatz, queren die Straße dorthin und steuern den Friedhof an. Rechts davon finden wir einen schmalen Weg, der uns durch ein Wäldchen zu einem geteerten Sträßchen bringt. An diese Stelle werden wir nach der Einkehr zurückkommen.

Jetzt geht es mit schönem Ausblick rechts bergab zum Bauernhof in der Obermühl. Für alle, die noch ein paar Treppenstufen steigen wollen, gibt es unmittelbar vor dem Bauernhof eine Abkürzung zu unserer Einkehr – dafür hält man sich vor dem Gebäude links und bleibt dann geradeaus auf einem Wiesenweg, der minimal ansteigt und dann an einer Hecke mit ein paar Treppenstufen direkt zum Gasthaus RamsAu führt. Alle anderen passieren geradeaus den Hof Obermühl, überqueren den

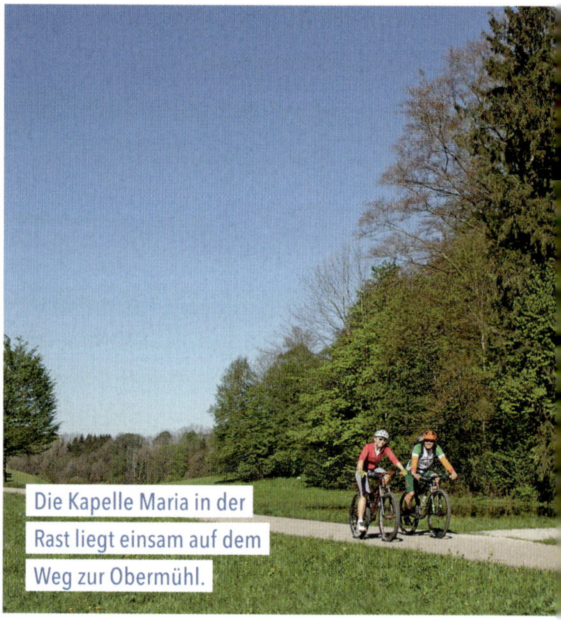

Die Kapelle Maria in der Rast liegt einsam auf dem Weg zur Obermühl.

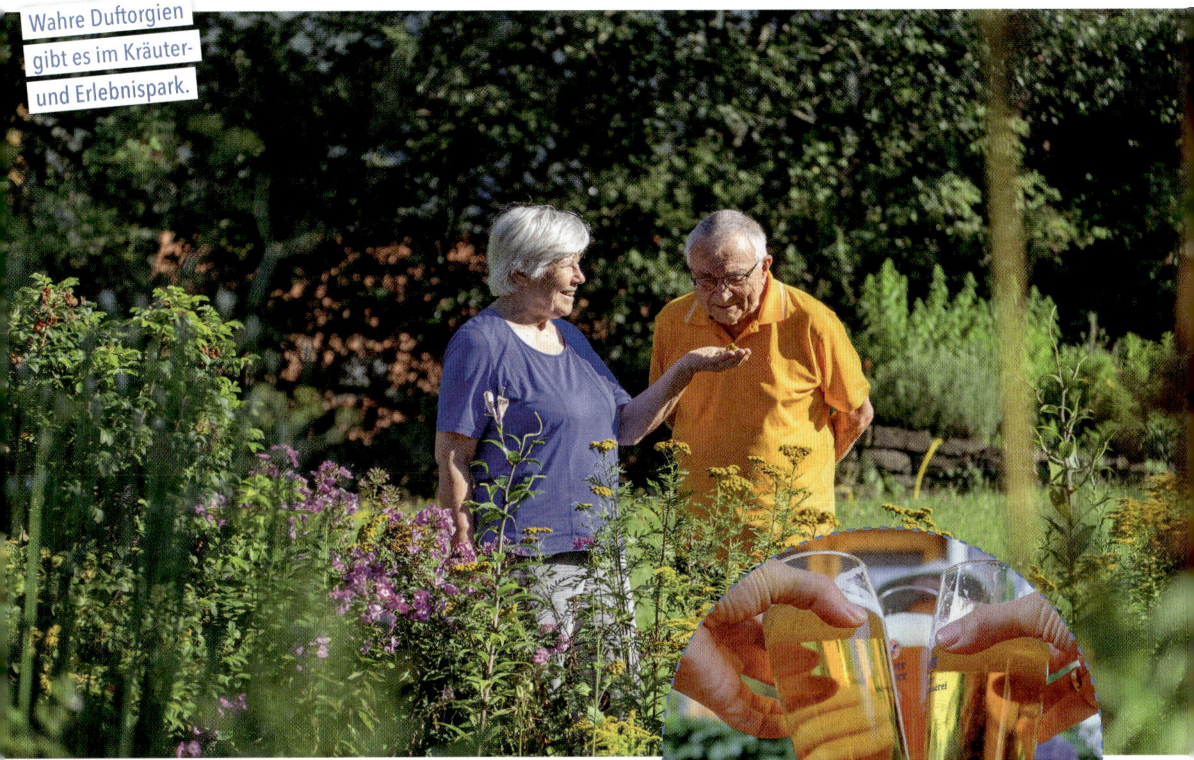

Wahre Duftorgien gibt es im Kräuter- und Erlebnispark.

Schmankerltipp

Gasthaus RamsAu: Urig bayerisch und gleichzeitig sehr originell, dabei stylisch, ohne verkünstelt zu sein: So präsentiert sich das Gasthaus RamsAu. Die Küche ist gehobener, aber nicht abgehoben, es werden viele regionale Produkte verwendet, und man kennt sich mit guten Weinen aus. Auch der Biergarten ist ein Traum (Di/Mi Ruhetage).
■ *ramsau-das-gasthaus.de*

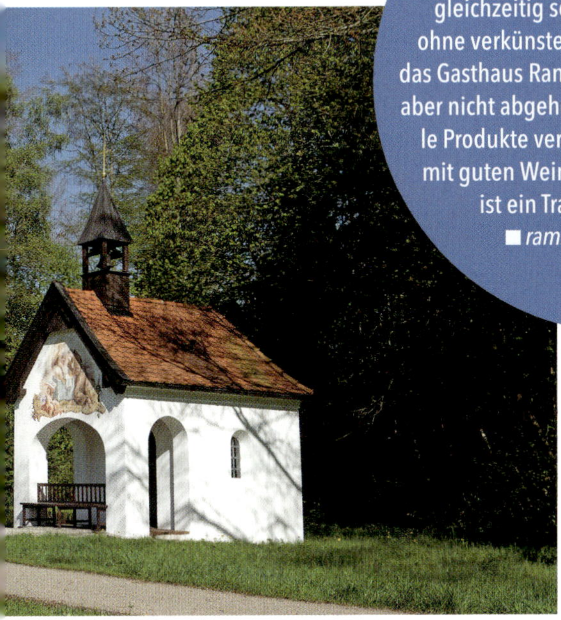

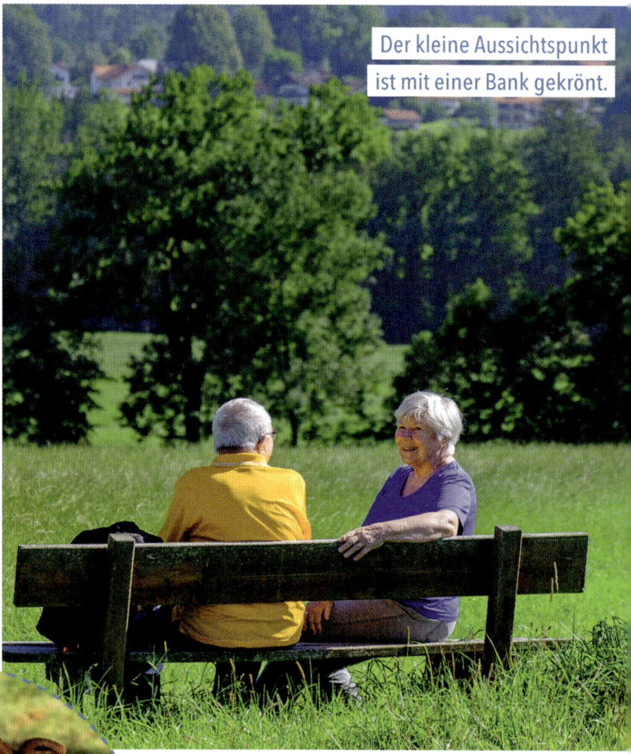

Der kleine Aussichtspunkt ist mit einer Bank gekrönt.

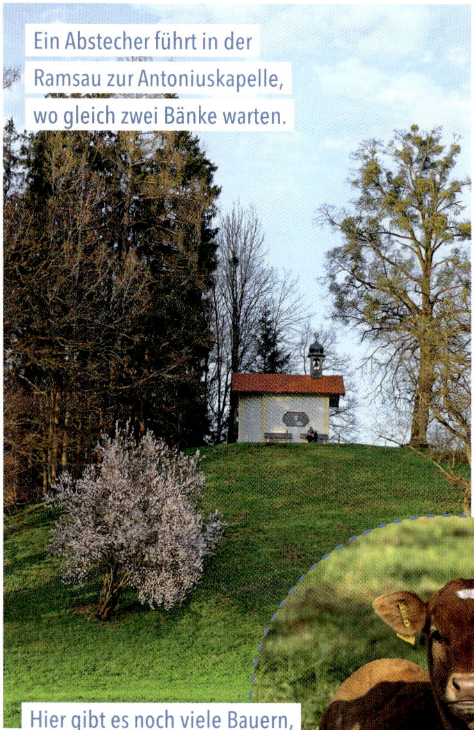

Ein Abstecher führt in der Ramsau zur Antoniuskapelle, wo gleich zwei Bänke warten.

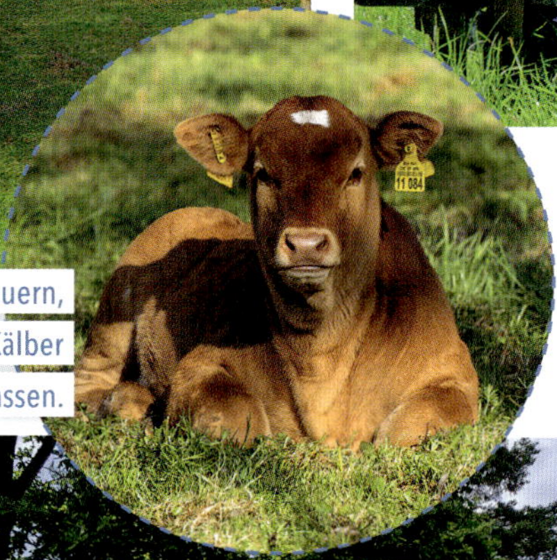

Hier gibt es noch viele Bauern, die ihre Kühe und Kälber auf den Wiesen grasen lassen.

Von Mai bis Oktober gibt es jeden ersten Donnerstag im Monat einen Führung im Kräuterpark.

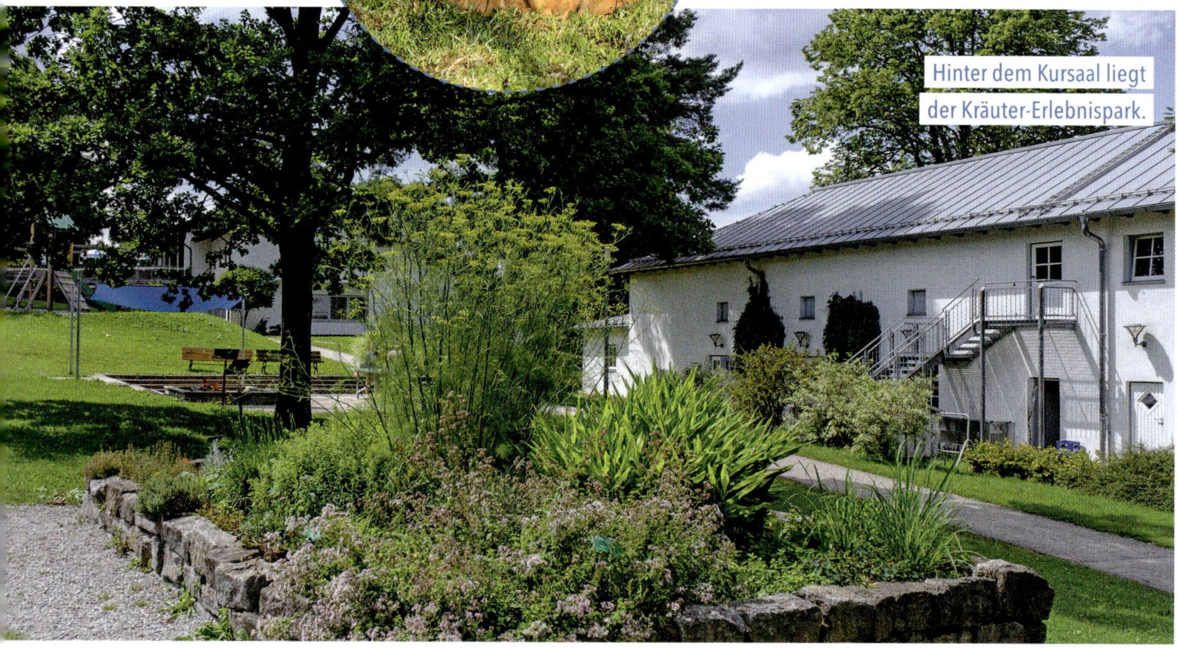

Hinter dem Kursaal liegt der Kräuter-Erlebnispark.

Stallauer Bach und die Straße und gehen auf dem Fußweg nach links Richtung Ramsau. Wo der Fußweg endet, folgen wir der Straße nach links zum Gasthaus RamsAu, das eine vergnügliche Einkehr bietet.

Rastplätze beim Aufstieg

Der Rückweg führt zunächst bis zur oben beschriebenen Abzweigung zurück. Jetzt geht es zwar bergauf, aber der Weg ist zum Glück nicht steil, dazu gibt es zwischendurch einige Bankerl zum Rasten.

An der Abzweigung zum Friedhof bleiben wir geradeaus, passieren die Kapelle Maria in der Rast und genießen die schöne Aussicht weit über das Loisachtal. In der Ferne sind sogar die Kirchtürme von Beuerberg und Wolfratshausen zu erkennen. Unser Weg geht bei den ersten Häusern in den Ramsauer Weg über. Diesem folgend, erreichen wir wieder die Straßenkreuzung am Kräuterpark und sind mit wenigen Schritten zurück am Ausgangspunkt.

Übrigens

Kaum einer kennt die lange Geschichte Bad Heilbrunns, dessen Heilquelle 1159 von Benediktinermönchen neu entdeckt wurde. Ohne das gesunde Heilbrunner Wasser würde es heute in München keine Theatinerkirche und kein Schloss Nymphenburg geben, denn der Kinderwunsch von Kurfürstin Henriette Adelheid von Savoyen, der Frau des bayerischen Kurfürsten Ferdinand Maria von Bayern, erfüllte sich erst nach einem Kuraufenthalt im Jahre 1659 in Bad Heilbrunn. Wer mehr darüber erfahren möchte, begibt sich auf den Geschichtslehrpfad in Bad Heilbrunn.

leicht

4 km

50 Hm

1.15 h

Auf einen Blick

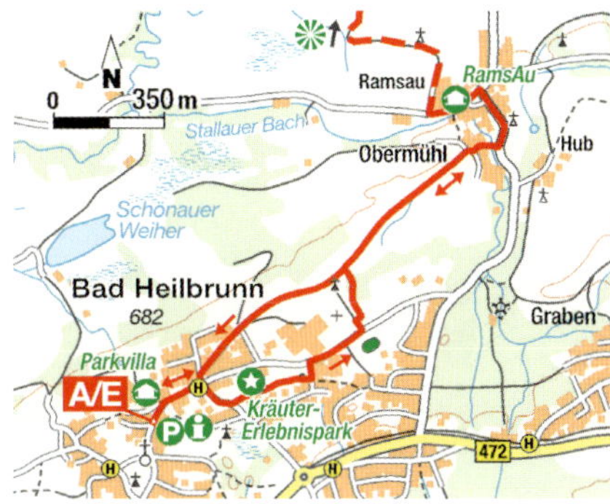

Tourencharakter
Einfacher Spaziergang, größtenteils auf geteerten, autofreien Wegen. Für Rollstuhl und Rollator geeignet, wobei jedoch die moderate Steigung beim Rückweg zu beachten ist

Ausgangs-/Endpunkt
Bad Heilbrunn, Rathaus
GPS: 47.746995, 11.454005

Anfahrt
ÖPNV: Mit der BRB nach Bad Tölz, weiter mit Bus 9612 nach Bad Heilbrunn bis Haltestelle Kräuterpark/Fachklinik, dann die Tour dort beginnen
Auto: A 95 bis Ausfahrt Sindelsdorf, weiter Ri. Bad Tölz und in Bad Heilbrunn am Kreisverkehr links in die Ortsmitte; Parken auf der großen unbebauten Fläche gegenüber dem Rathaus

Weitere Informationen
■ *bad-heilbrunn.de*

HOCH ÜBER LOISACH- UND ISARTAL

26

Vom Märznhof zum Oberhof

Immer auf der Suche nach idealen kurzen Wegen, tollen Aussichtspunkten und einem feinen Schmankerl-Tipp empfiehlt sich ein Spaziergang zum Märznhof und zur Aussicht vom Oberhof – beide Höfe liegen unweit von Penzberg auf einem der unzähligen Moränenhügel des Alpenvorlands.

Wer am Gasthaus Märznhof parkt, sollte dort natürlich auch einkehren – ob vor oder nach der Wanderung, bleibt jedem selbst überlassen. Entscheidend ist auch, wo man parken kann: Hat man Glück und findet einen der wenigen Parkplätze direkt bei der Wirtschaft, ist alles ganz einfach.

Geheimtipp

In der Nähe vom Märznhof liegt der Eitzenberger Weiher – um dorthin zu gelangen, folgt man einfach der Straße von Oberhof aus weiter. Der Moorsee ist im Sommer zum Baden recht beliebt.

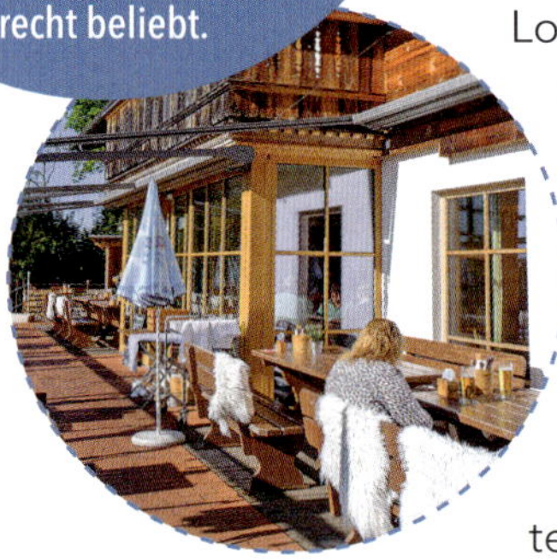

Zum Oberhofer Aussichtspunkt

Wer nur einen Platz auf dem größeren, aber tiefer gelegenen Parkplatz ergattert, der muss zunächst einmal steiler zum Märznhof aufsteigen. Am Ortsrand des kleinen Weilers Nantesbuch gelegen, bietet er eine feine Aussichtsterrasse.

Wer den Hunger noch aufschieben kann, setzt nun einfach den Spaziergang auf der geteerten Straße fort. Sie führt uns durch Nantesbuch und in einer Linkskurve vorbei am kleinen Löschweiher. Dahinter ist man schon auf dem Weg über die Felder und erfreut sich an ersten schönen Ausblicken. Rasch ist man bei den Häusern von Oberhof angelangt, wo man die abzweigende Straße nach rechts ignoriert.

Täler- und Gipfelpanorama

Keine 400 Meter weiter hat man den Aussichtspunkt von Oberhof erreicht. An einem Gedenkkreuz unter zwei Bäumen stehen zwei Bankerl bereit, damit wir die schöne Aussicht in aller Ruhe genießen können. Das Loisach- und das Isartal breiten sich vor uns aus, am Horizont erhebt sich das Wettersteingebirge mit der Zugspitze. Viele markante Gipfel wie der breite Rücken der Benediktenwand und der Jochberg mit seinem Einschnitt am Kesselberg sowie Herzogstand und Heimgarten sind leicht auszumachen. Das Einzige, was unseren Blick stört, ist das riesengroße Firmengelände des Pharmaunter-

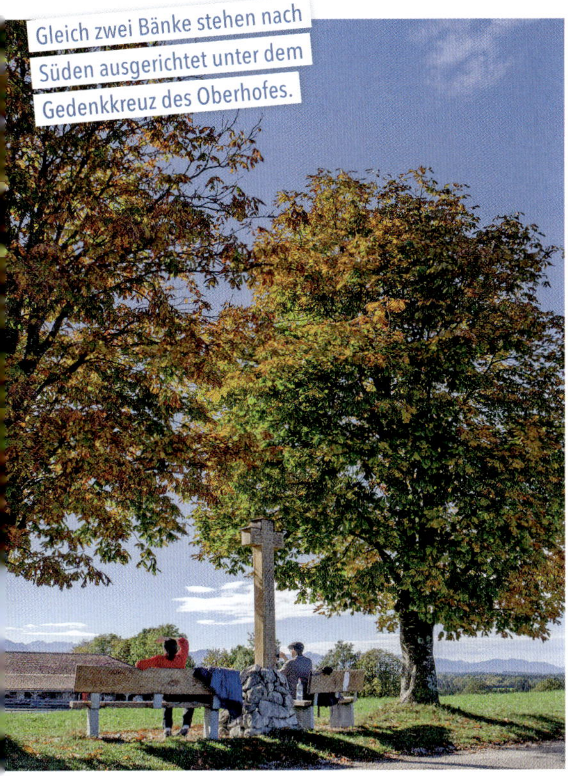

Gleich zwei Bänke stehen nach Süden ausgerichtet unter dem Gedenkkreuz des Oberhofes.

nehmens Roche, das sich nicht in die liebliche Landschaft integrieren lässt.

Haben wir uns am Panorama sattgesehen, spazieren wir auf dem Hinweg wieder zurück zum Ausgangspunkt.

Märznhof

Der Märznhof in Nantesbuch (das verwirrt sogar manche Einheimische, denn es gibt nur einen Katzensprung entfernt über der Loisach ein weiteres Nantesbuch mit seiner bekannten Stiftung Kunst und Kultur) bietet eine herrliche Einkehr. Das Team aus der Küche überzeugt mit bayerischen Gerichten, und so findet sich auf der Karte Altbewährtes, aber auch geschmacklich Außergewöhnlicheres. Gratis dazu gibt es die grandiose Aussicht von der sonnigen Terrasse, die sich übrigens auch zu Sonnenuntergang lohnt.

■ *maerznhof-nantesbuch.de*

leicht

2 km

30 Hm

0.45 h

Auf einen Blick

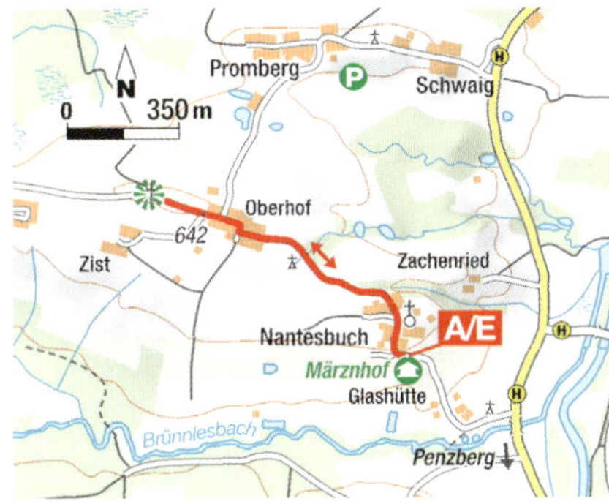

Tourencharakter
Einfacher Spaziergang auf einer geteerten kleinen und nur wenig befahrenen Straße. Ganz kurz steiler, dann nur minimal ansteigend bis zum Aussichtspunkt. Für Rollstuhl und Rollator geeignet

Ausgangs-/Endpunkt
Parkplatz beim Märznhof
GPS: 47.783069, 11.391834

Anfahrt
ÖPNV: Mit dem Zug nach Penzberg, weiter mit Bus 374 bis Haltestelle Nantesbuch und von dort zu Fuß über die ansteigende Straße zum Märznhof (für Rollstuhl/Rollator nicht geeignet)
Auto: A 95 bis Ausfahrt Seeshaupt, weiter über Beuerberg Richtung Penzberg und kurz vor Maxkron rechts hinauf zum Märznhof; dort größerer Parkplatz unterhalb des Wirtshauses. Mit Rollstuhl und Rollator sollte man versuchen, einen der Parkplätze direkt vor dem Haus zu bekommen.

Weitere Informationen
■ *penzberg.de*

WINTERSONNE UND MÄRZENBECHER

27

Durch die Gaißacher Filzen

Das Dorf Gaißach in der Nähe von Bad Tölz erstreckt sich auf einem Hügel über mehrere Ortsteile. Dazu gehört auch ein kleines Moor, die Gaißacher Filzen am Fuß des Rechelkopfs. Als Winter- oder Vorfrühlingstour ist diese Wanderung ideal, weil man dann in gleich zwei Almen einkehren kann.

Die schwerste Herausforderung bei dieser Tour ist es, den Ausgangspunkt zu finden, denn die Gemeinde Gaißach besteht aus einem völlig verwinkelten Weilersystem, dessen Zugehörigkeiten sich wohl nur den Einheimischen erschließen. Hat man schließlich einen der beiden Wanderparkplätze und damit den Startpunkt erreicht, ist die restliche Tour schon fast ein Kinderspiel.

Übrigens kann man natürlich auch mit öffentlichen Verkehrsmitteln anreisen, für die es dann einen alternativen Einkehrtipp gibt: Direkt auf dem Weg vom Bahnhof zur Gaißacher Filzen passiert man das Gasthaus Mühle, das das ganze Jahr über geöffnet hat (Do–So; muehle-gaissach.de).

Rundweg durch die Filze

Wir beginnen unsere Tour beim Wanderparkplatz und folgen der Straße, auf der wir mit dem Auto gekommen sind, nach Norden. An der Weggabelung halten wir uns rechts und passieren bald den zweiten, alternativen Wanderparkplatz Filzen mit einer ersten Rastbank. Ab hier ist der weitere Weg für den öffentlichen Verkehr gesperrt, und das Schild »Filzen Rundweg« zeigt uns, dass wir richtig sind.

Kurz darauf gabelt sich der Weg, und wir halten uns links ins Moor hinein. Mit schönster Aussicht auf Gaißach Dorf und seine Zwiebelturmkirche sowie auf Blomberg und Brauneck wandern wir auf trockenem Weg durch die feuchten Felder.

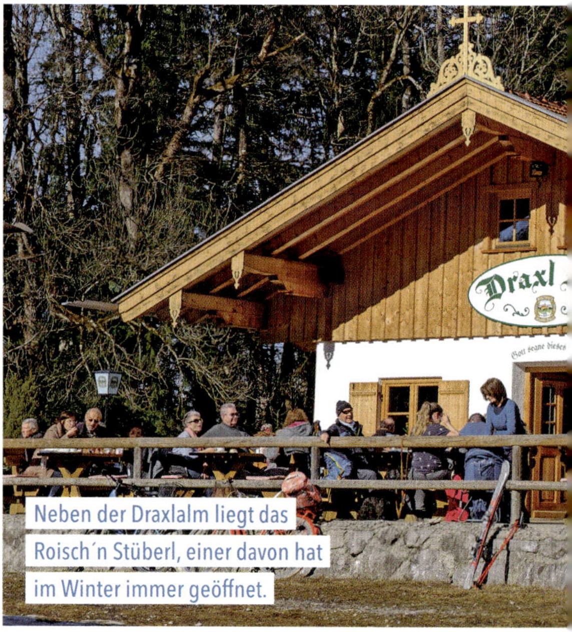

Neben der Draxlalm liegt das Roisch´n Stüberl, einer davon hat im Winter immer geöffnet.

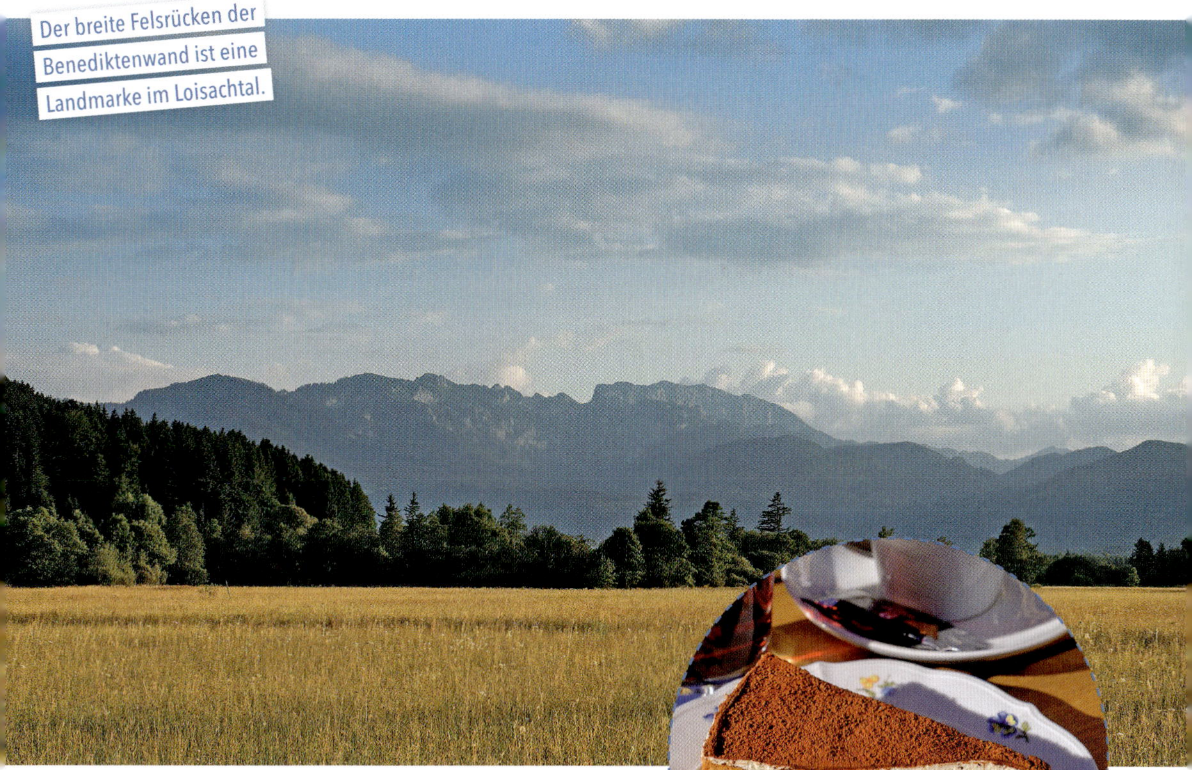

Der breite Felsrücken der Benediktenwand ist eine Landmarke im Loisachtal.

Schmankerltipp

Roisch'n Stüberl und Draxlalm: Leider nicht ganz in Fußnähe zur Wanderung, sondern ein gutes Stück südlicher und durch ein paar Felder getrennt, liegen die beiden urigen Almen am Reiserlift. Um sie zu erreichen, muss man mit dem Auto die Felder umkurven. Dafür folgt man am besten in Gaißach-Mühle der Beschilderung zum Reiserlift über eine kurvige Wegführung. Beide Gaststätten besitzen nur eine Lizenz für den Winter und haben deswegen nur von Anfang November bis Ende März geöffnet – das jedoch unabhängig davon, ob Schnee liegt oder nicht. Das Roisch'n Stüberl wurde modern umgebaut, während die Draxlalm die bessere Aussicht auf das Treiben am Skilift bietet. Die Küche der beiden Almen ist wärmstens zu empfehlen und bietet sich ideal dazu an, die schöne Wanderung kulinarisch ausklingen zu lassen.

■ *roischn.de* ■ *draxlalm.de*

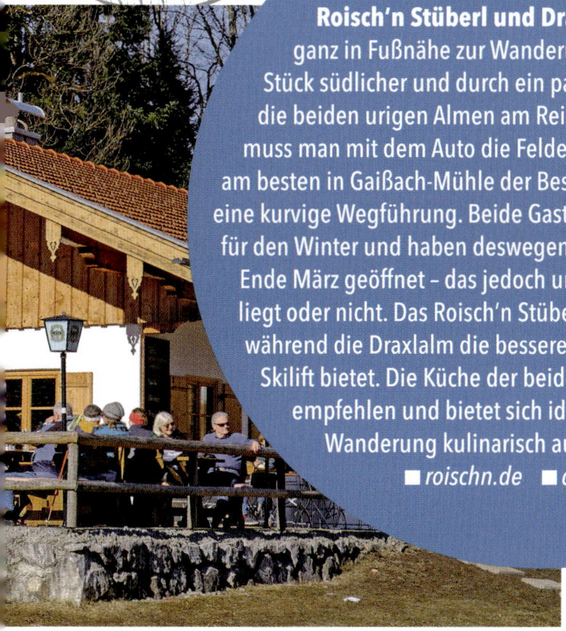

leicht

2,8 km

10 Hm

1 h

Auf einen Blick

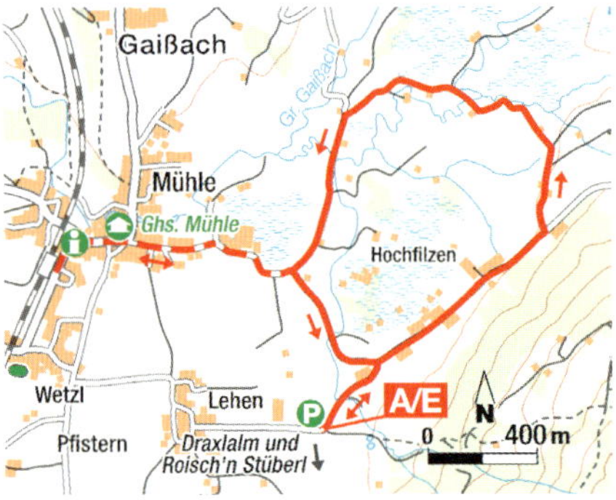

Tourencharakter
Nahezu ebene Wanderung auf ungeteerten Feldwegen. Für robusten Rollator oder Rollstuhl geeignet

Ausgangs-/Endpunkt
Gaißbach, Wanderparkplatz Gerstland oder Filzen
GPS: 47.731824, 11.590567

Anfahrt
ÖPNV: Mit der BRB über Bad Tölz nach Gaißach, weiter zu Fuß ca. 1 km (einfach) durch Bahnhof- und Ostfeldstraße zum Rundweg
Auto: Von Bad Tölz auf der B 13 Ri. Lenggries, links der Beschilderung nach Gaißach in die Tölzer Straße folgen, nach der Abzweigung ins Gewerbegebiet erneut links und bald unter der Bahn hindurch in den Gaißacher OT Mühle, in der Kurve am Gasthaus Zur Mühle rechts in die Ostfeldstraße, an den Verzweigungen dann dreimal rechts halten bis zum Wanderparkplatz Gerstland. Alternativ vorher links halten zum Wanderparkplatz Filzen

Weitere Informationen
■ *gaissach.de*

Tipp
Nach der Tour lohnt sich ein Besuch der nahen, sehenswerten Kurstadt Bad Tölz.

Um die Runde zu vollenden, halten wir uns nun stets links, und je nach Kondition und Marschtempo bremsen uns nur die zahlreichen Bänke aus, die man geschickt entlang des Wegs aufgestellt hat. Wer einen sonnigen Tag erwischt, weiß dabei die warme winterliche Sonne im Gesicht zu schätzen. Haben wir dann die Kleine Gaißach gequert, taucht rechts von uns ein Hochmoor auf. Danach wendet sich der Weg langsam in südliche Richtung.

Gern zamm kemma

Vorbei an einigen Scheunen queren wir erneut die die Kleine Gaißach. Kurz bevor wir auf die geteerte Straße treffen, verführt uns noch einmal eine Bank an einer Scheune zur Pause. Diese »Gern zamm kemma«-Bank ist liebevoll bemalt, in einem Kästchen liegen ab und an ein paar Gedichte zum Sinnieren, und die von der Sonne aufgeheizte Holzwand wärmt unseren Rücken – dazu genießen wir die herrlichen Blicke durch das Isartal auf die Berge des Tölzer Lands. Ein wahrlich grandioses Finale für eine Bankerl-Tour!

Kurz danach treffen wir auf die kleine Straße: Für ÖPNV-Wanderer geht es rechts zurück zum Bahnhof, alle anderen halten sich links und beenden die Runde wieder am Parkplatz.

Sie sind die Glücklichen, die in der Winterzeit ihre Bankerl-Tour an den zwei Almen unweit des Reiserliftes (siehe Seite 115) ausklingen lassen können.

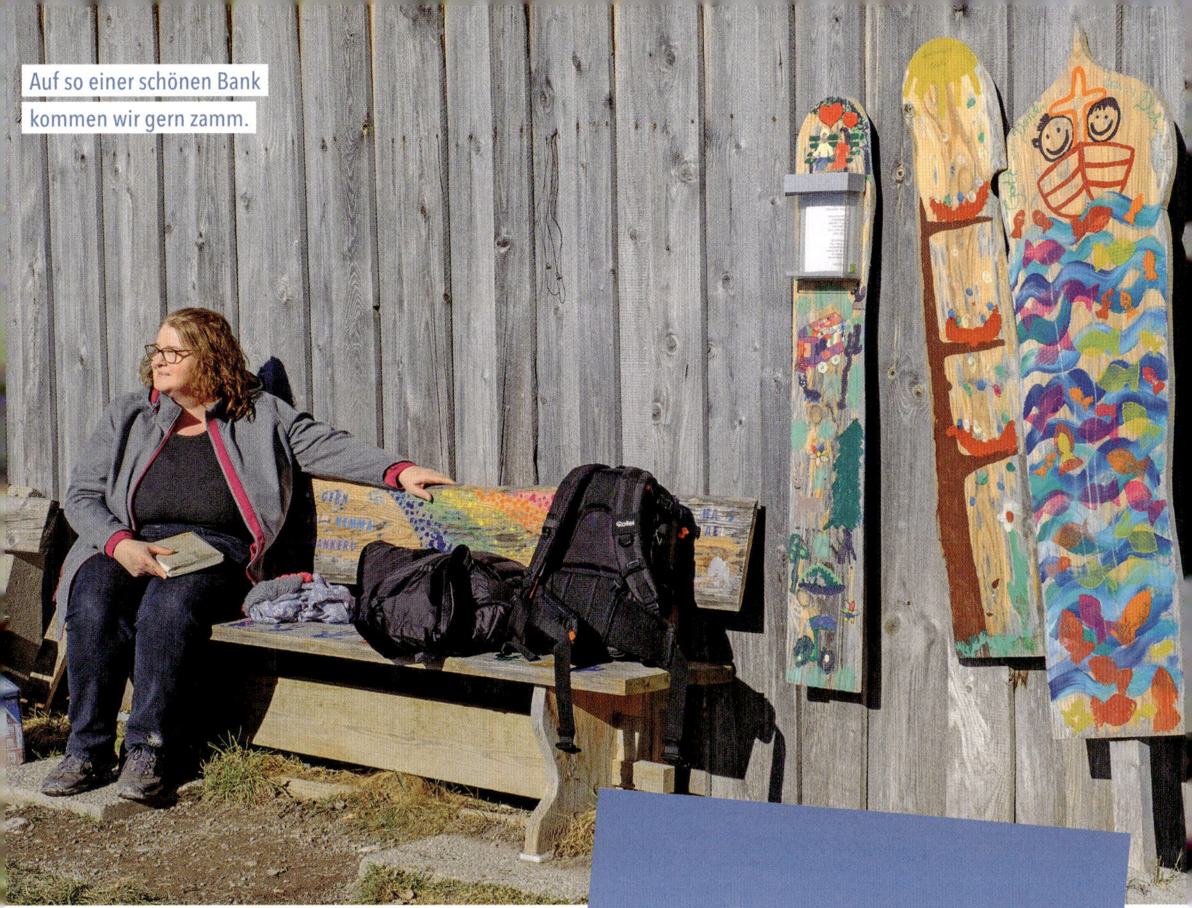

Auf so einer schönen Bank kommen wir gern zamm.

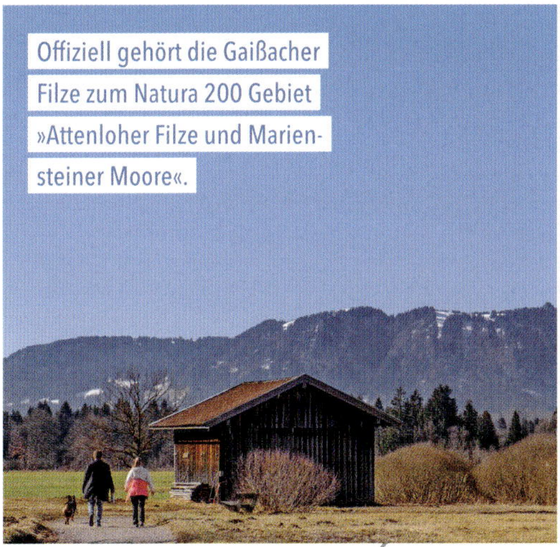

Offiziell gehört die Gaißacher Filze zum Natura 200 Gebiet »Attenloher Filze und Mariensteiner Moore«.

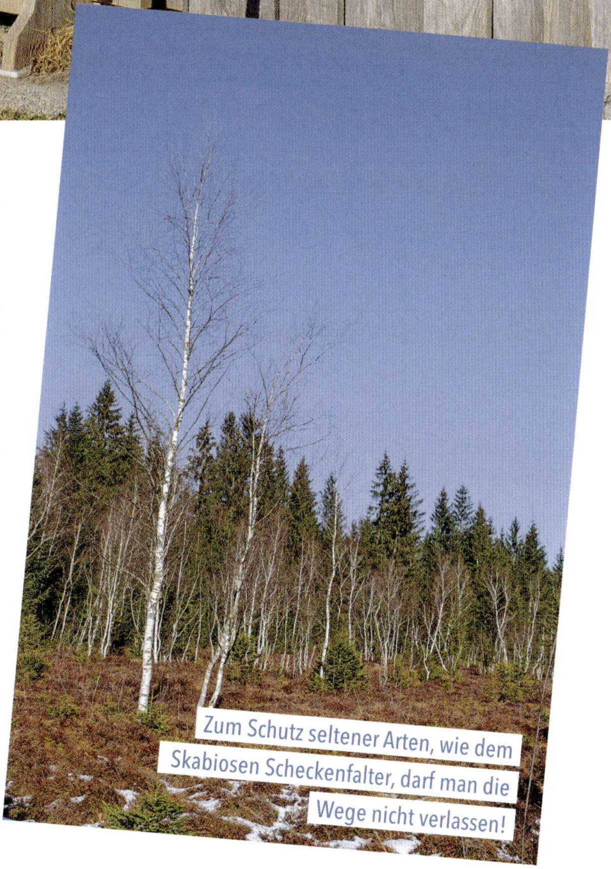

Zum Schutz seltener Arten, wie dem Skabiosen Scheckenfalter, darf man die Wege nicht verlassen!

VARIANTENREICH DURCHS KIRCHSEEMOOR

28

Am Kloster Reutberg

Sachsenkam ist wahrlich gesegnet: Auf einem Hügel thront das Kloster Reutberg, das mit seinem Klosterbräustüberl einen der schönsten Biergärten des Tölzer Lands besitzt. Um sich den Genuss zu verdienen, kann man mehrere kurze Wanderungen unternehmen.

Ausgangspunkt ist jeweils der Parkplatz unterhalb des Klosters Reutberg. Für unsere heutige Tour beginnen wir mit einem kleinen Bergauf und folgen dem Weg aufwärts, als ob wir ins Klosterbräu einkehren würden. Dabei gehen wir noch über den oberen Parkplatz und folgen dann dem Feldweg, der auf der Südseite mit etwas Abstand unterhalb der Klosterkirche und ihrer Mauern samt Kapelle entlangführt. Wer mit einem Rollator unterwegs ist, darf sich trösten: Das ist der schlechteste Wegabschnitt, denn auf dem Feldweg liegen auch ein paar ruppige Steine. Der Weg wendet sich nach links, und wir treffen auf den Mühlweiher, an dem sich der Weg teilt: Wer nur einen sehr kurzen Spaziergang unternehmen will, kann hier nach links zur kürzesten Variante der Tour abbiegen, muss dann jedoch auf ein Bankerl verzichten. Alle anderen Wanderer kommen erst am Ende der Tour hierher zurück.

Geheimtipp

Im Sommer sollte man seine Badesachen für den nahen Kirchsee einpacken. Das dunkle Moorwasser erwärmt sich schnell und ist ideal für eine Schwimmrunde mit Blick auf das Kloster Reutberg.

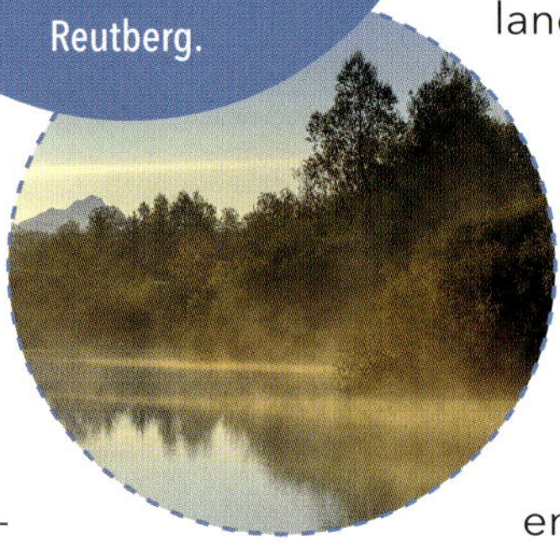

Zum Neuweiher

Für die längere Runde geht es rechts weiter, und nach wenigen Metern taucht die erste Rastbank auf. Gleich danach teilt sich der Weg erneut. Auch hier könnte man nach links abkürzen, ansonsten geht es geradeaus weiter, das nächste Bankerl ist nicht weit. Dort haben wir auch schon den Neuweiher erreicht. Viel vom Weiher ist jedoch nicht mehr zu sehen, die Wasserfläche verlandet stetig.

Wer jetzt genug hat, sollte umdrehen, denn ab hier wird der Spaziergang zur sechs Kilometer langen Tour. Dafür folgen wir weiter dem Weg am Weiher entlang und biegen an seinem Ende, an der Tischgruppe unter dem Lindenbaum, links ab. Nun ist der Weg wieder deutlich besser und auf Höhe eines Bauernhofs dann sogar geteert. Wir treffen auf eine Autostraße und sehen

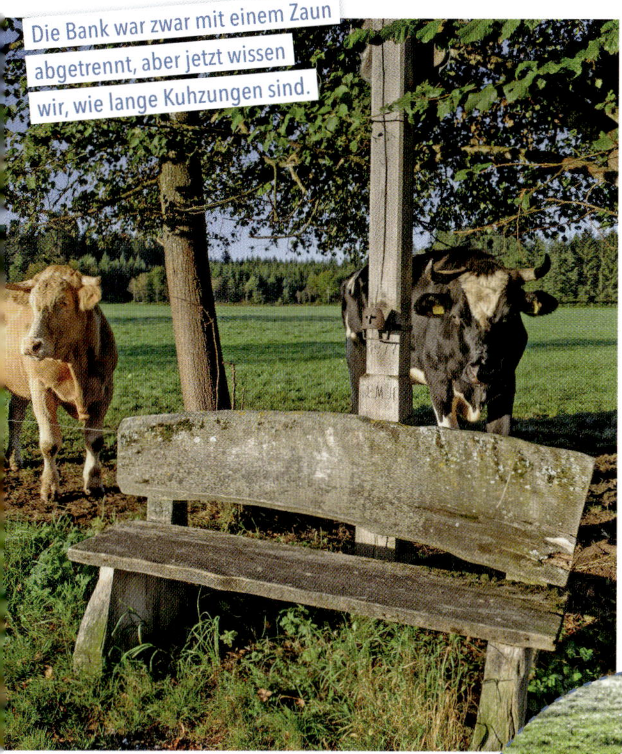

Die Bank war zwar mit einem Zaun abgetrennt, aber jetzt wissen wir, wie lange Kuhzungen sind.

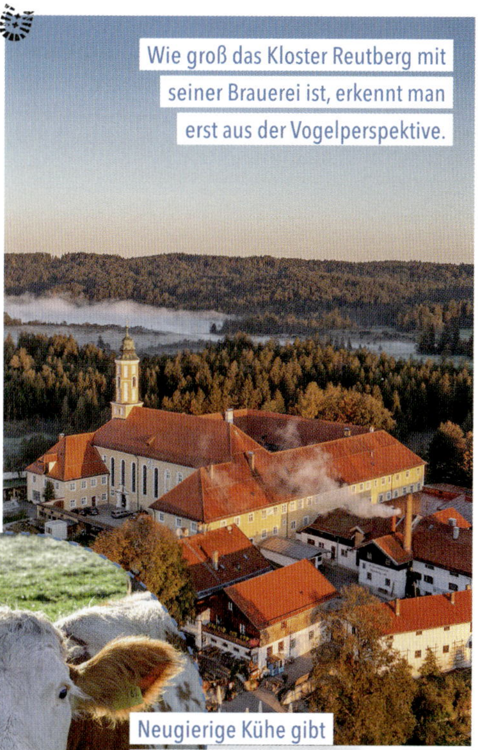

Wie groß das Kloster Reutberg mit seiner Brauerei ist, erkennt man erst aus der Vogelperspektive.

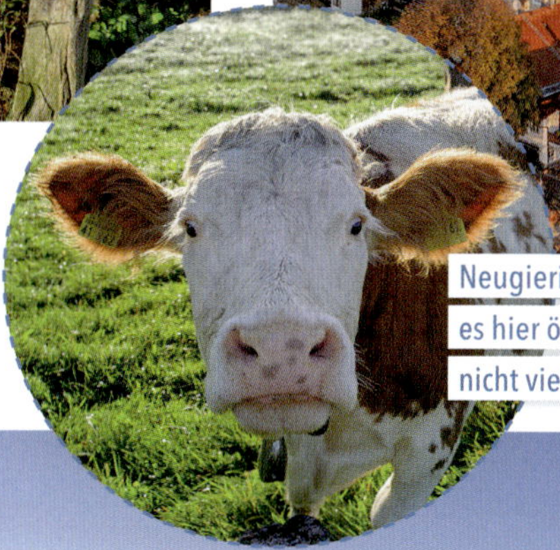

Neugierige Kühe gibt es hier öfter, es kommen nicht viele Wanderer.

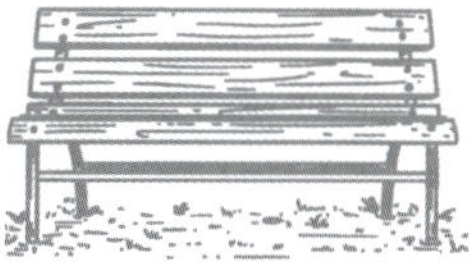

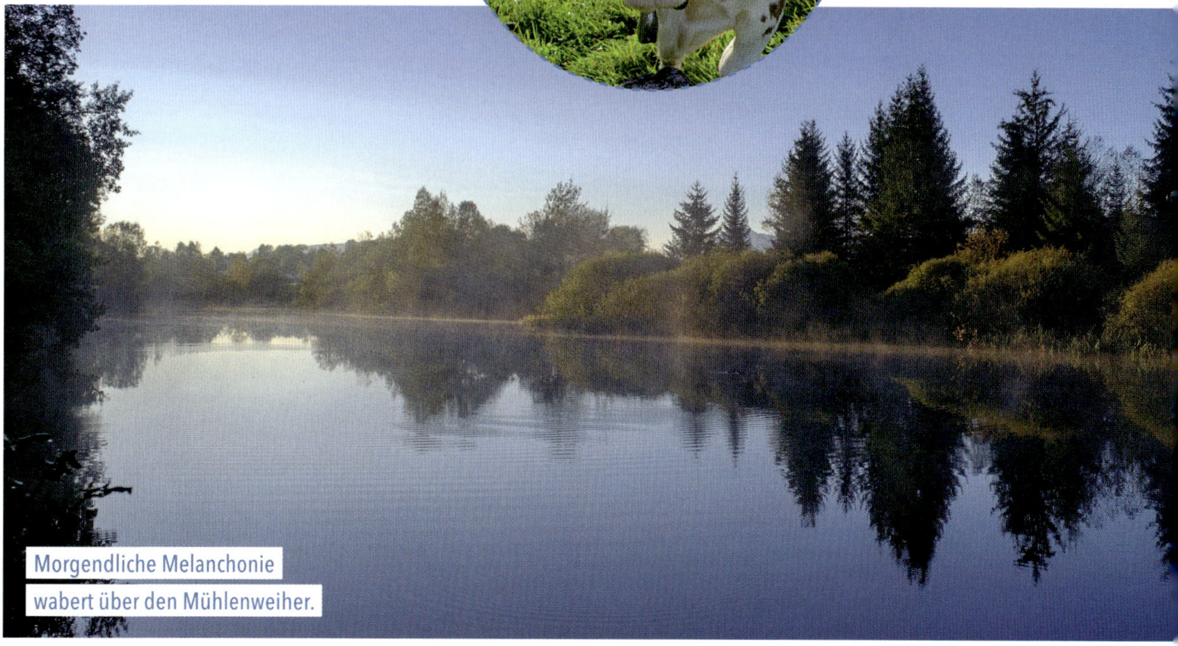

Morgendliche Melanchonie wabert über den Mühlenweiher.

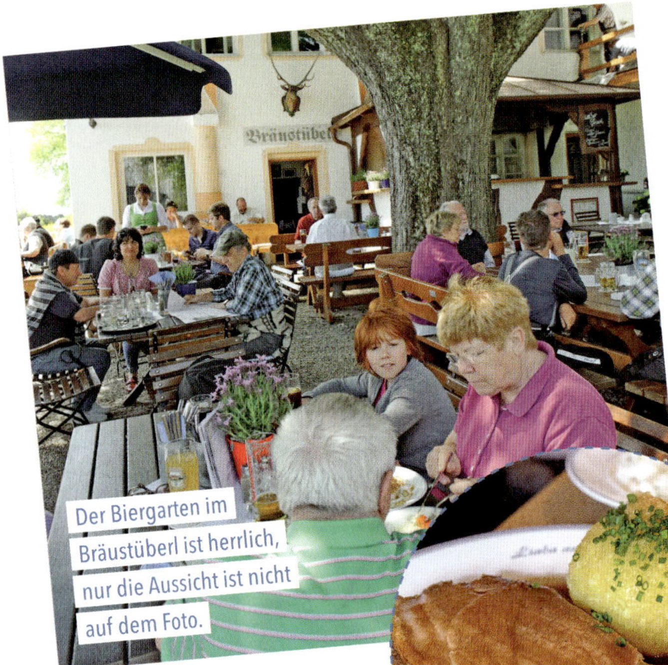

Der Biergarten im Bräustüberl ist herrlich, nur die Aussicht ist nicht auf dem Foto.

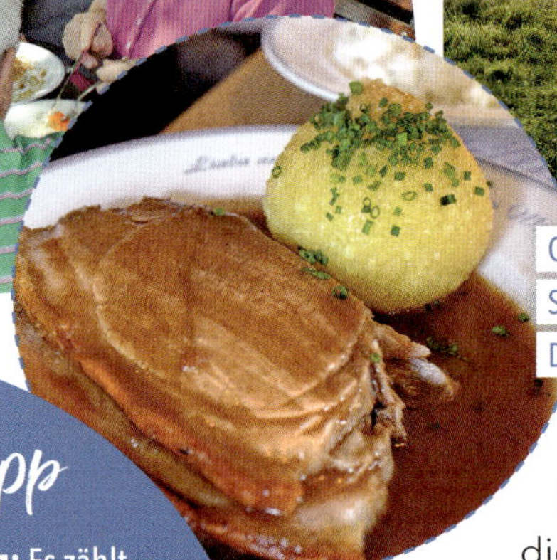

Ofenfrischer Schweinsbraten mit Dunkelbierkruste

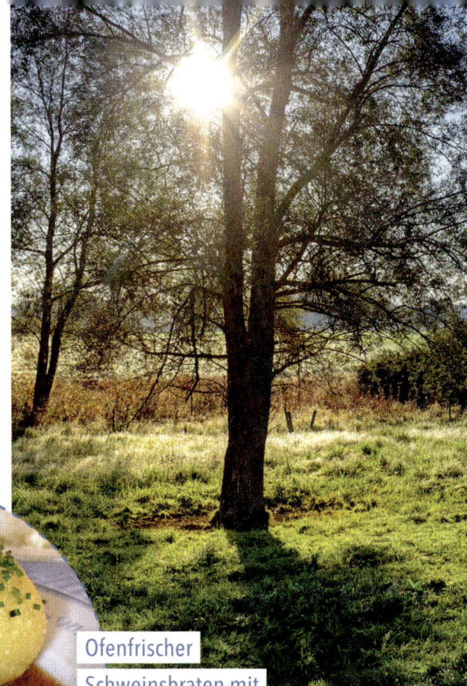

Schmankerltipp

Klosterbräustüberl Reutberg: Es zählt schon wegen seiner sensationellen Lage zu den schönsten Einkehrmöglichkeiten im bayerischen Oberland, und zur wunderbaren Aussicht über die Endmoränenhügel des Tölzer Lands auf die Alpen gesellten sich auf dem Reutberg noch viel Geschichte und Tradition hinzu, neben einer sehr guten bayerischen Küche, deren wechselnde Tageskarte allein schon so viele Schmankerl bietet, dass man getrost öfter und zu jeder Jahreszeit kommen kann. Das Beste: Es gibt keinen Ruhetag!
■ *klosterbraeustueberl.de*

schräg gegenüber bereits den Wanderparkplatz, den wir rechts entlang der Straße ansteuern.

Wendelsteinblick und Elbachmoor

Am Wanderparkplatz folgen wir dem Feldweg nach Süden. Der Weg ist jetzt angenehm und gut zu meistern. Links von uns liegt ein kleines Hochmoor, die vielen winzigen Bäume und knorrigen Birken kündigen es an. Direkt vor uns sehen wir die Tölzer Berge, und etwas nach links lässt sich der markante Wendelstein leicht ausmachen.

Es folgen ein paar Rastbänke, und schließlich mündet unser Feldweg in ein Teersträßchen. Kurz geht es hier nach links, eine Rastbank unter einem Wegkreuz lädt zur Pause ein. Jetzt dürfen wir wiederum entscheiden: Folgen wir dem Teersträßchen weiter, bringt es uns zum Ortsanfang von Sachsenkam, wo wir dann entlang der Ortsstraßen zurück zum Kloster wandern könnten.

Wir fanden es jedoch schöner, gleich nach der nächsten Scheune links abzubiegen (Achtung: 2023 keine Beschilderung!). Dieser Weg führt uns jedoch auf einen etwas unebenen und holprigen Feldweg. Dafür sind wir jedoch weiterhin völlig einsam unterwegs, und eine Rastbank lässt uns

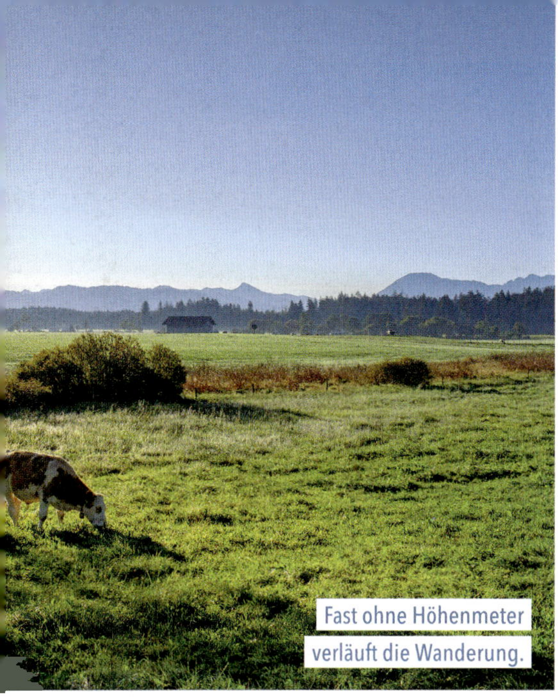

Fast ohne Höhenmeter verläuft die Wanderung.

noch einmal Kraft tanken. Bei ein paar Betonplatten wird der Weg wieder bequemer und ist schließlich auch geteert.

Ab ins Bräustüberl

So erreichen wir wieder die Autostraße. Kurz geht es auf ihr nach links, bis wir nach dem einsamen Bauernhof rechts in den Feldweg einbiegen. Vorbei an einem Wildgatter erreichen wir den Sportplatz. Unmittelbar davor biegen wir links ein und steuern weiter nach Norden, den Reutberger Kirchturm immer im Blick. Schließlich treffen wir wieder auf unseren Hinweg – rechts geht es nun auf diesem zum Kloster und damit zum Bräustüberl zurück. Alternativ könnten wir auch noch den kleinen Umweg entlang des Mühlweihers unternehmen.

Wie man sich auch entscheidet: Dieser herrliche Spaziergang endet sicherlich im gemütlichen Gastgarten des Klosterbräus. Die Einkehr samt ihrer schönen Aussicht haben wir uns nun wohlverdient.

leicht | 6 km | 15 Hm | 1.30 h

Auf einen Blick

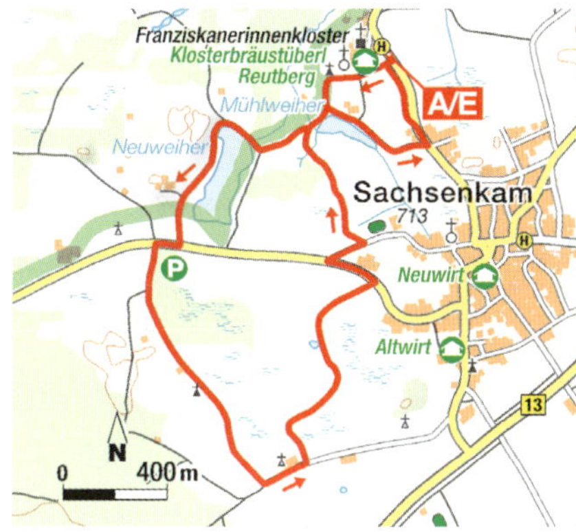

Tourencharakter

Einfacher, aber etwas längerer Spaziergang, vorwiegend auf naturbelassenen Feldwegen, nur wenige Abschnitte sind geteert. Für geländegängigen Rollator oder Rollstuhl gut geeignet. Tour lässt sich auch sehr gut verkürzen.

Ausgangs-/Endpunkt

Kloster Reutberg in Sachsenkam
GPS: 47.813303, 11.638067

Anfahrt

ÖPNV: Mit der BRB nach Bad Tölz oder Holzkirchen und weiter mit Bus 9553 nach Sachsenkam bis Haltestelle Kloster Reutberg
Auto: Zwischen Holzkirchen und Bad Tölz biegt man von der B 13 nach Sachsenkam ab und folgt dort der Beschilderung zum Kloster Reutberg.

Weitere Informationen

- *sachsenkam.de*

WEITER BLICK ÜBER DEN TEGERNSEE

29

Von Gmund nach Kaltenbrunn

Kaltenbrunn war ursprünglich ein landwirtschaftliches Gut, das das Kloster Tegernsee versorgte. Nach der Säkularisation kaufte es der bayerische König Max I. Josef und baute es zu einem Mustergut aus. Heute gehört es der Unternehmensgruppe Michael Käfer, die uns dort verköstigt.

Der Mangfallsteg in Gmund ist ein guter Ausgangspunkt für die Wanderung nach Kaltenbrunn – man erreicht ihn bequem vom Gmunder Großparkplatz und vom Bahnhof entlang der Mangfall.

Strandbad mit Traumblick

Hier auf der Nordseite der Mangfall beginnt der Weg nach Kaltenbrunn, an dem sich zahlreiche Bankerl für eine Rast anbieten und gewaltige alte Bäume und viele Sträucher auch im Sommer Schatten spenden. Den offenen See kann man nur an wenigen Stellen erkennen, das hohe Schilf verdeckt ihn.

Dann erreichen wir das Strandbad Kaltenbrunn, das logischerweise nur im Sommer geöffnet hat. Der Zugang zum See und damit auch das Baden ist kostenlos, an einem Kiosk gibt es Getränke und einfache Brotzeiten. Bei diesem Ausblick über den See hinweg auf die Berge kann man nur glücklich sein!

Ein Stück weiter erreichen wir den Landesteg Kaltenbrunn und können uns überlegen, ob wir unsere Wanderung nach dem Besuch von Kaltenbrunn später mit einer Schifffahrt ergänzen. Der Fahrplan der Schiffe hängt am Steg.

Schmankerl im alten Gut

Vom Landesteg macht unser Weg einen Knick nach rechts, und etwas steiler aufwärts erreichen wir direkt Gut Kaltenbrunn, wo es sich im Biergarten prima einkehren lässt.

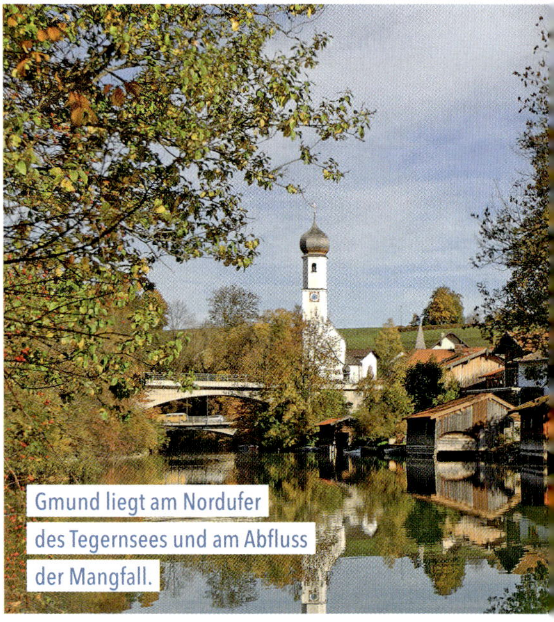

Gmund liegt am Nordufer des Tegernsees und am Abfluss der Mangfall.

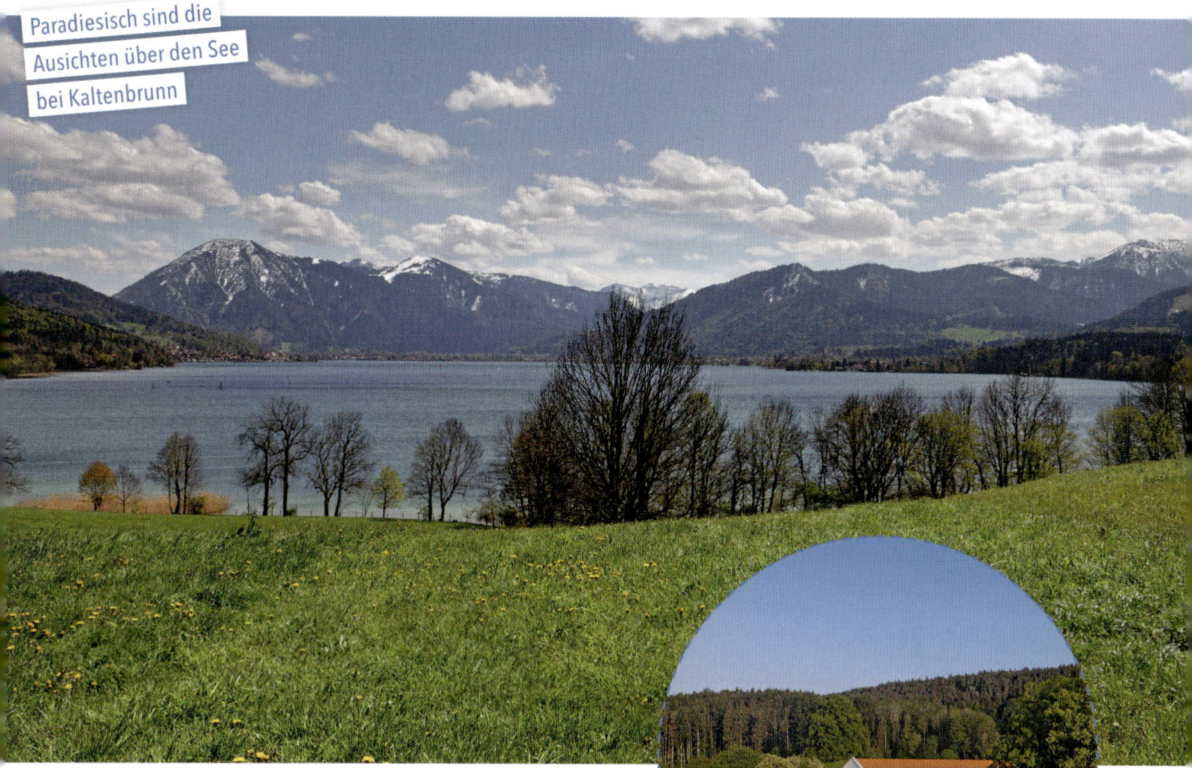

Paradiesisch sind die Ausichten über den See bei Kaltenbrunn

Schmankerltipp

Gut Kaltenbrunn: Hier können wir ganz nach Lust und Laune entweder im Biergarten mit seinem unvergleichlichen Blick über den See auf die Berge einkehren (Selbstbedienung an der Schänke) und hier das sehr reichhaltige Angebot vom Wurstsalat über Brathendl bis hin zu Kaffee und Kuchen genießen. Oder wir wählen das minimal höher gelegene Restaurant und lassen uns mit gehobener Cuisine verwöhnen – ebenfalls Traum-Ausblick.
■ *feinkost-kaefer.de*

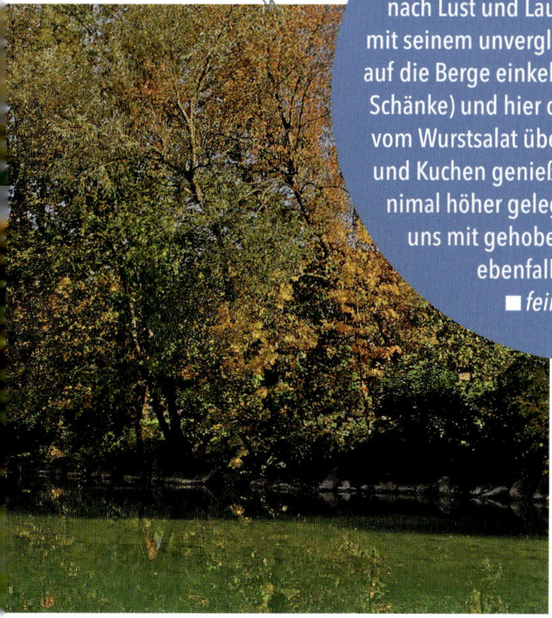

leicht

2,3 km

30 Hm

0.45 h

Auf einen Blick

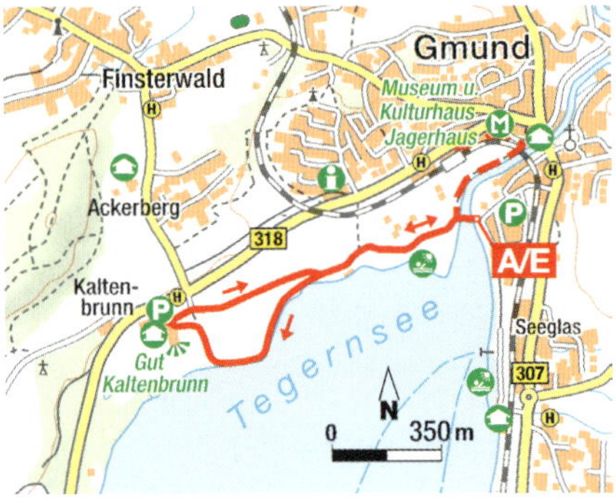

Tourencharakter
Einfacher, breiter Weg, aber nur wenige Abschnitte geteert. Eingeschränkt für Rollator oder Rollstuhl geeignet, der Anstieg zum Gut Kaltenbrunn ist relativ steil. Tour lässt sich im Sommer mit einer Bootstour kombinieren. Badesachen für das Strandbad Kaltenbrunn einpacken

Ausgangs-/Endpunkt
Gmund, Mangfallsteg
GPS: 47.74781, 11.73543

Anfahrt
ÖPNV: Mit der BRB nach Gmund-Bhf., weiter zu Fuß entlang der Gleise zum Ludwig-Erhard-Platz und durch die Bahnunterführung und an der Mangfall entlang zum Mangfallsteg (+500 m einfach)
Auto: A8 bis Ausfahrt Holzkirchen, auf der B 318 nach Gmund, über die Mangfall und kurz darauf rechts auf der Max-Obermayer-Straße zum Großparkplatz und weiter zum Mangfallsteg

Weitere Informationen
■ *gemeinde.gmund.de*

Zurück nach Gmund nehmen wir den Weg, der direkt vom Biergarten nach Osten führt, und genießen dabei nochmals den wunderschönen Seeblick mit Wallberg, Setzberg und Hirschberg als markante Gipfel im Hintergrund.

Der Weg senkt sich langsam ab und trifft in der Nähe des Strandbads auf den Weg, auf dem wir gekommen sind. Wer zum Parkplatz muss, passiert nach dem Mangfallsteg noch das Denkmal Thomas Manns mit seinem Hund Bauschan – der Künstler Quirin Roth verewigte hier den Literaten und seine Erzählung »Herr und Hund« von 1918, die teilweise am Tegernsee entstand.

Tipp

Zurück am Mangfallsteg kann man den Spaziergang noch in die andere Richtung fortsetzen und entlang des Tegernsees zum Strandbad Seeglas flanieren.

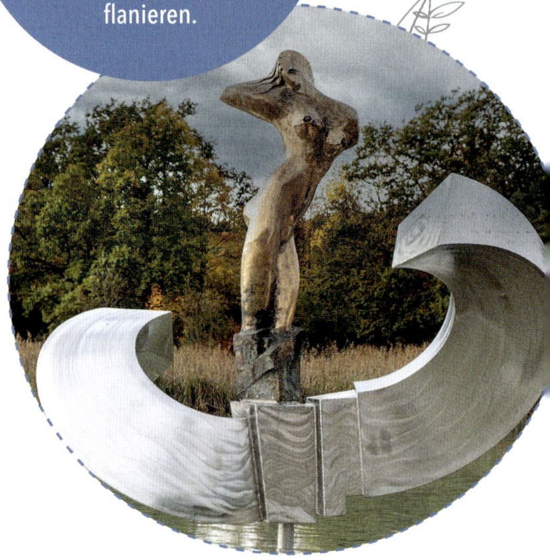

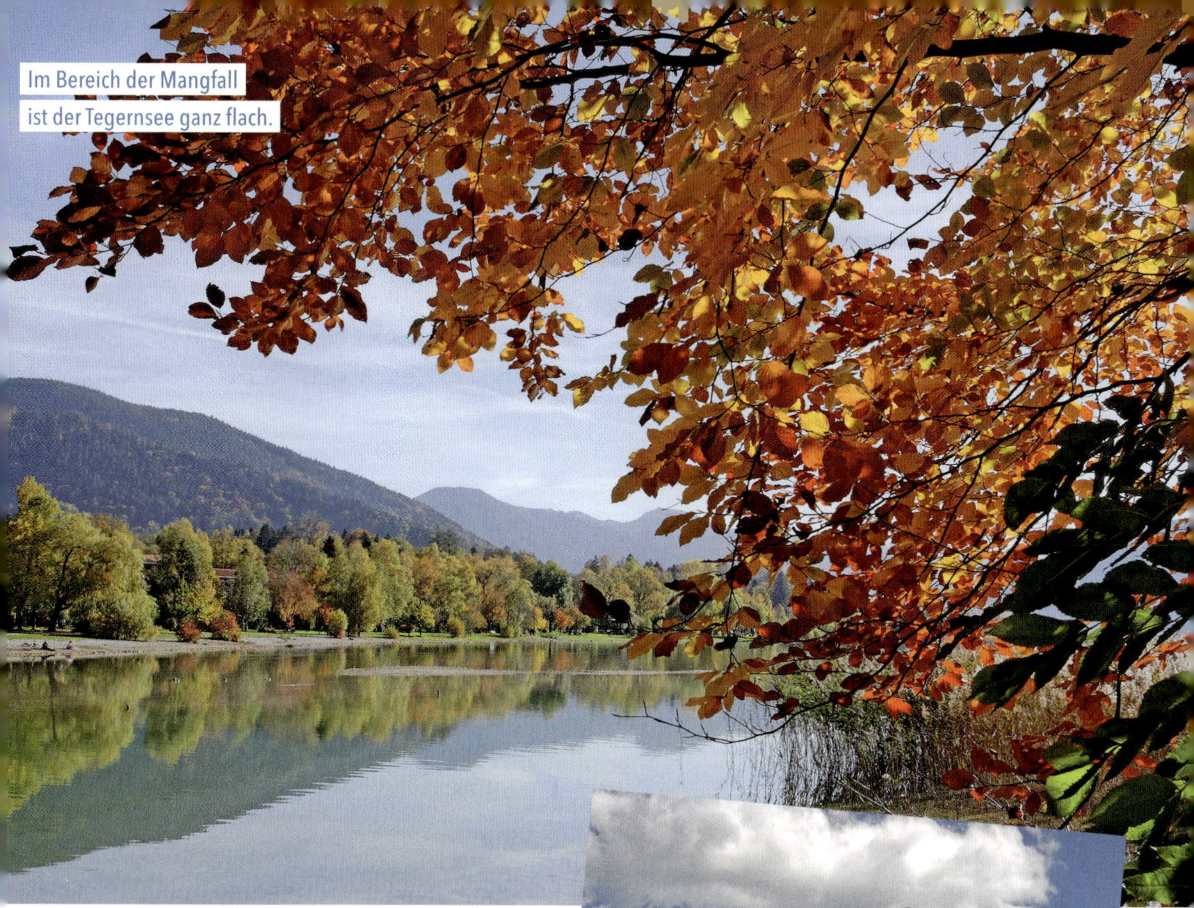

Im Bereich der Mangfall ist der Tegernsee ganz flach.

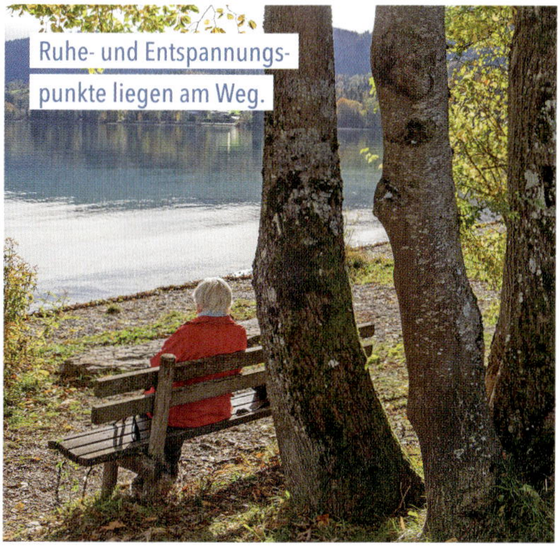

Ruhe- und Entspannungspunkte liegen am Weg.

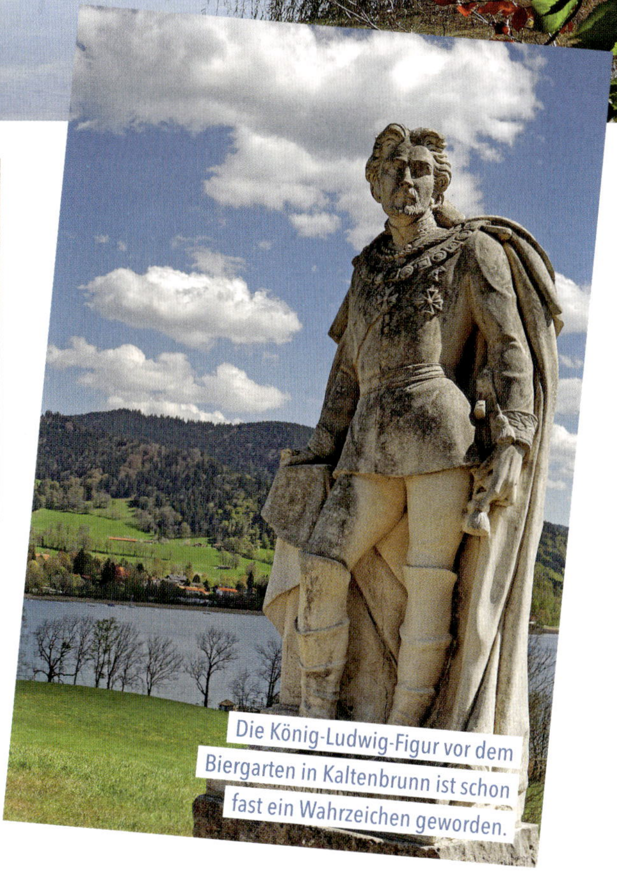

Die König-Ludwig-Figur vor dem Biergarten in Kaltenbrunn ist schon fast ein Wahrzeichen geworden.

Alternativ erreicht man in wenigen Schritten das Strandbad Seeglas südlich von Gmund.

DURCH DIE MORÄNENLANDSCHAFT

30

Gasse am Tegernsee

Im bayerischen Voralpenland findet man viele Moränenhügel. Das Wort entstammt dem französischen »moraine« für Geröll, und aus Geröll bestehen diese Hügel wahrhaftig, denn sie wurden von den Gletschern der letzten Eiszeit beständig aufgehäuft.

Unsere Wanderung beginnt am Wanderparkplatz in Gasse oberhalb des Tegernsees, der eigentlich für die Wanderer gedacht ist, die hinauf zum berühmten Berggasthof Neureuth wollen. Wir haben uns aber ein einfacheres Ziel ausgesucht und werden durch die hier so charakteristische Moränenlandschaft streifen.

Windbrecher und schöne Bauernhäuser

Dazu gehen wir vom Parkplatz gut 200 Meter zu den großen Bauernhöfen zurück, an denen wir beim Hinweg vorbeigefahren sind. Die Landschaft präsentiert sich mit offenen Wiesen, auf denen immer wieder Laubbäume stehen, und zwar nicht zufällig: Sie bremsen recht wirkungsvoll Wind und Sturm aus und schaffen so ein kleines Mikroklima, das in dieser Höhenlage eine gute Landwirtschaft ermöglicht.

Innerhalb der Häusergruppe verzweigt sich die Straße: Von links kommend sind wir zum Parkplatz gefahren, jetzt biegen wir aber rechts ab, flanieren entlang der Bäume und folgen nach gut 100 Metern dem Linksknick der Straße.

Sanfte Hügel und eine geniale Aussicht

Durch die Wiesen wandern wir am Hang entlang zu den schönen Bauernhäusern vom Niemandsbichl. Unterwegs treffen wir auf die ersten Bankerl und auf einen historischen und schon leicht verwitterten Bildstock. Im Weiler Niemandsbichl stoßen wir

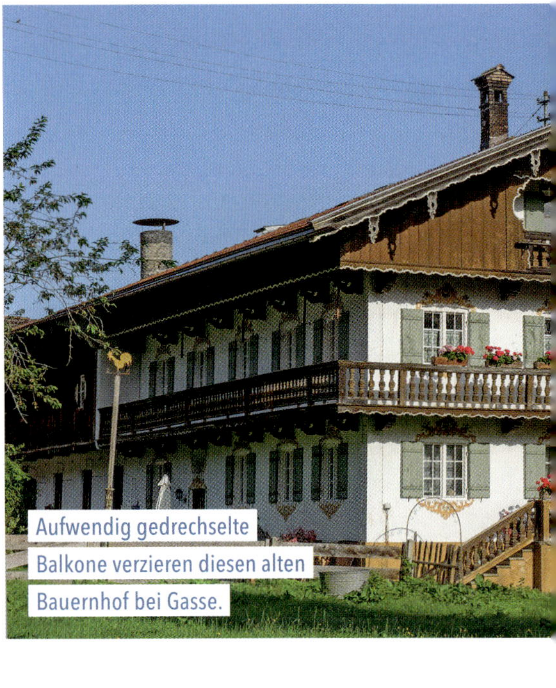

Aufwendig gedrechselte Balkone verzieren diesen alten Bauernhof bei Gasse.

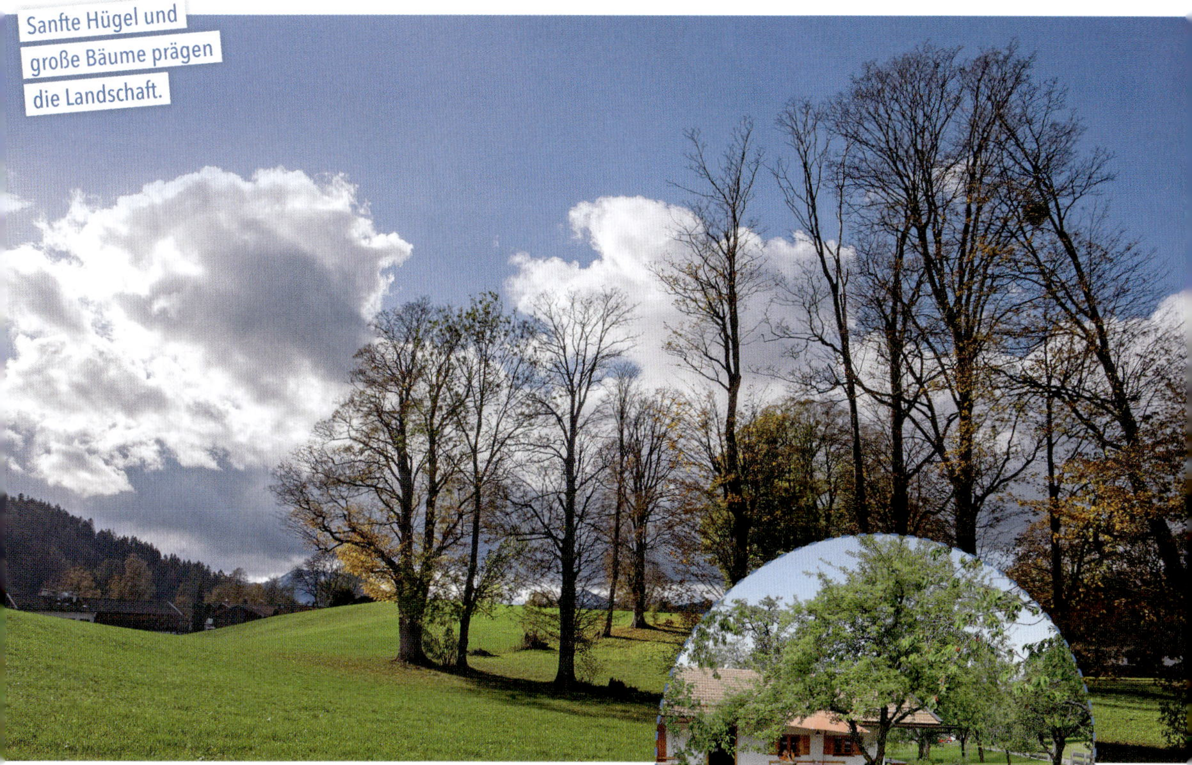

Sanfte Hügel und große Bäume prägen die Landschaft.

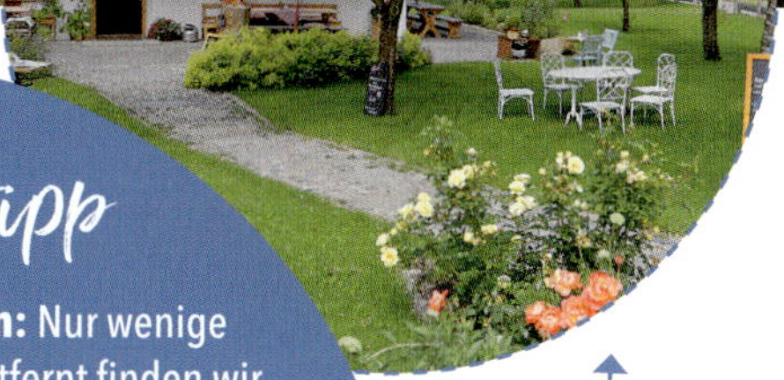

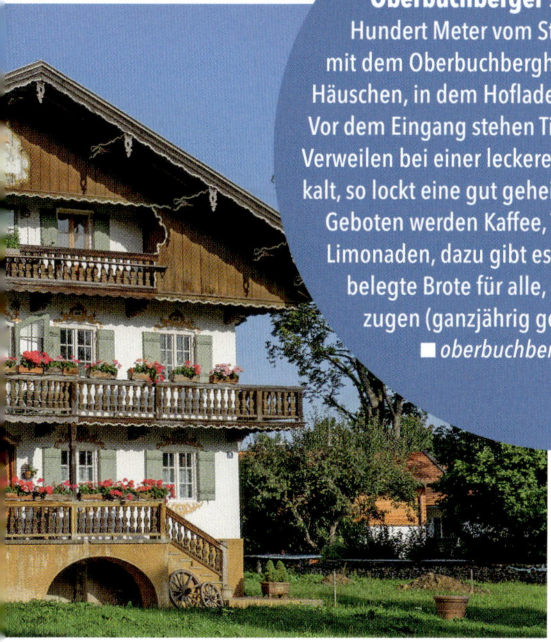

Schmankerltipp

Oberbuchberger's Hofladen: Nur wenige Hundert Meter vom Startplatz entfernt finden wir mit dem Oberbuchberghof in Gasse ein schnuckeliges Häuschen, in dem Hofladen und Café untergebracht sind. Vor dem Eingang stehen Tische und Bänke und laden zum Verweilen bei einer leckeren Brotzeit ein. Ist es im Freien zu kalt, so lockt eine gut geheizte, liebevoll ausgebaute Stube. Geboten werden Kaffee, Tee, Bier und selbst gemachte Limonaden, dazu gibt es Kuchen und Torten oder auch belegte Brote für alle, die etwas Herzhaftes bevorzugen (ganzjährig geöffnet Mi–Sa 10–17 Uhr).
■ *oberbuchberghof.jimdofree.com*

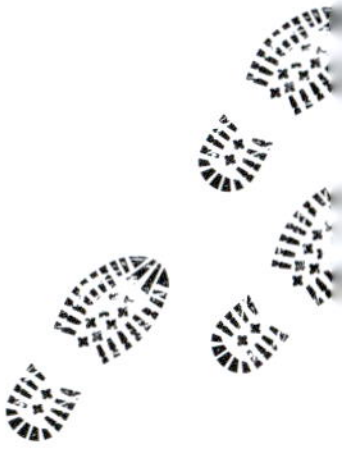

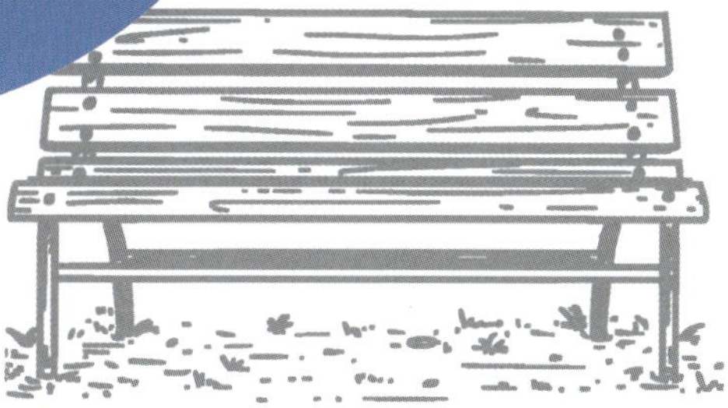

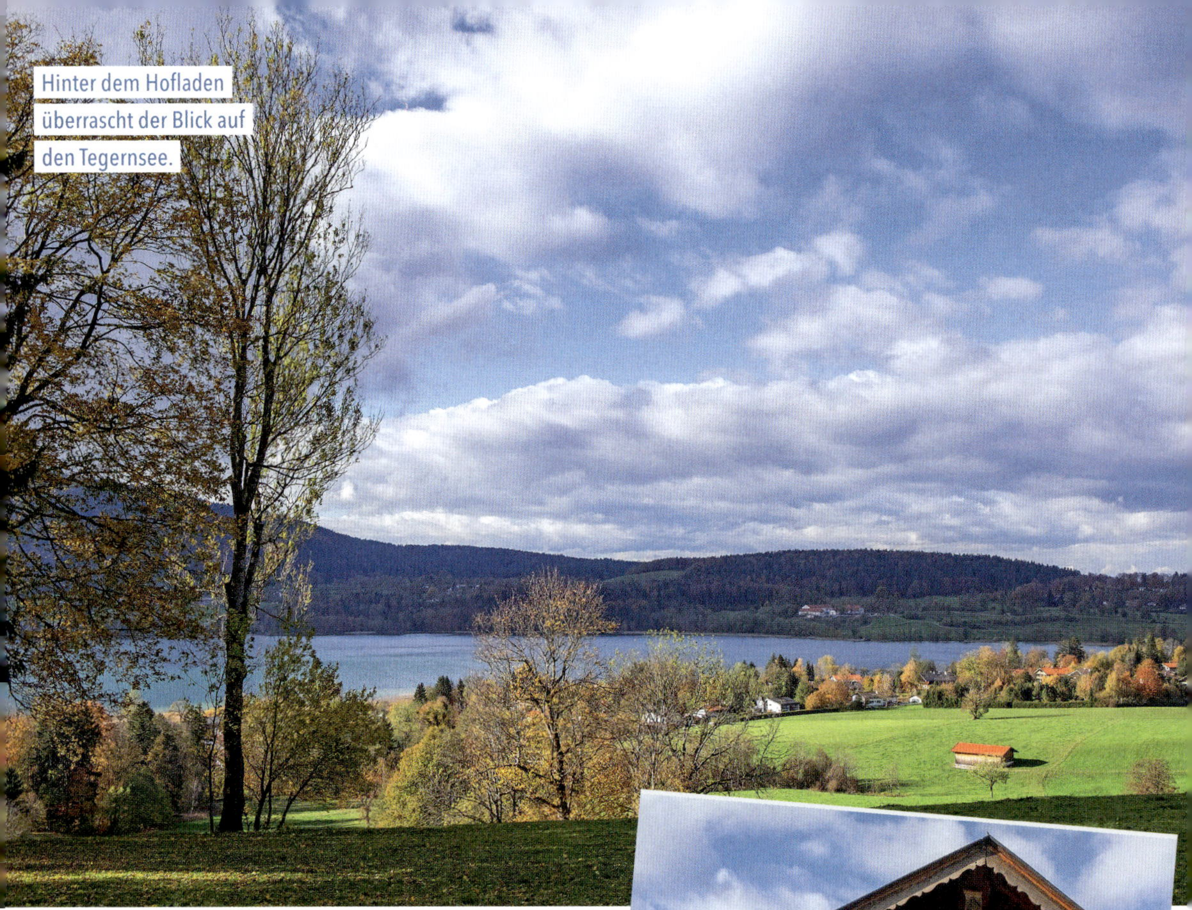

Hinter dem Hofladen überrascht der Blick auf den Tegernsee.

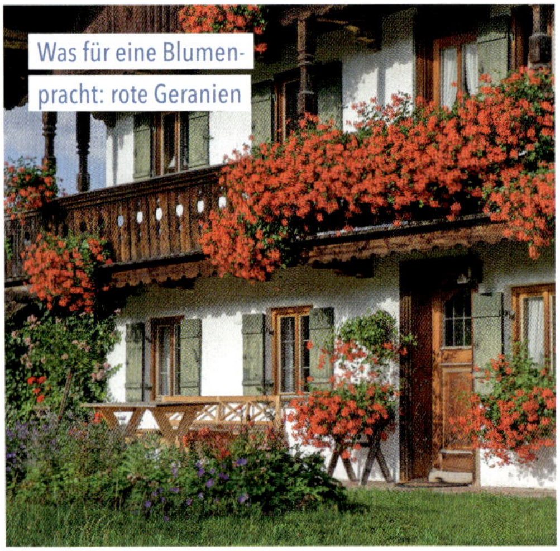

Was für eine Blumenpracht: rote Geranien

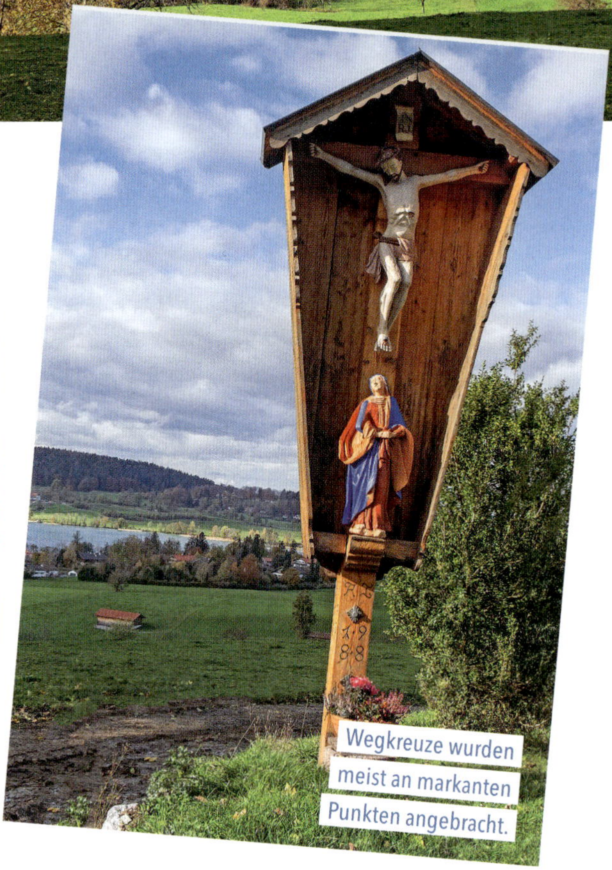

Wegkreuze wurden meist an markanten Punkten angebracht.

auf eine Querstraße, in die wir links einbiegen. Kurz danach, an der nächsten Kreuzung, biegen wir erneut links ein und wandern nun schon wieder in südliche Richtung an einigen Bankerln vorbei zur nächsten Häusergruppe. Damit haben wir unsere bekannte Straße mit dem Namen Gasse erreicht und kommen nach links zum Parkplatz zurück.

Ehe wir aber wieder ins Auto einsteigen, folgen wir noch dem Buchbergweg nach Süden bis zum Hofladen Oberbuchberger's, unserem Schmankerl-Tipp. Und auch diesen sollten wir nicht verlassen, ohne zuvor noch das Haus umrundet zu haben, um zu dem großen Feldkreuz zu gelangen: Von dort genießen wir nämlich einen wunderbaren Blick über den Tegernsee hinweg und auf die ihn umgebenden Berge.

Geheimtipp

In der Nähe des Ausgangspunkts befindet sich der Ödberglift mit seiner rasanten Sommerrodelbahn. Eine Altersbeschränkung gibt es hier nur für die Kleinsten, ab 7 Jahren darf man eigenständig fahren.
■ *oedberg.de*

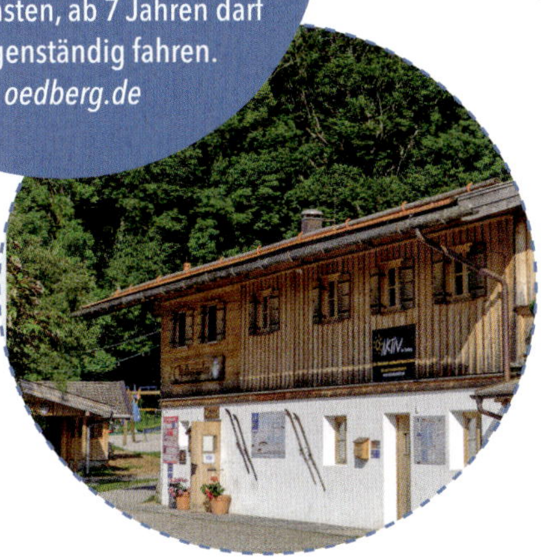

leicht | 3,2 km | 35 Hm | 1 h

Auf einen Blick

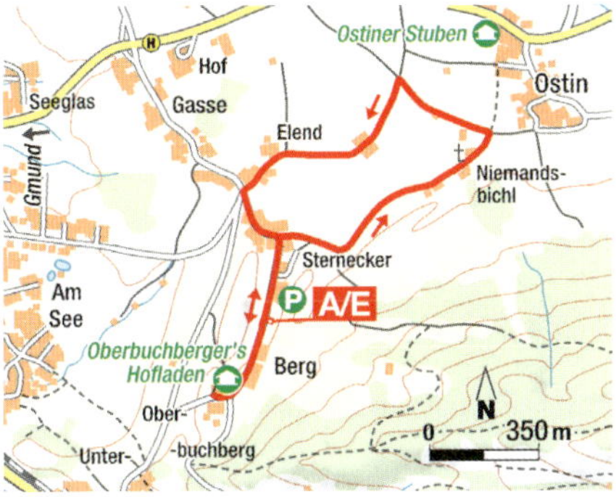

Tourencharakter
Einfacher Spaziergang auf kleinen geteerten Nebenstraßen mit wenig Verkehr. Für Rollator und Rollstuhl gut geeignet

Ausgangs-/Endpunkt
Gmund am Tegernsee, Wanderparkplatz im OT Gasse
GPS: 47.73713, 11.75106

Anfahrt
ÖPNV: nicht möglich
Auto: A 8 bis Ausfahrt Holzkirchen, dann B 318 nach Gmund, über die Mangfall zum Kreisverkehr, dort die zweite Abfahrt Richtung Schliersee nehmen, nach ca. 600 m rechts in die Straße Gasse abbiegen und ihr gut 1 km bis zum großen Wanderparkplatz folgen

Weitere Informationen
■ *gemeinde.gmund.de*

Schmankerl am einst königlichen Bad

31

Runde bei Wildbad Kreuth

Wildbad Kreuth, das einstige Bad der Wittelsbacher, liegt im Weißachtal unweit des Tegernsees. Frisch und klar sprudelt das Wasser aus den umliegenden Bergen herab und bietet damit ideale Voraussetzungen für eine Fischzucht, die wir neben dem herzoglichen Gasthaus besuchen wollen.

Vom Parkplatz Siebenhütten folgen wir der kleinen Straße über die Weißach und bleiben dann geradeaus. Dieser Weg führt uns zum nächsten Bergbach, der Hofbauernweißach. Rechts könnte man die Siebenhütten ansteuern, ein ebenfalls lohnenswertes Ziel. Wir halten uns aber links und queren den Bach.

Brotzeit mit Fischgenuss

Am anderen Ufer geht es nun nach rechts (von links werden wir später zurückkommen), und wir wandern direkt zur Herzoglichen Fischzucht Wildbad Kreuth. Die ersten Fischteiche sind schnell erreicht und auch der kleine Brotzeitstand, wo wir uns schon einmal niederlassen können.

Das nächste Ziel ist zwar nicht weit, aber hinter der Fischzucht steigt der Weg steil an – gut 20 Höhenmeter muss man hier bewältigen. Oben tritt man aus dem Wald heraus und steht auf den Wiesen von Wildbad Kreuth. Der Weg führt nun in Wanderrichtung weiter (rechts würde man ebenfalls nach Siebenhütten gelangen), und wir erreichen so die Kapelle Hl. Kreuz und das Gasthaus Altes Bad.

Mondänes Bad mit Historie

Direkt hinter dem historischen und urigen Gasthof liegt unübersehbar das eigentliche Wildbad Kreuth, ein großes mondänes Kurgebäude. Bereits im 15. Jahrhundert war das heilkräftige gesunde Wasser hier bekannt. Es befand sich im Besitz des Klosters Tegernsee, das jedoch der Säkularisation zum Opfer fiel und 1817 durch König Maximilian I. Joseph erworben wurde. So kam

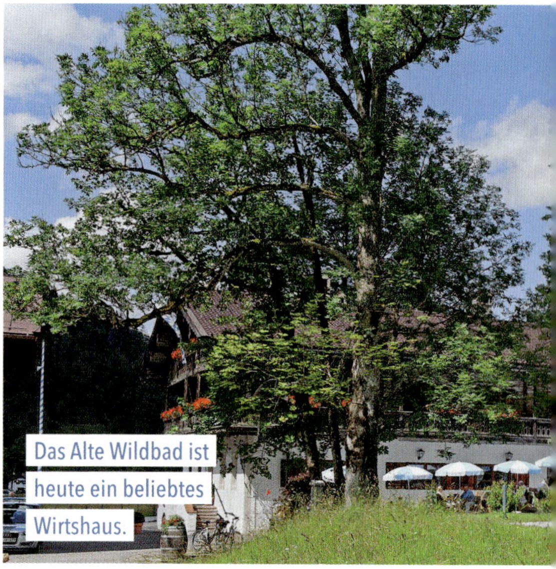

Das Alte Wildbad ist heute ein beliebtes Wirtshaus.

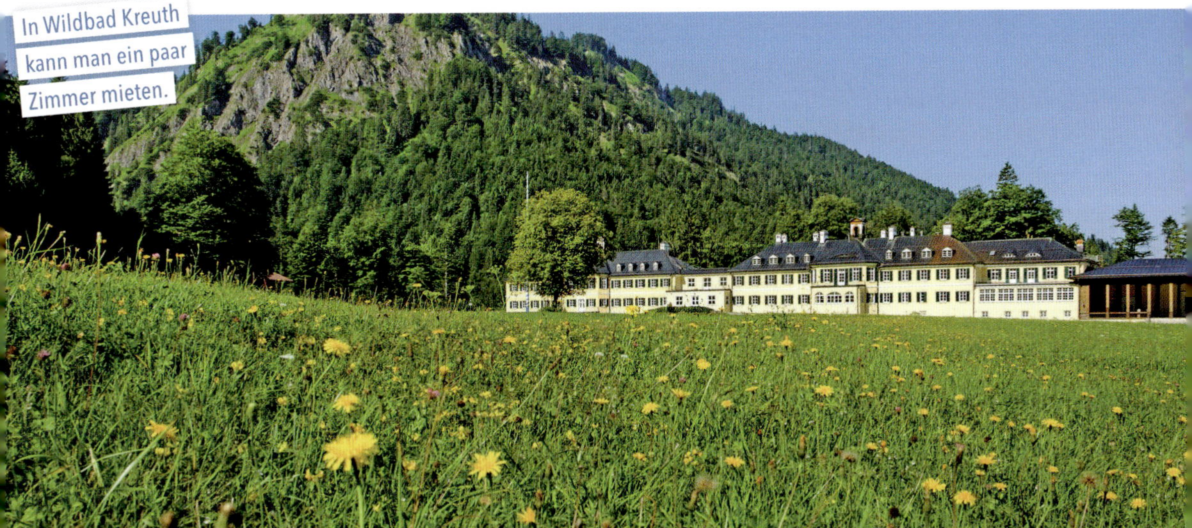

In Wildbad Kreuth kann man ein paar Zimmer mieten.

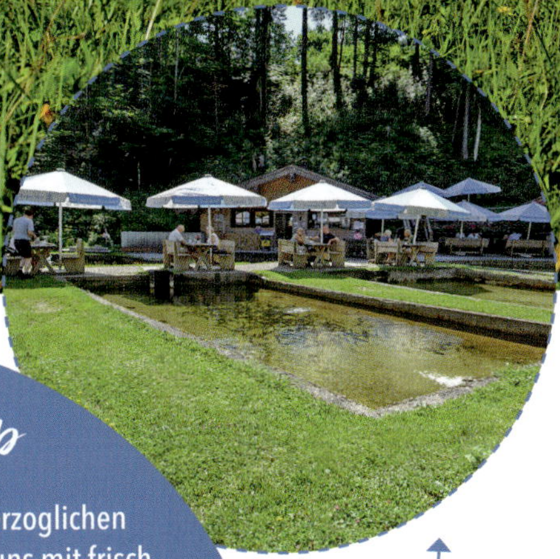

Schmankerltipp

Fischzucht und Altes Bad: In der Herzoglichen Fischzucht Wildbad Kreuth können wir uns mit frisch geräucherten Forellen und Saiblingen eindecken oder diese auch gleich zusammen mit einem Bier oder Wein direkt vor Ort an den Fischteichen verspeisen (Mo Ruhetag; Verkauf 10–17 Uhr). Im etwas gehobenerem Herzoglichen Gasthaus Altes Bad gibt es viele Tegernseer Spezialitäten: Das Wild stammt aus den umliegenden Wäldern, der Käse aus der Naturkäserei in Kreuth und das Bier aus dem Herzoglichen Brauhaus Tegernsee. Der Fisch, darunter der Steckerlfisch, hatte den kürzesten Weg: Er kommt natürlich von der Fischzucht. Speisen kann man in der geschmackvoll restaurierten historischen Stube oder an Tischen vor dem Haus.

■ *fischerei-kreuth.de*

■ *altesbad.com*

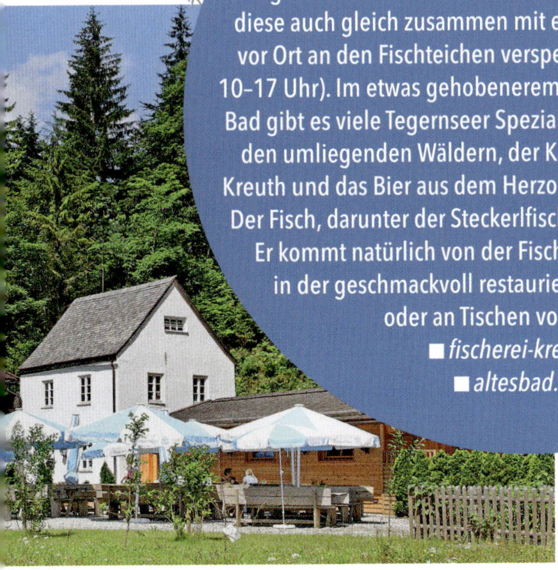

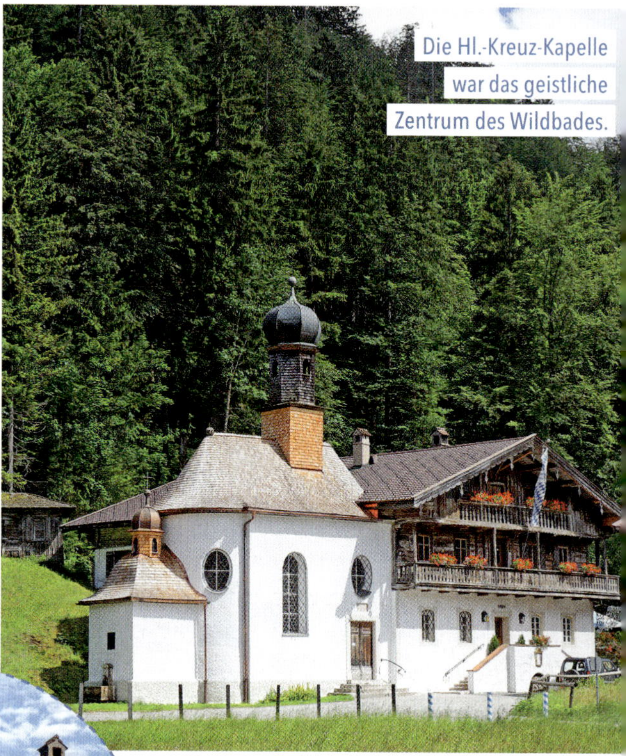

Die Hl.-Kreuz-Kapelle war das geistliche Zentrum des Wildbades.

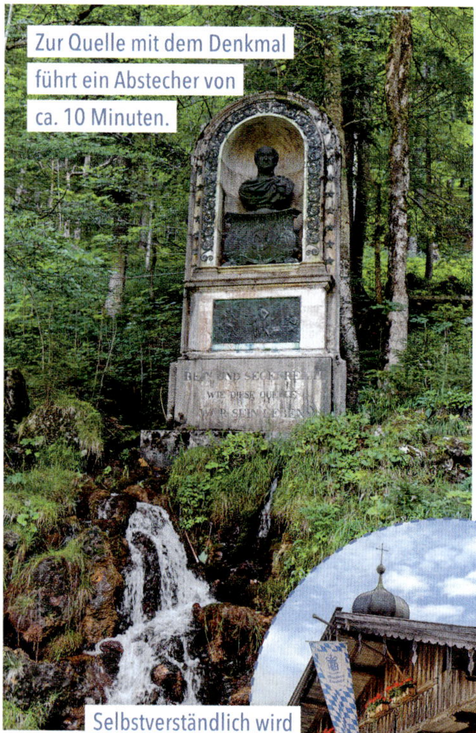

Zur Quelle mit dem Denkmal führt ein Abstecher von ca. 10 Minuten.

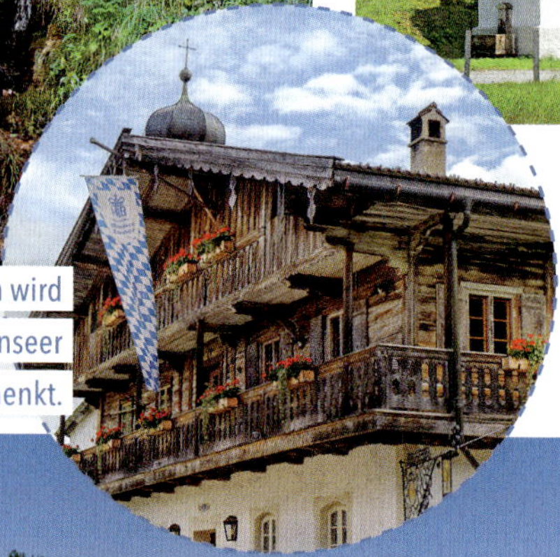

Selbstverständlich wird hauseigenes Tegernseer Bier ausgeschenkt.

Zu Ehren von Max I. Joseph ist auch eines der Biere aus der Tegernseer Brauerei benannt.

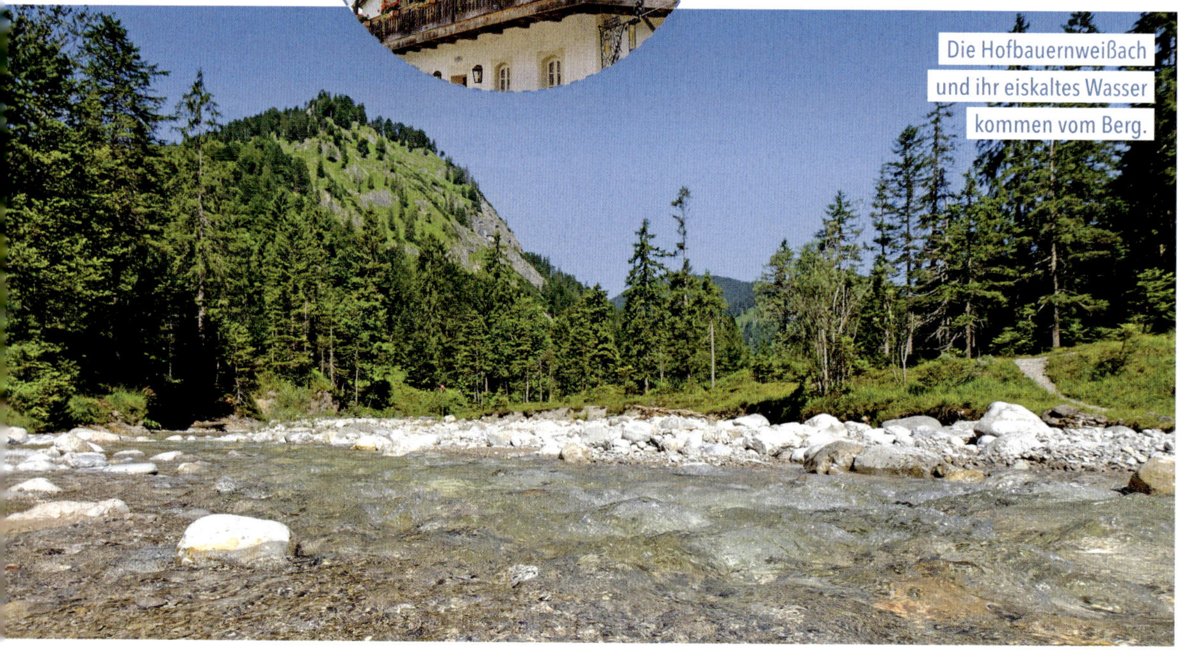

Die Hofbauernweißach und ihr eiskaltes Wasser kommen vom Berg.

neben dem Kloster auch die Heilquelle in den Besitz des Wittelsbachers, der rasch ein neues Bad errichten ließ und damit viele Adelige anlockte, darunter die Zarin Alexandra von Russland, Erzherzogin Sophie von Österreich und der preußische Kronprinz Friedrich Wilhelm mit seiner Gemahlin. Wildbad Kreuth wurde ein Hotspot der Reichen und Schönen, doch König Maximilian I. Joseph verfügte, dass dieses Bad auch armen Menschen offenstehen sollte.

Als Kur- und Badeort wird der prächtige Bau heute nicht mehr genützt. Bis 2016 war es ein Bildungszentrum der Hanns-Seidel-Stiftung. Mittlerweile gibt es Pläne, das alte Bad wieder zu sanieren.

An der Hofbauernweißach

Wir können entweder direkt am Gebäude entlanglaufen oder uns rechts halten, beide Wege führen später wieder zusammen. Dann folgen wir der Zufahrtsstraße bergab zur Weißach und halten uns, ohne sie zu queren, links. Zum Finale wandern wir flach und mit Abstand zum Fluss durch den lichten Wald. Bald wendet sich der Weg leicht nach links, und wir folgen der Hofbauernweißach bis zur Brücke, die wir vom Hinweg schon kennen. Jetzt ist es nicht mehr weit bis zu unserem Ausgangspunkt.

Abstecher

Wenn wir die Anhöhe hinauf zum Wildbad geschafft haben, können wir noch einen kleinen Abstecher unternehmen: Dazu folgen wir kurz der Beschilderung nach rechts Richtung Siebenhütten und halten uns dann links zur Quelle mit dem schönen Max I.-Joseph-Denkmal, einem ruhigen Plätzchen.

leicht | 3,5 km | 35 Hm | 1 h

Auf einen Blick

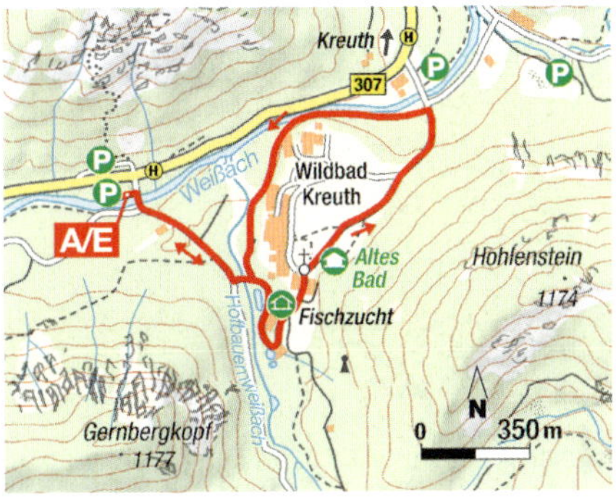

Tourencharakter
Einfache Rundwanderung auf breiten Forstwegen mit einer Steigung. Der Weg ist auch für einen geländegängigen Rollator/Rollstuhl geeignet. Nur Bankerl gibt es nicht sehr viele, man muss die Einkehrmöglichkeiten nutzen.

Ausgangs-/Endpunkt
Wildbad Kreuth, Parkplatz Siebenhütten
GPS-Daten: 47.622639, 11.734652

Anfahrt
ÖPNV: Mit der BRB bis Bahnhof Tegernsee und weiter mit Bus 9556 bis Haltestelle Siebenhütten
Auto: A 8 bis Ausfahrt Holzkirchen, weiter zum Tegernsee und über Bad Wiessee auf die B 307 Ri. Achenpass, durch Kreuth hindurch, dann links auf den gebührenpflichtigen Parkplatz Siebenhütten

Weitere Informationen
- *tegernsee.de*

STEILE FELSWÄNDE UND URALTE AHORNBÄUME

32

Zu den Engalmen

Leichter als zu den Engalmen führt kaum ein Weg in die Berge. Berühmte Karwendelgipfel wie die Lamsenspitze oder die Lalidererwände umrahmen den Almboden mit seinen alten Ahornbäumen – ein Naturspektakel, das man einmal im Leben gesehen haben sollte.

Übrigens liegt die Eng eigentlich schon auf Tiroler Gebiet, aber das österreichische Tal ist nur von Bayern aus zu erreichen. Die Fahrt in das Karwendeltal ist je nach Schneefall ab Mai möglich.

Spazieren und flanieren

Für die Wanderung startet man am Ende der Straße beim Alpengasthof Eng. Von dort wandern wir auf der kleinen Almstraße in Richtung Engalmen. Diese liegen am Ende des Talgrunds, fast unmittelbar unterhalb des Karwendelhauptkamms. Kurzweilig geht es so entlang des Themenwegs »Großer Ahornboden – Engalm«, wo uns viele interessante Informationstafeln über die Natur und das Leben in den Bergen aufklären. Und natürlich stehen auch einige Bankerl für eine Pause bereit. Übrigens tolle Plätze, um die mit Moos bewachsenen Baumriesen des Großen Ahornbodens zu bewundern – ihre knorrigen Äste bilden einen wunderschönen Kontrast zu den in bläulich schimmerndes Licht getauchten Felswänden des Karwendels.

Tipp

Ein farbenprächtiges Spektakel erwartet uns im Herbst mit den bunt gefärbten Bäumen am berühmten Großen Ahornboden in der Eng – wobei der Herbst hier wesentlich früher Einzug hält als im Alpenvorland, und dann muss man leider auch mit deutlich mehr Besuchern rechnen.

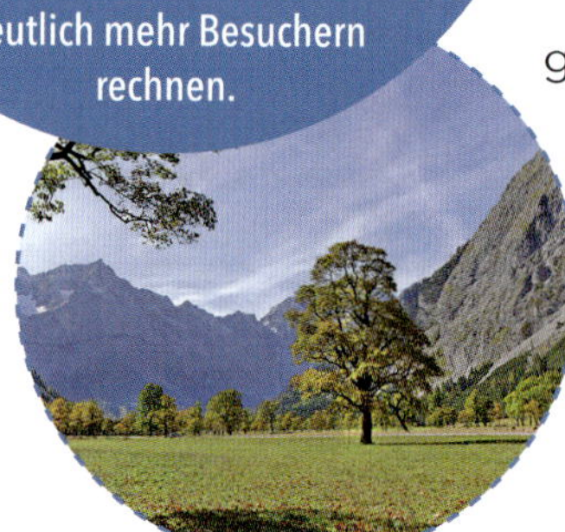

Der Große Ahornboden

Die Bäume gehören zum einzigartigen Großen Ahornboden, der uns vielleicht schon bei der Anreise aufgefallen ist. Dieses Gebiet wird seit mehr als 1000 Jahren als Almweide benutzt, wahrscheinlich sogar schon viel länger. Im Zeitfenster des Dreißigjährigen Kriegs wurden aufgrund der Kriegswirren über einige Zeit keine Tiere mehr zur Beweidung in die Eng gebracht. Nur dadurch hatte der Bergahorn eine Chance zu wachsen, ohne abgefressen zu werden.

Heute stehen noch mehr als 2000 Bergahorne auf dem Almboden. Ein Teil der

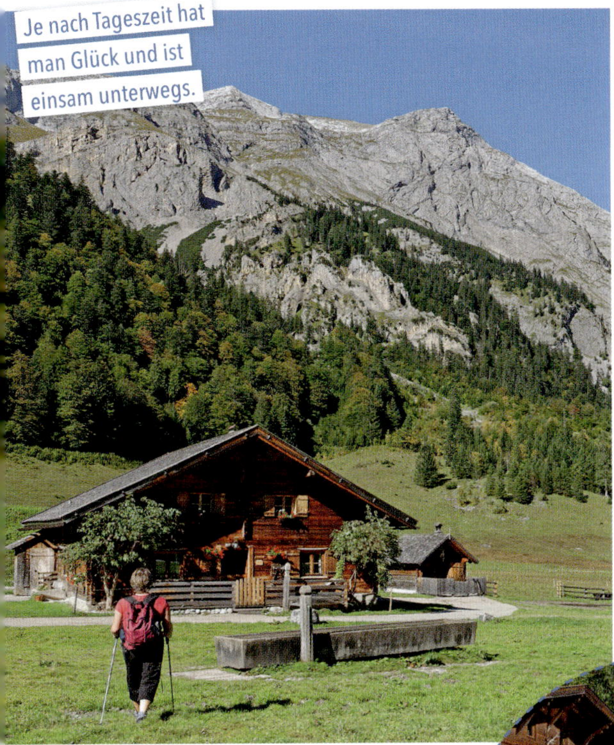
Je nach Tageszeit hat man Glück und ist einsam unterwegs.

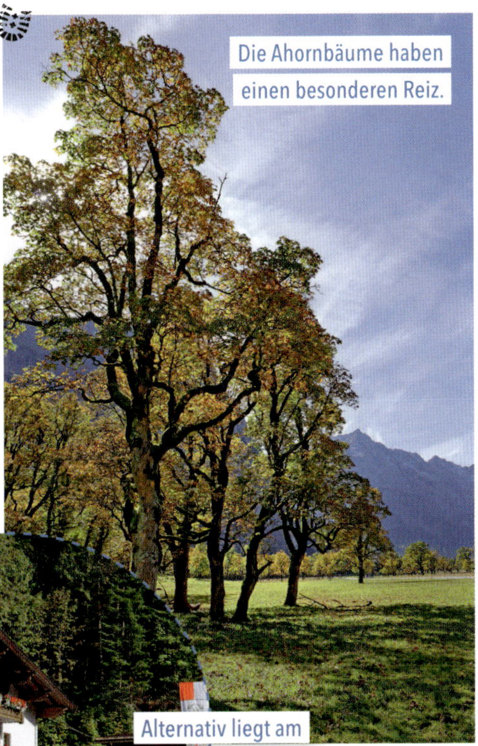
Die Ahornbäume haben einen besonderen Reiz.

Wen Gott lieb hat, den lässt er fallen in dieses Land. (Ludwig Ganghofer)

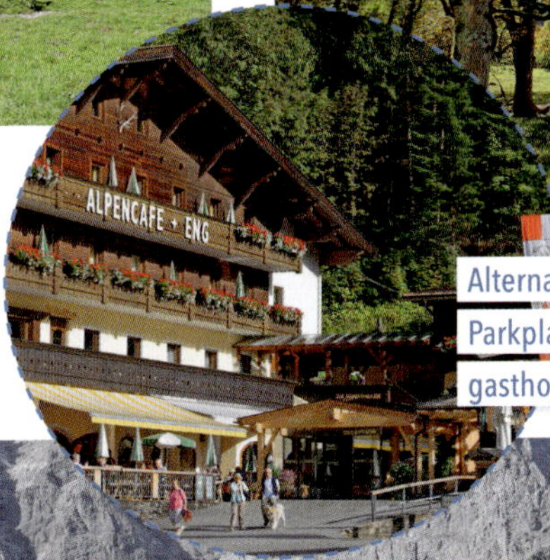

Alternativ liegt am Parkplatz der Alpengasthof Eng.

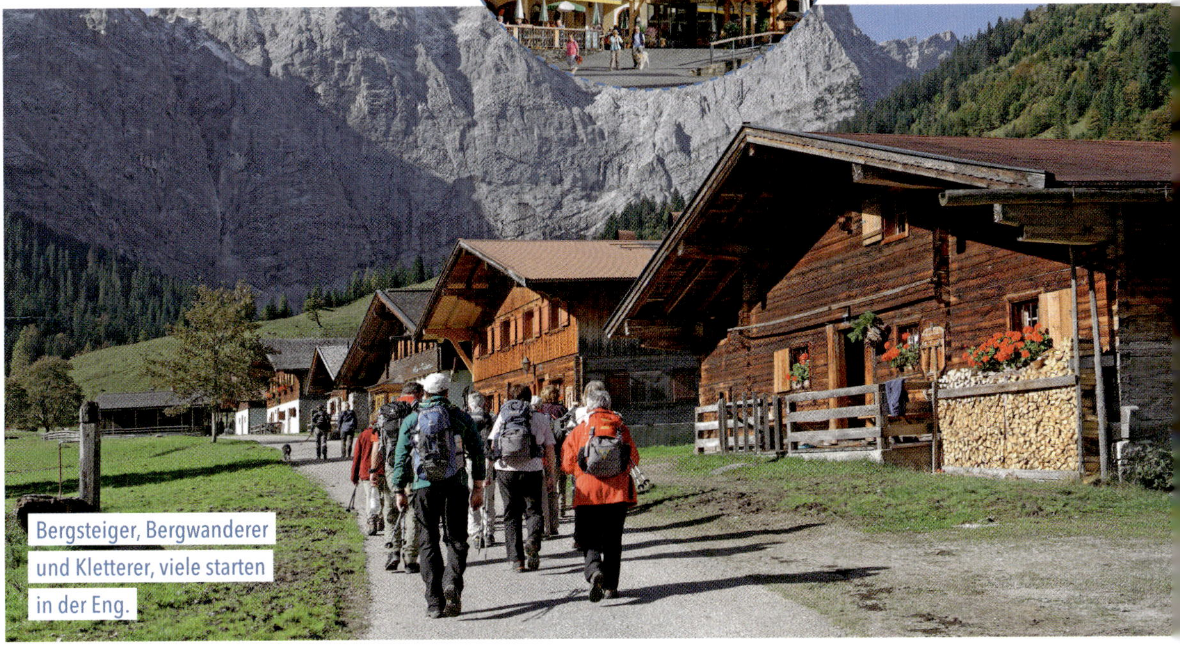
Bergsteiger, Bergwanderer und Kletterer, viele starten in der Eng.

leicht

2 km

35 Hm

0.40 h

Auf einen Blick

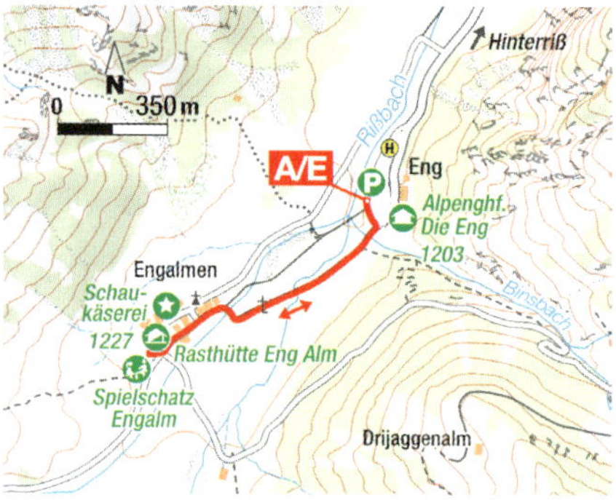

Tourencharakter

Sehr einfache und kurze Wanderung auf einem breiten Weg mit kaum Steigungen. Kann fast durchgehend auch mit Rollator bzw. Rollstuhl befahren werden. Der Weg ist über weite Teile hinweg geteert.

Ausgangs-/Endpunkt

Alpengasthof Eng im Naturschutzgebiet Karwendelgebirge
GPS-Daten: 47.402483, 11.566799

Anfahrt

ÖPNV: Mit der BRB nach Lenggries und weiter mit dem Bergsteigerbus (Mai–Nov. 2–3-mal am Tag) ins Karwendeltal
Auto: Über Bad Tölz und Lenggries zum Sylvensteinspeicher, rechts nach Vorderriß und dort links Richtung Hinterriß, nach Hinterriß weiter der Straße (bald Mautstraße) bis zu ihrem Ende folgen; viele Parkplätze am Alpengasthof Eng

Weitere Informationen

■ silberregion-karwendel.at

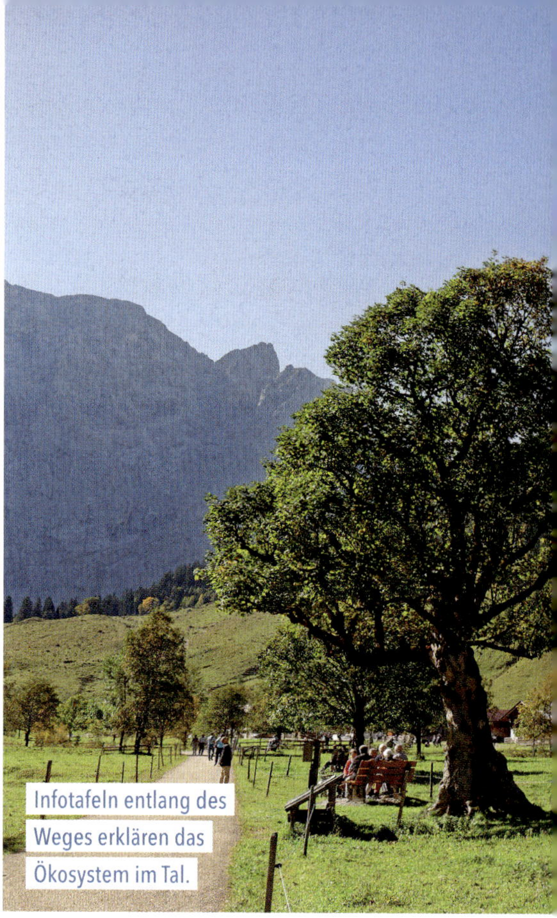

Infotafeln entlang des Weges erklären das Ökosystem im Tal.

Bäume ist über 400 Jahre alt. Der Bergahorn ist ein zäher, schier unverwüstlicher Baum, dem weder Kälte noch Schutt und Murenabgänge, wie sie hier im Tal häufiger vorkommen, etwas ausmachen. Das Baumsterben, das man heute am Großen Ahornboden beobachten kann, ist größtenteils natürlichen Ursprungs: Die Bäume haben nun einfach ihr Höchstalter erreicht. Zum Glück kümmert sich der Naturpark Karwendel um den Erhalt dieser Kulturlandschaft. So werden jedes Jahr neue Bäume nachgepflanzt.

Zu den Engalmen

Nach einer kleinen Rechtskurve stehen wir schon vor den ersten Hütten der Engalmen. Genau genommen gibt es hier ein ganzes

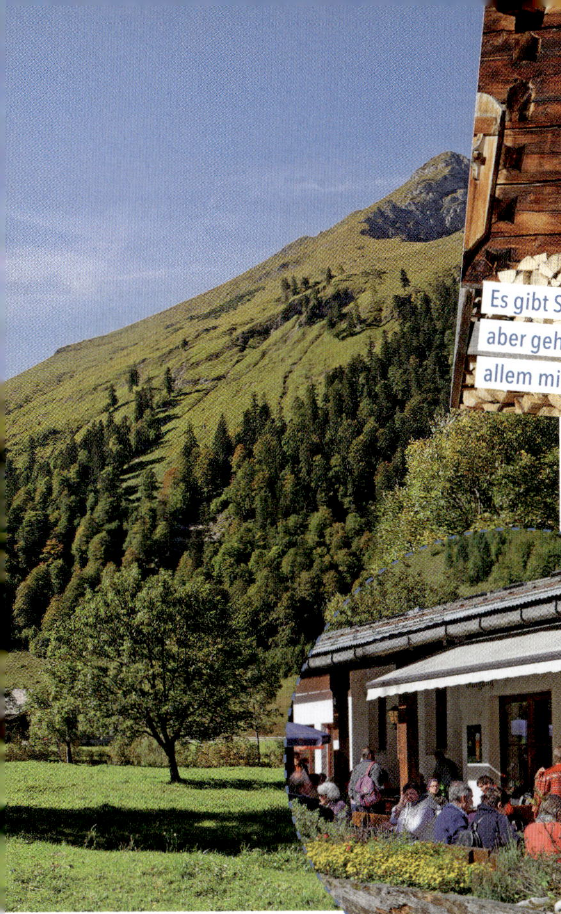

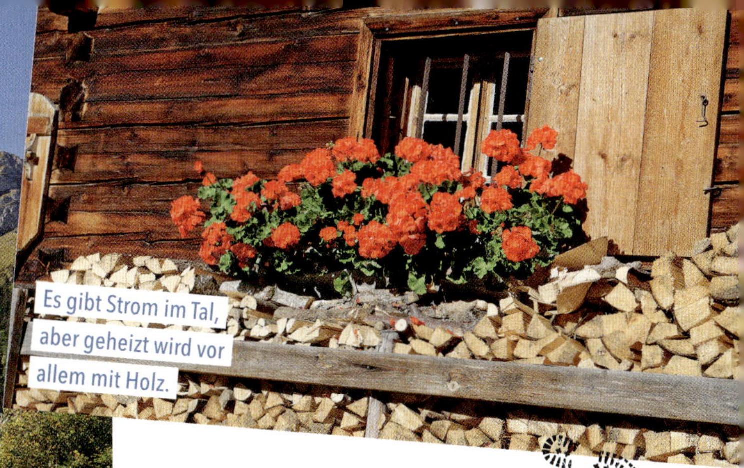

Es gibt Strom im Tal, aber geheizt wird vor allem mit Holz.

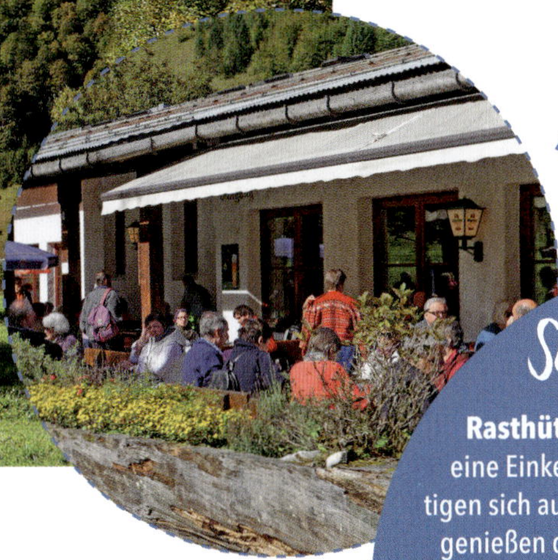

Schmankerltipp

Rasthütte Eng Alm: Alle freuen sich über eine Einkehr in der Rasthütte: Kinder beschäftigen sich auf dem riesigen Spielplatz, Erwachsene genießen die große Alpengala ringsum. Auf der Sonnenterrasse wird man mit Tiroler Spezialitäten verwöhnt – besonders lecker sind sämtliche Fleisch- und Wildgerichte, aber auch die Kässpatzn oder die Kaspressknödel mit dem würzigen Enger Bergkäse. Für Schleckermäuler gibt es hausgemachten Kuchen, Topfen- und Apfelstrudel (geöffnet nur von Mai–Okt.).
■ *engalm.at*

Almendorf: Mit diversen Almgebäuden, Scheunen, Heuhütten, einer Kapelle, einem Bauernladen, einer Käserei, einem Brunnen und der großen Rasthütte Eng Alm lässt sich bei einem genussvollen Bummel vieles entdecken. Die malerischen hölzernen Almhütten gehören heute noch zehn Bauern aus dem – zumindest der Luftlinie nach – nahen Tiroler Inntal. Im Sommer weiden hier an die 220 Kühe, deren Milch direkt vor Ort verarbeitet wird. Es gibt auch Ziegen, Schafe und Schweine. Die kleinen Hütten sind liebevoll mit Blumen dekoriert, in einigen kann man sogar übernachten. Durch die großen Glasfenster dürfen wir einen Blick in die Käserei werfen; den Käse selbst können wir zusammen mit vielen anderen regionalen Schmankerln im großen Bauernladen erwerben. Und für den Einkehrschwung geht es in die Rasthütte Eng Alm. Wem der Weg bis dorthin zu kurz war, der kann übrigens noch etwas weiter auf einem bequemen Wanderweg entlang des Enger-Grund-Bachs nach Westen zu den Felswänden des Laliderers gehen. Der Rückweg verläuft immer auf dem Hinweg.

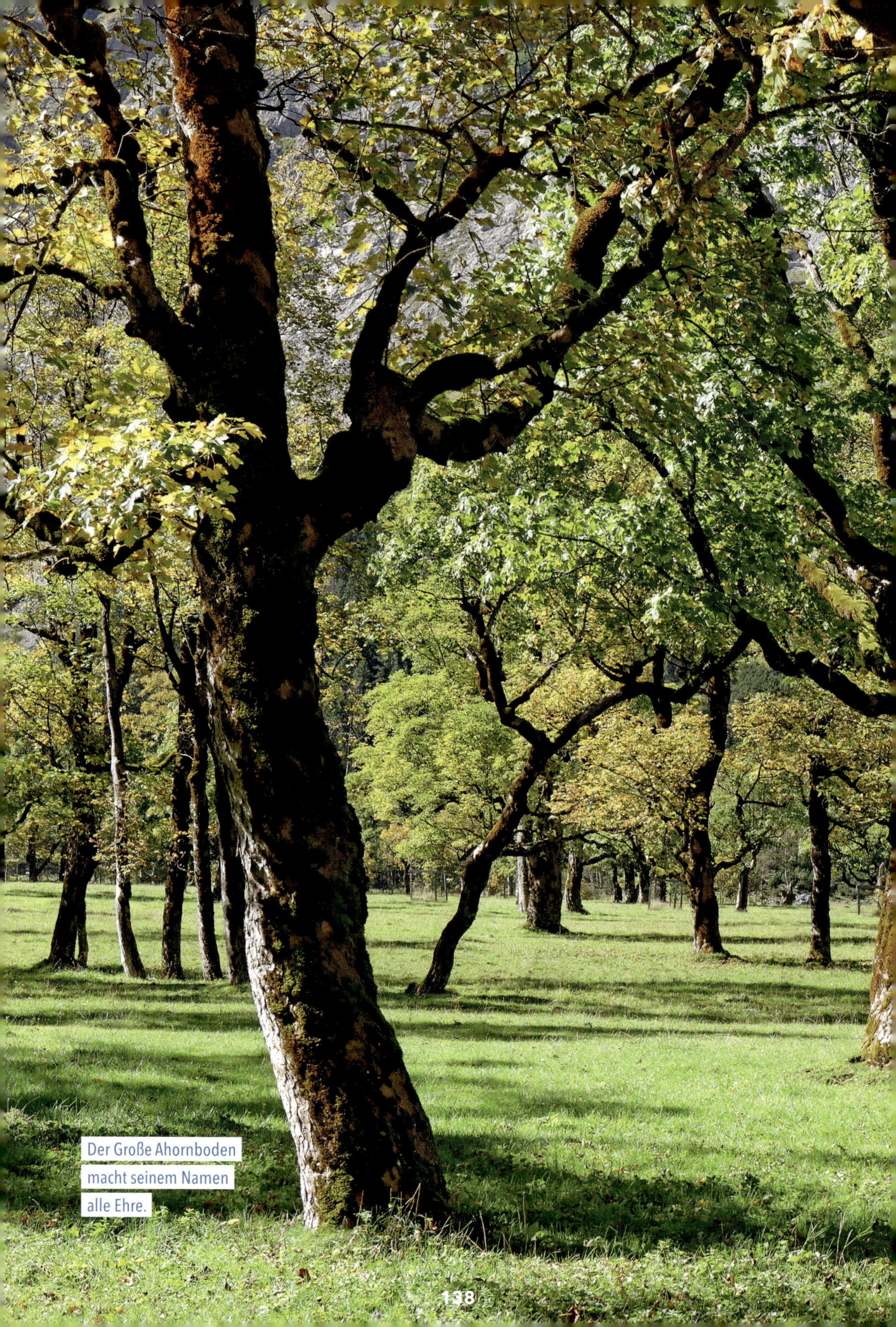

Der Große Ahornboden macht seinem Namen alle Ehre.

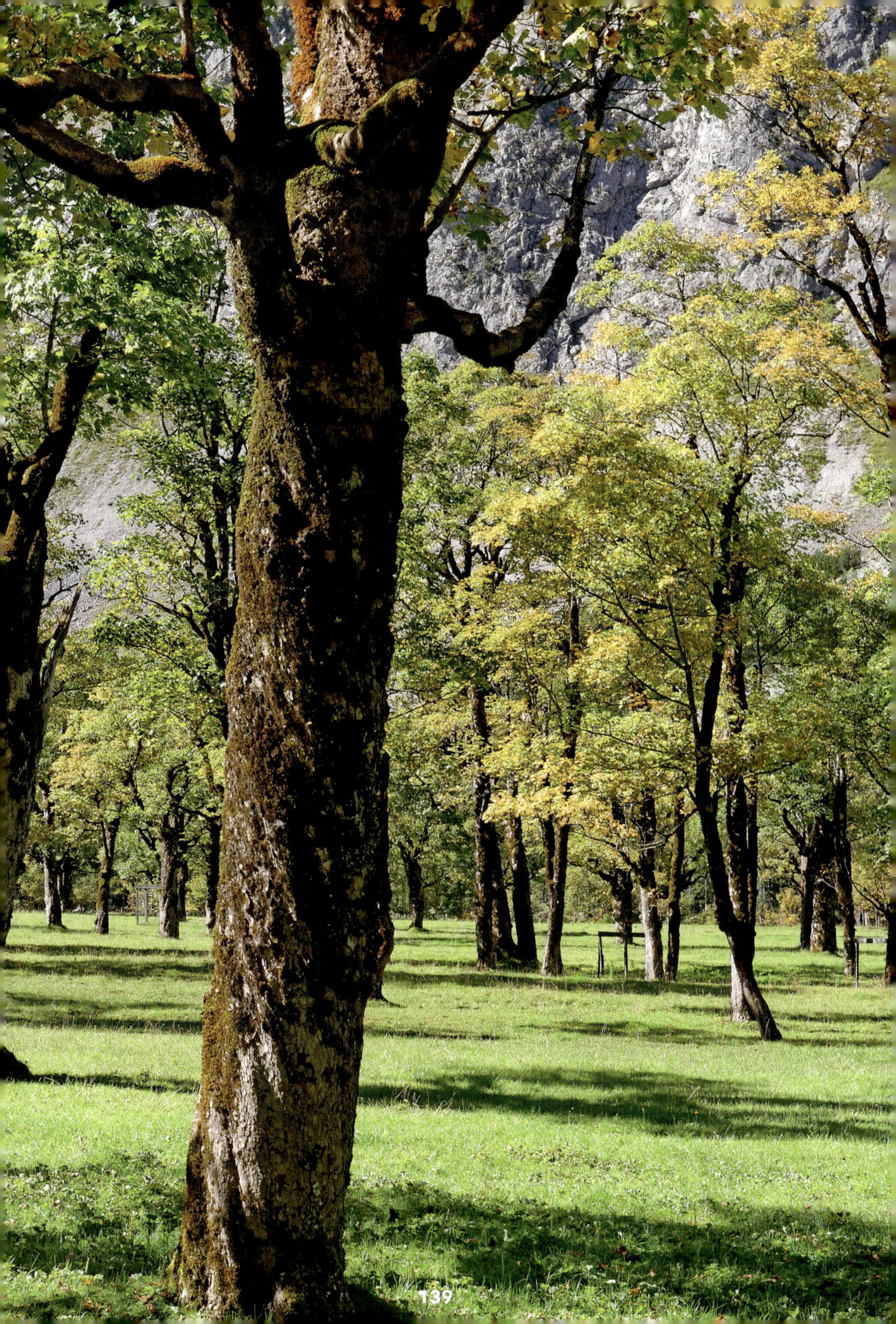

UNTERWEGS IM GOLDENEN FLUSSTAL

33

Naring im grünen Leitzachtal

»Goldenes Tal« wird der nördliche Abschnitt des Leitzachtals genannt. Gold wurde hier zwar nie gefunden, aber wertvoll sind die Erträge, die der fruchtbare Talboden abwirft, da er überdies von zwei Hügelketten vor kalten Winden geschützt ist. Heute erobern Radfahrer und Spaziergänger das Tal.

Wir beginnen unseren Spaziergang am hinteren Ende des großen Parkplatzes in Naring und folgen der Leitzach flussaufwärts am Ufer entlang. Rechts vom Weg liegen zuerst Bauerngärten, dann eine eingezäunte Weide, auf der ein paar neugierige Ziegen und Schafe grasen. Links trennen uns Sträucher und junge Bäume vom Fluss, der sich knapp zwei Meter tiefer seinen Weg durch verstreut liegende und tonnenschwere Felsblöcke sucht – bei der Renaturierung der Leitzach legte man diese im Flussbett ab und schuf damit aus dem einst regulierten Lauf wieder einen natürlich wirkenden Fluss. Sie bremsen wirkungsvoll den Lauf des Wassers und lassen immer wieder Kiesbänke und kleine Inseln entstehen.

Erfrischende Badefreuden

Wer gut zu Fuß ist, kann an schmalen Durchgängen durch das Buschwerk zum Wasser hinuntersteigen, denn der Fluss bietet sich ideal für eine kleine Erfrischung an. Man kann hier zwar keine langen Strecken schwimmen, sich dafür aber wunderbar im Wasser treiben lassen. Für eine Decke zum Hinlegen ist oben neben dem Weg Platz, aber auch die Kiesbänke laden zu einer längeren Pause ein.

Bei allem Badespaß sollten wir eines bedenken: Diese Stelle an der Leitzach ist zwar auf Karten und auf einigen Hinweistafeln als Badeplatz ausgewiesen, es gibt

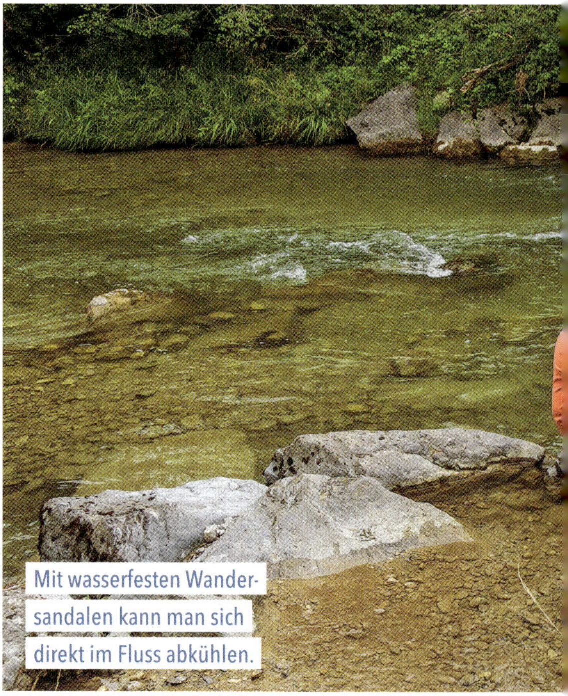

Mit wasserfesten Wandersandalen kann man sich direkt im Fluss abkühlen.

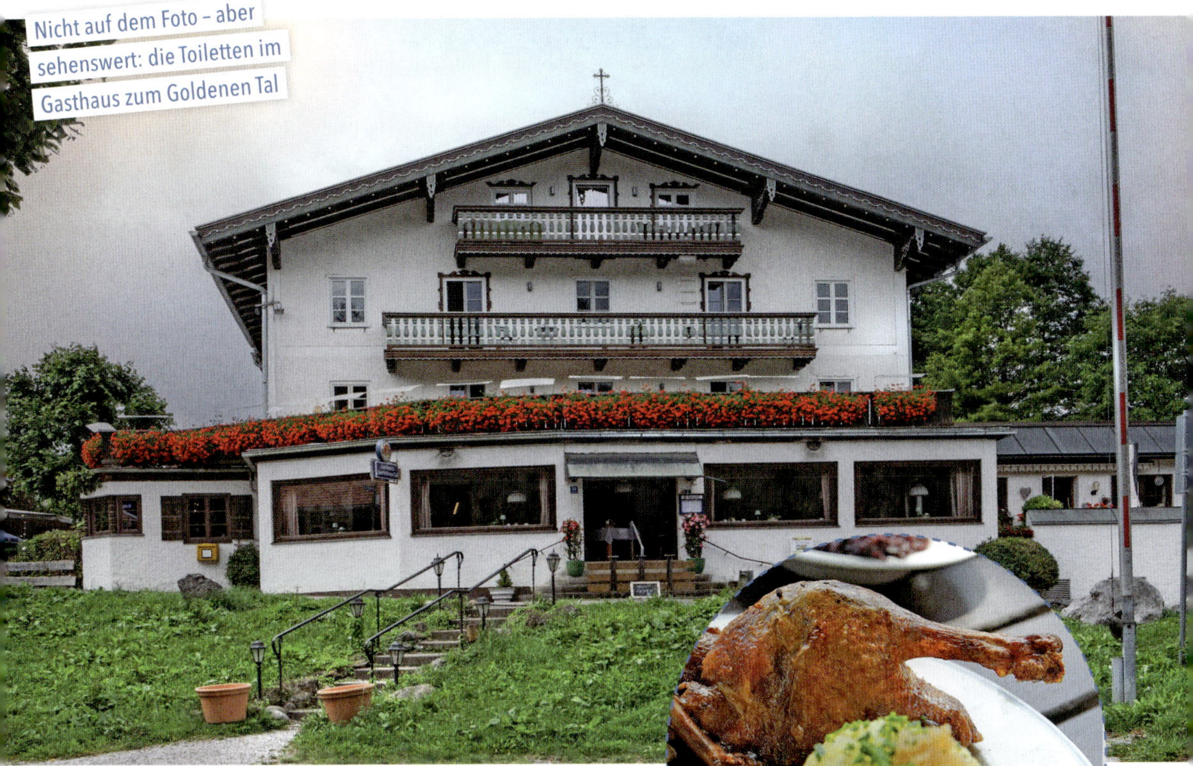

Nicht auf dem Foto – aber sehenswert: die Toiletten im Gasthaus zum Goldenen Tal

Schmankerltipp

Gasthaus Zum Goldenen Tal: Das unübersehbar auf einer von der Leitzach ausgeschwemmten Hangkante über Naring thronende Wirtshaus ist im ganzen bayerischen Oberland bekannt (geöffnet Do–So ab 11.30 Uhr). Seit 1937 ist es im Besitz der Familie Huber. Das wirkliche Alter des Hauses lässt sich nicht genau benennen, gesichert ist jedoch, dass einige Balken des Dachstuhls irgendwann im 16. Jh. geschlagen wurden. Vor dem Haus lädt uns in der warmen Jahreszeit ein gemütlicher Biergarten zur Brotzeit ein – zwei alte Laubbäume spenden dabei kühlenden Schatten, den selbst der beste Sonnenschirm nicht schafft. In der Gaststube mit ihrem großen Kachelofen treffen sich regelmäßig Volksmusikanten; ein fester Termin ist dabei jeweils der erste Sonntag im Monat.

■ *goldenes-tal.de*

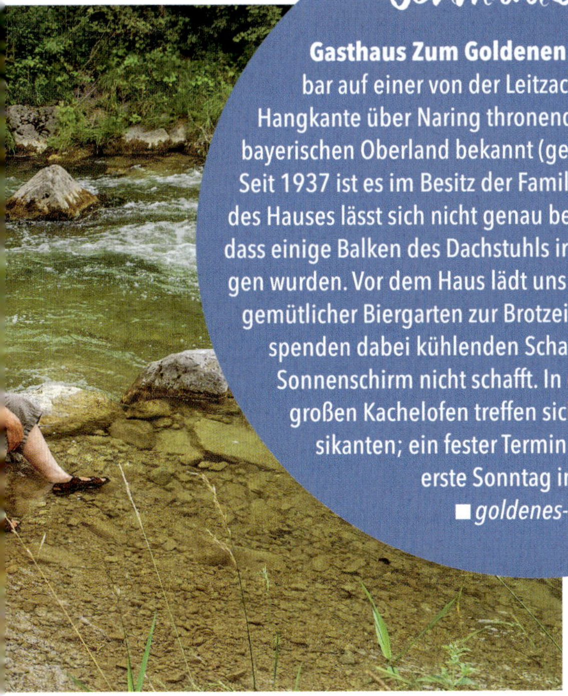

Tipp

Keine 3 km weiter mündet die Leitzach bei Feldkirchen-Westerham in die Mangfall und macht sich damit weiter auf die Reise zum Inn.

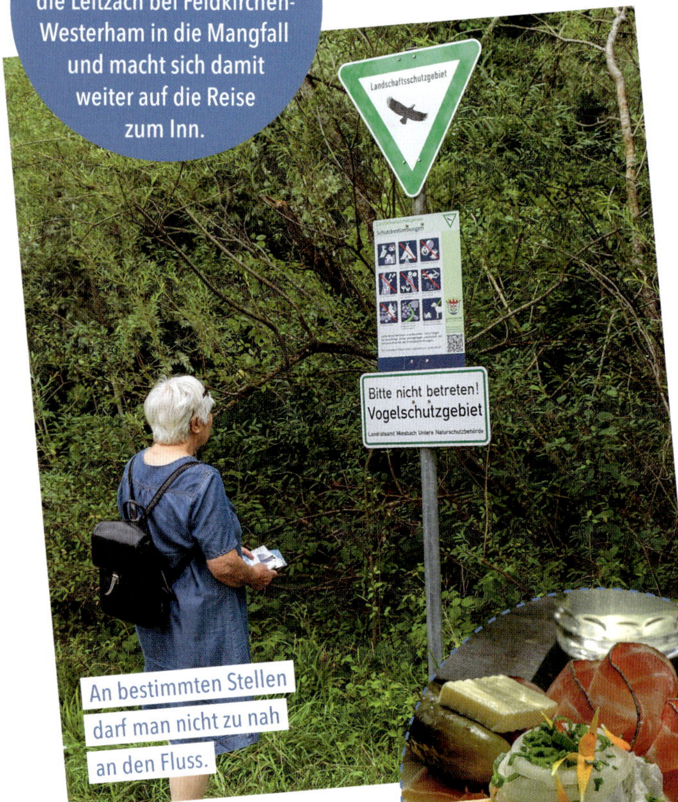

An bestimmten Stellen darf man nicht zu nah an den Fluss.

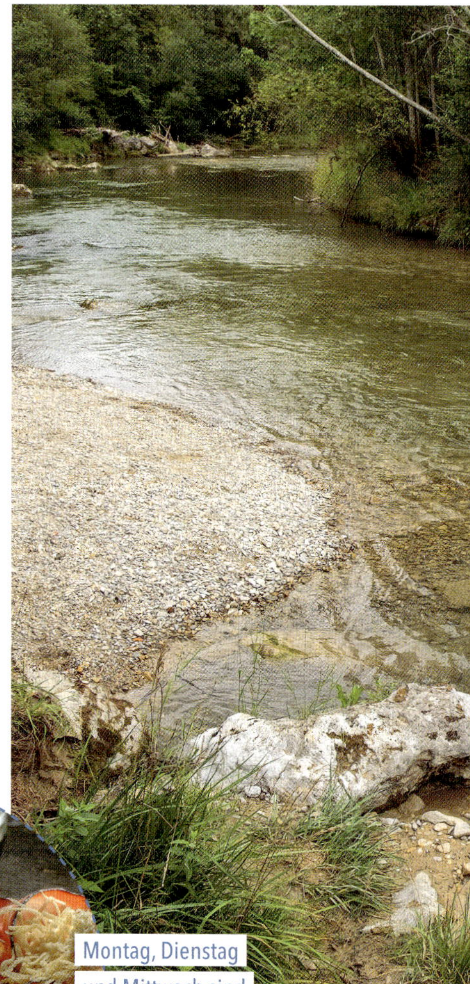

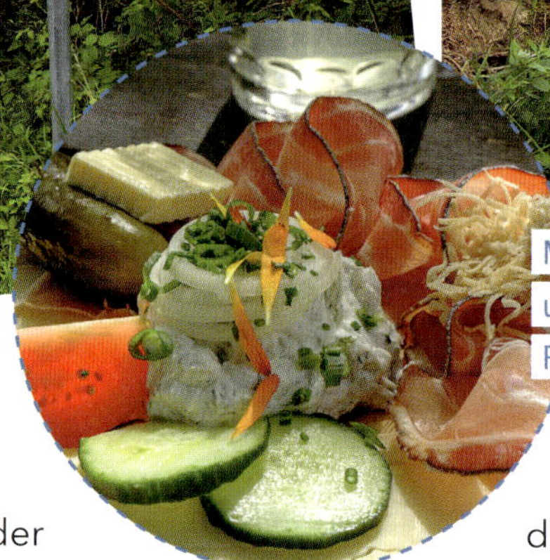

Montag, Dienstag und Mittwoch sind Ruhetage im Gasthaus.

aber keine Badeaufsicht – jeder ist also für sich selbst verantwortlich. Daher ist es unumgänglich, dass man sicher schwimmen kann, wenn man mit mehr als nur den Füßen ins Wasser steigt. Kinder gehören unbedingt beaufsichtigt!

Im Wald und auf der Wiese

Wem das Wasser für ein Bad zu kalt ist, der kann auf dem Weg noch bis zum Waldrand gehen, wo der Weg endet – hier ist ein Vogelschutzgebiet ausgewiesen, und das Betretungsverbot gilt es zu beachten! Kurz vor dem Waldrand finden sich aber zwei Bankerl, auf denen man bequem rasten kann und dabei eine herrliche Aussicht auf den lebendigen Fluss genießt. Auch die große Wiese rundum ist voller Leben, und wenn es Abend wird, kann es durchaus sein, dass ganz vorsichtig noch ein paar Rehe aus dem Wald hinzukommen.

Wenn wir nun Brotzeithunger verspüren, drehen wir einfach wieder um und kehren auf dem Weg, den wir gekommen sind, zum Ausgangspunkt zurück.

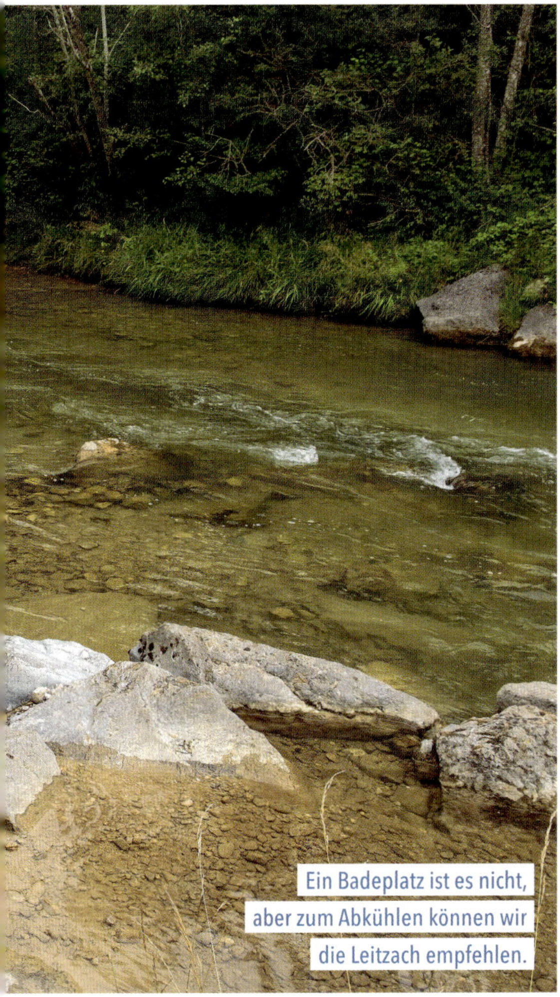

Ein Badeplatz ist es nicht, aber zum Abkühlen können wir die Leitzach empfehlen.

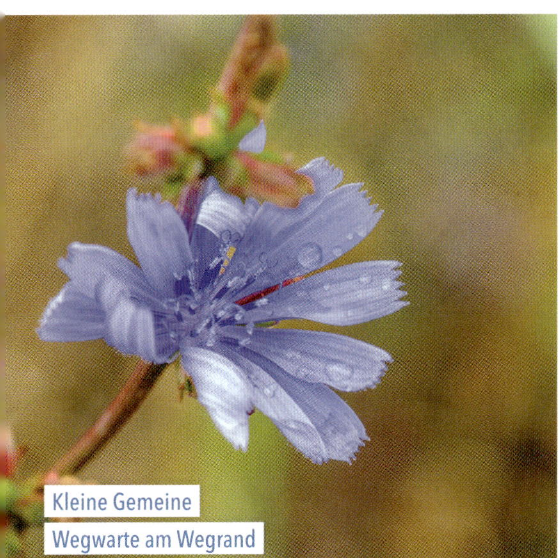

Kleine Gemeine Wegwarte am Wegrand

leicht

1 km

0 Hm

0.20 h

Auf einen Blick

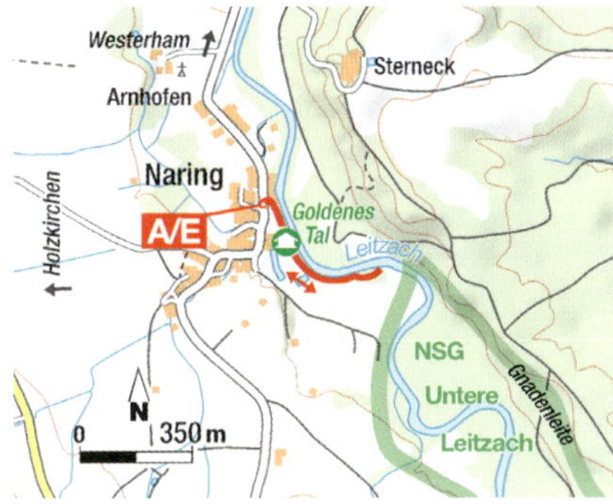

Tourencharakter

Einfacher Spaziergang auf einem kleinen ungeteerten Uferweg. Für geländegängigen Rollstuhl/Rollator geeignet. Im Sommer Badesachen mitnehmen

Ausgangs-/Endpunkt

Naring, Gasthaus Zum Goldenen Tal
GPS: 47.88150, 11.829969582

Anfahrt

ÖPNV: Mit dem Zug über Holzkirchen nach Feldkirchen-Westerham und weiter mit Bus 8582 nach Naring (Haltestelle beim Gasthaus)

Auto: A 8 bis Ausfahrt Weyarn, nach Weyarn, dort links in die Wattersdorfer Straße, die zur Weyarner Straße wird und nach Seeham führt, dort bei »Lisi's HAARschneiderei« links aus dem Ort und unter der Autobahn hindurch nach Holzolling, hier rechts über die Naringer Straße nach Naring; großer öffentlicher Parkplatz beim Gasthaus (gebührenpflichtig, Parkgebühr wird im Gasthaus bei Verzehr erstattet)

Weitere Informationen

- *gemeinde-weyarn.de*

ERHOLUNGSOASE UND KULINARISCHER GENUSS

34

Am Irschenberg

Den Irschenberg kennen viele nur als Staufalle der Salzburger Autobahn. Dabei lohnt es sich, hier einmal abzufahren – nicht nur, um sich die Füße zu vertreten und eine herrliche Aussicht zu genießen, sondern weil der hiesige Kramerwirt auch immer einen Stopp wert ist.

Von der Südseite der Irschenberger Dorfkirche wandern wir vom Kirchplatz aus in die Stegangerstraße und folgen ihr am letzten Haus geradeaus weiter. An der nächsten kleinen Straßenkreuzung geht es dann links.

Jetzt steht uns ein kleiner Anstieg bevor, aber ein »Berg« wie der Irschenberg gehört nun mal erobert. Schnell ist das jedoch geschafft, und wir stehen am Aussichtspavillon unter dem Wasserreservoir. Die wunderbare 360°-Panoramaschau lässt keine Wünsche offen und eignet sich hervorragend für eine längere Schaurast. Gut, dass es dafür an diesem Ort auch ein paar Bankerl gibt.

Über die Felder

Danach folgen wir dem Feldweg, der direkt auf den Kirchturm von Irschenberg zuführt. Vorbei an der einsamen Linde, unter der wir noch einmal ein Bankerl finden, kommen wir so geradeaus zurück nach Irschenberg. Ein schmaler Weg führt hinter der Schulturnhalle zurück zum Kirchplatz.

Wer mit einem Rollstuhl unterwegs ist, wählt aufgrund des schmalen Wegs besser an den ersten Häusern von Irschenberg die Straße nach links. Der geteerte Aussichtsweg führt mit einer Rechtskurve zur Hauptstraße. Dieser folgen wir nur noch für wenige Schritte nach rechts und stehen dann ebenfalls wieder am Kirchplatz.

Geheimtipp

Vom Irschenberg sticht uns sofort das einsam gelegene, sehr hübsche Barockkirchlein St. Marinus ins Auge. Eine Postkartenansicht! Hinter dem Heiligen Marinus verbirgt sich viel bayerischer Lokalkolorit, und ein Besuch des Gotteshauses bringt uns seine Geschichte näher.

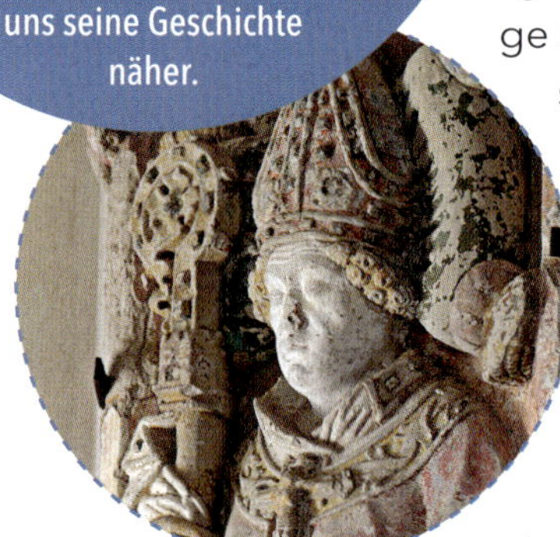

Kramerwirt

Deftig, bayerisch, ohne Schnickschnack, mit Portionsgrößen, bei denen jeder satt wird, und obendrein noch bezahlbar: Das fasst in wenigen Worten die Küche des Kramerwirts zusammen. Für alle, die sich in Bayern etwas auskennen, fügen wir noch

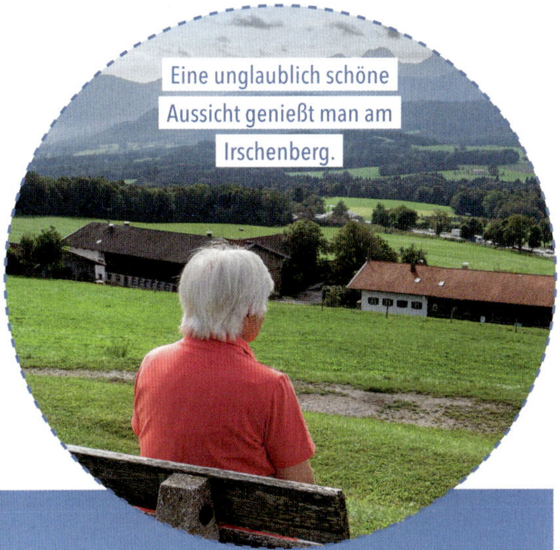

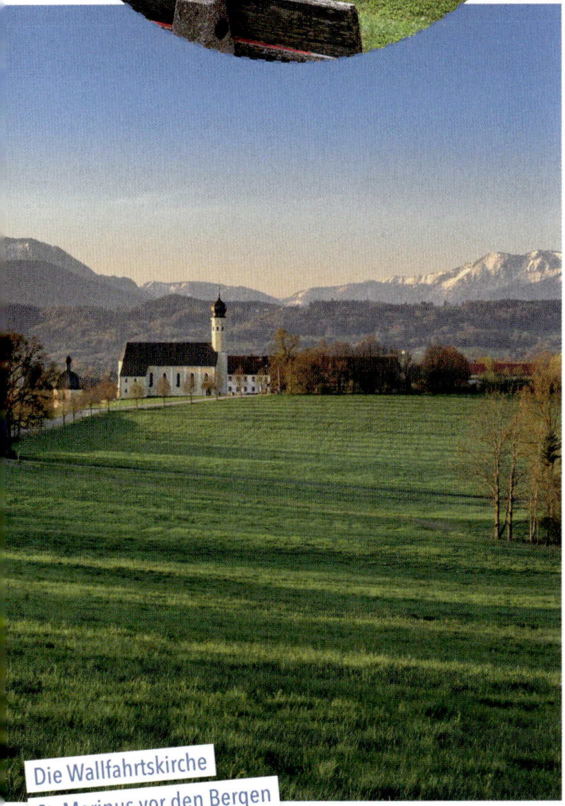

Die Wallfahrtskirche St. Marinus vor den Bergen rund um den Wendelstein

hinzu, dass beim Kramerwirt eine eigene Metzgerei angeschlossen ist, was für sich spricht. Wirtshäuser dieser Art dürfte es gern mehr in den Dörfern geben.

■ *kramerwirt-irschenberg.de*

leicht

1,5 km

20 Hm

0.30 h

Auf einen Blick

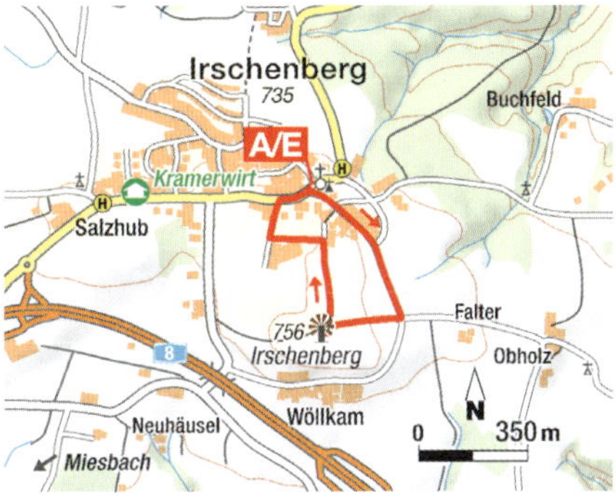

Tourencharakter

Einfacher Spaziergang auf Feldwegen und geteerten Straßen. Für Rollator und Rollstuhl gut geeignet

Ausgangs-/Endpunkt

Irschenberg, St. Johann Baptist am Kirchplatz
GPS: 47.833720, 11.919298

Anfahrt

ÖPNV: Mit dem Zug von München nach Bruckmühl oder Miesbach und weiter mit Bussen nach Irschenberg
Auto: A 8 bis Ausfahrt Irschenberg und rechts in den Ort Irschenberg hinauf; mehrere Parkplätze rund um die Kirche

Weitere Informationen

■ *tegernsee-schliersee.de/irschenberg*

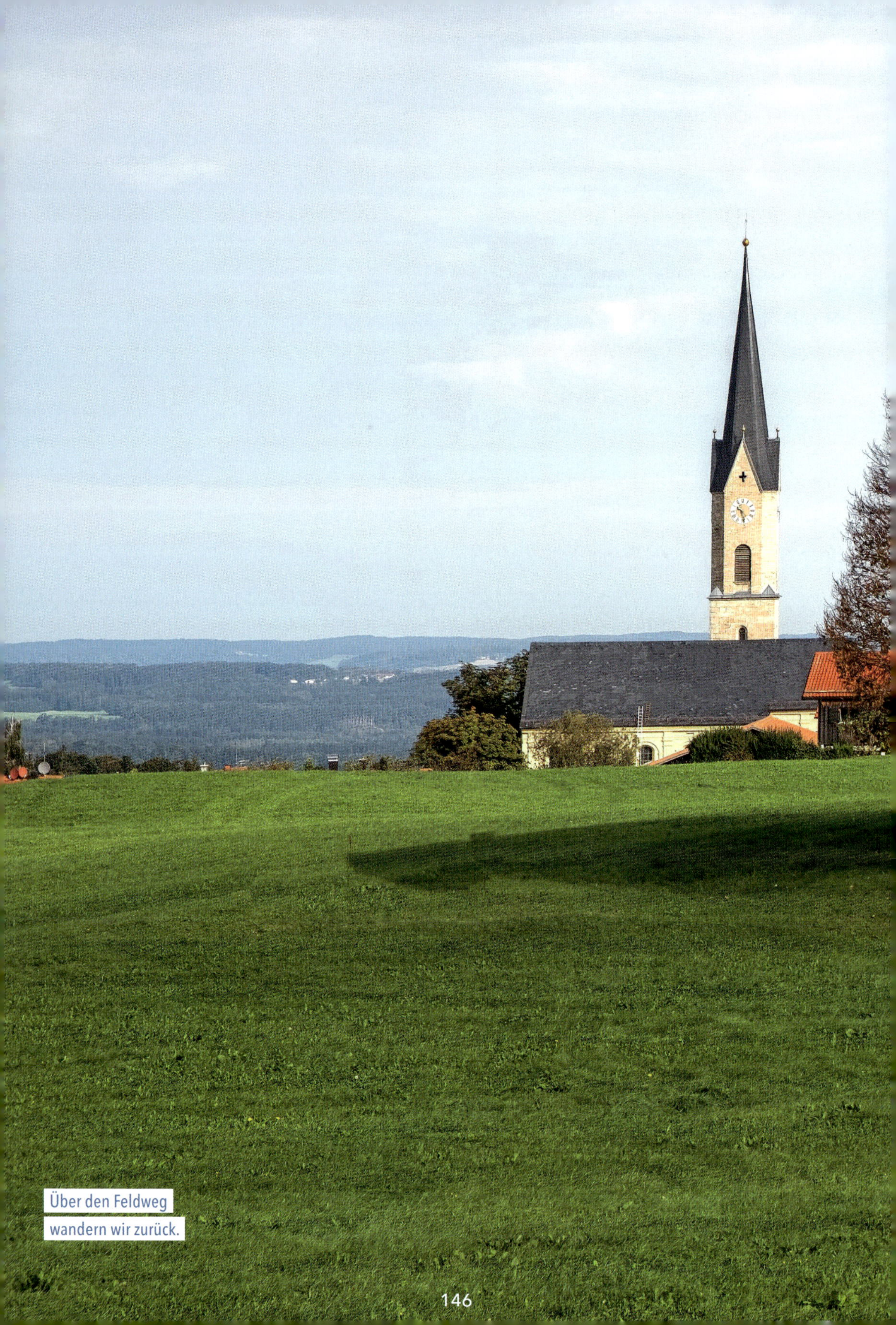

Über den Feldweg wandern wir zurück.

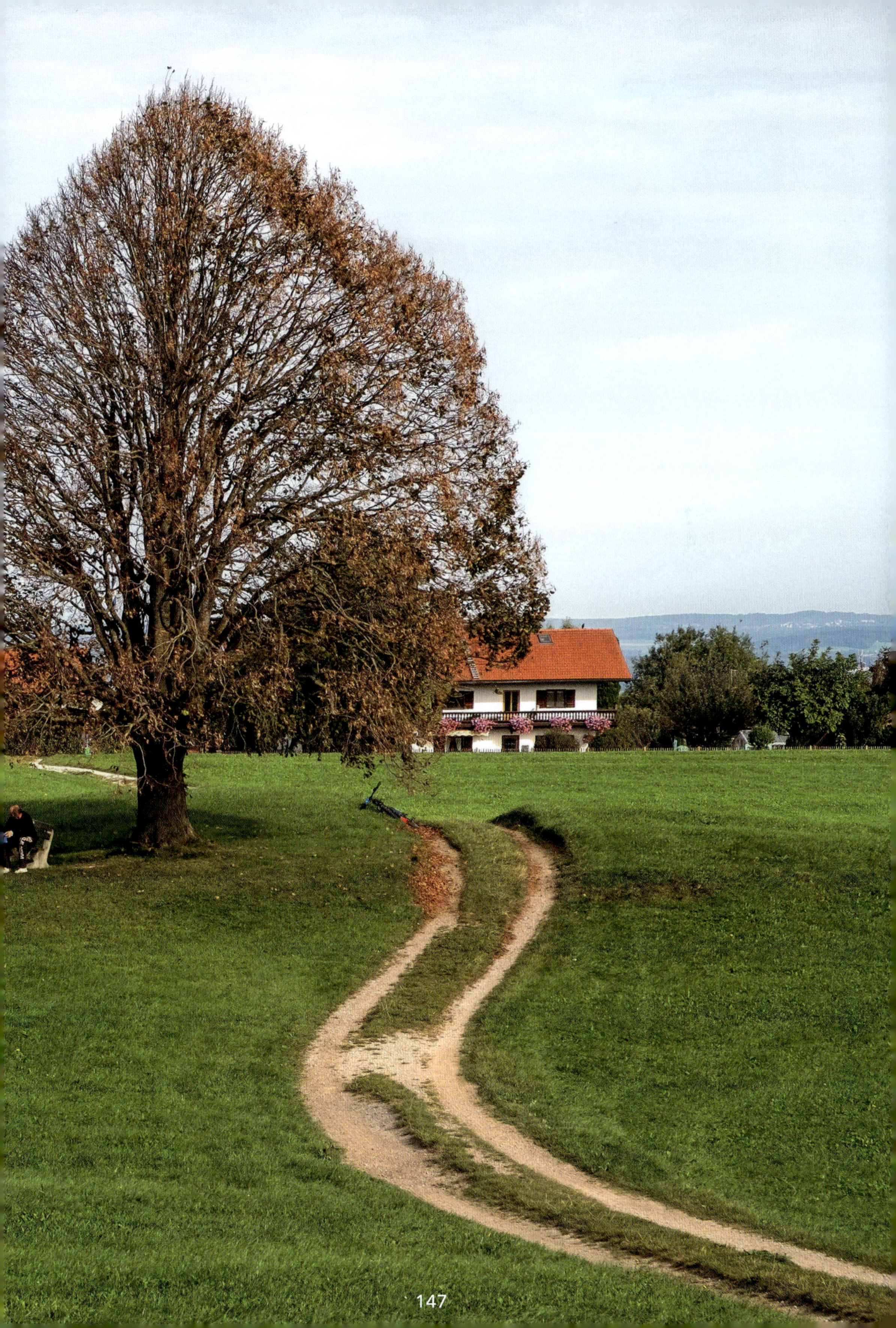

ZUM BAUERNHOFCAFÉ KRAUTHOF

35

In der Unteren Wies bei Miesbach

Untere Wies wird das Land im Dreieck zwischen Mangfall, Schlierach und Miesbach genannt. Hier gibt es kein Dorf, sondern nur große Einödhöfe, die inmitten ihrer Felder und Wiesen liegen und mit Nebensträßchen verbunden sind. Sie alle tragen ihren alteingesessenen Hofnamen, unter dem man sie kennt.

Unser Spaziergang beginnt am Krauthof, besser gesagt am Hofcafé Krauthof. Unser erstes Ziel ist die Kapelle, die uns schon bei der Anfahrt aufgefallen ist – sie steht nur gut 100 Meter vom Hof entfernt. Neben der Kapelle wurde ein Bankerl aufgestellt, und das nutzen wir schon gleich, um die Aussicht nach Süden zu genießen: Der Blick auf die Schlierseer und die Tegernseer Berge sowie auf die Zugspitze ist von hier ganz frei.

Alles für den Heiligen Magnus

Ein wenig irritiert der Heilige Magnus, dem die Kapelle geweiht ist. Dieses Patrozinium ist südlich von München sehr ungewöhnlich, denn Magnus ist eher der Schutzpatron des Allgäus. Er wurde um Hilfe gebeten, wenn das Ungeziefer auf den Feldern überhandgenommen hatte, und vor diesem Problem standen 1637 auch die Bauern in der Unteren Wies – so errichteten sie nach einem Gelöbnis dem Heiligen eine eigene Kapelle, und tatsächlich, die Plage hatte ein Ende. 1858 wurde die Kapelle renoviert, ein kleines Türmchen aufgesetzt und im Inneren ein Altar aufgestellt. Ins Zentrum des Altars stellte man das Bild des Hl. Magnus – die vier Heiligen, die ursprünglich am Altar standen, waren gestohlen worden.

Windschutz und Bauernhöfe

Von der Kapelle aus gehen wir den Hügel sachte abwärts zu einer kleinen Kreuzung, biegen dort links ab und bewundern die uralten Linden, Buchen oder Eichen, die den Weg säumen. Diese Laubbäume haben

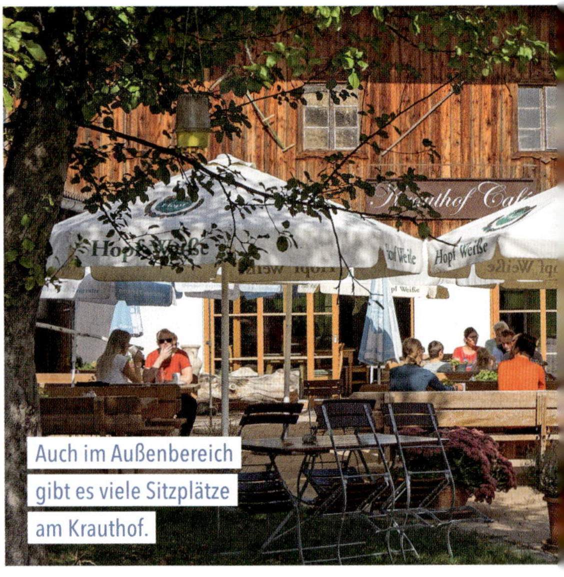

Auch im Außenbereich gibt es viele Sitzplätze am Krauthof.

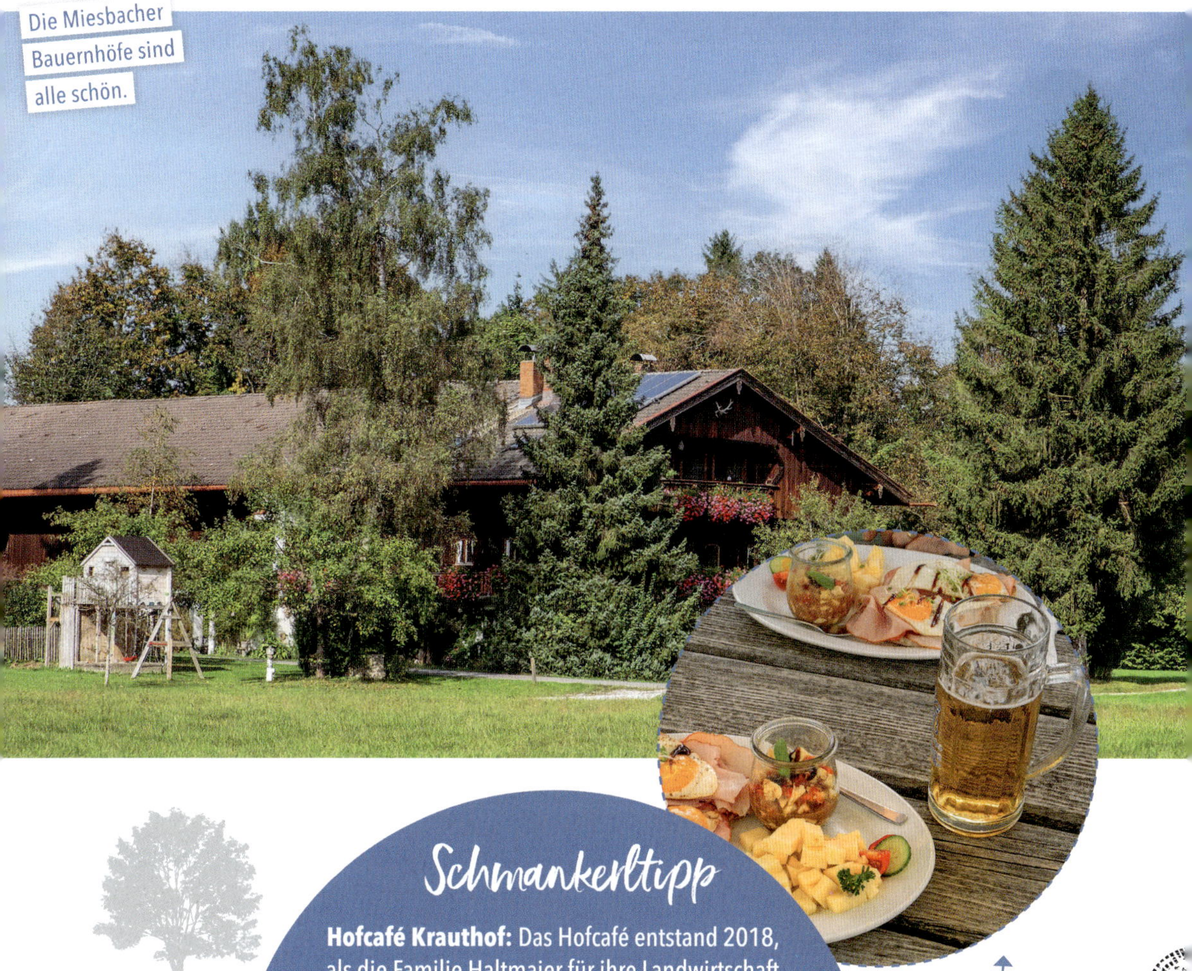

Die Miesbacher Bauernhöfe sind alle schön.

Schmankerltipp

Hofcafé Krauthof: Das Hofcafé entstand 2018, als die Familie Haltmaier für ihre Landwirtschaft einen neuen Stall bauen wollte. So wurden die alten Räume im ehemaligen Stall frei und konnten das Hofcafé aufnehmen. Hier gibt es eine unglaublich reiche Auswahl an selbst gebackenen Kuchen und Torten, sogar das Schmalzgebackene wurde nicht vergessen. Wer es gern herzhafter mag, bekommt zum Tegernseer Bier Speck-, Käse- oder Brotzeitbrettl bzw. kleine Gerichte wie überbackene Brote gereicht. Auch Fleischloses und Veganes wird serviert (ganzjährig geöffnet Mi–So 9–18 Uhr).
■ *servus-schliersee.de/essen-und-trinken/hofcafe-krauthof*

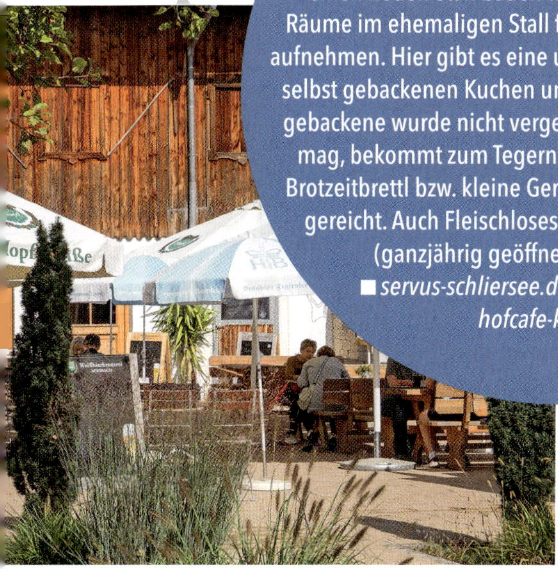

leicht

2,2 km

10 Hm

0.30 h

Auf einen Blick

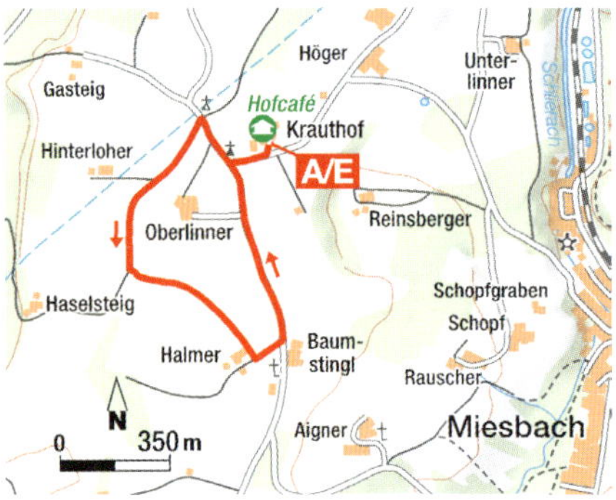

Tourencharakter
Einfacher, kurzer Spaziergang auf kleinen, geteerten Nebenstraßen mit wenig Verkehr. Für Rollator und Rollstuhl gut geeignet

Ausgangs-/Endpunkt
Hofcafé Krauthof bei Miesbach
GPS: 47.80257, 11.81118

Anfahrt
ÖPNV: nicht möglich
Auto: Von Bad Tölz auf der B 472 Ri. Miesbach, kurz vor Miesbach in Schweinthal links ab und der Beschilderung »Hofcafé Krauthof« folgen; ausreichend Parkplätze vorhanden

Weitere Informationen
■ *miesbach.de*

Geheimtipp

Miesbach, die heimliche Hauptstadt des bayerischen Oberlands, ist unbedingt einen Besuch wert, denn das kleine Städtchen strahlt eine unheimliche Lebendigkeit aus. Rund um den Maibaum gibt es Wirtshäuser, Trachtenläden und den Wochenmarkt zu entdecken.

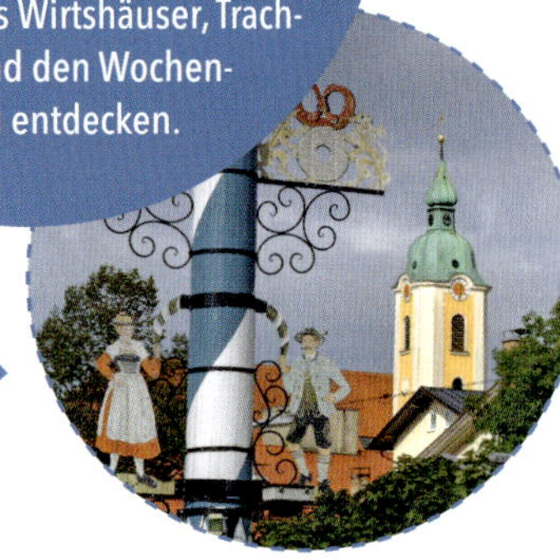

einen tieferen Sinn: Sie bremsen den Wind aus, der sich hier in der Höhe recht kräftig entwickeln kann, und sorgen damit für ein verbessertes Lokalklima.

Rechts vor uns taucht der Haselhof auf, an ihm vorbei würden wir in das Mangfalltal absteigen können. Doch vorher verzweigt sich unser Weg – wir biegen links ab und gehen, wieder begleitet von alten Bäumen, leicht aufwärts zum Halmer Hof. Er stammt von 1777 und ist, zumindest nach kunsthistorischer Meinung, einer der schönsten Höfe in der Unteren Wies. Wir erreichen eine querende Fahrstraße am Hof Baumstingel und damit eine kleine Bank neben einer Bildsäule, die ein Bild der Muttergottes und des Hl. Georg in naiver Malerei ziert.

Nach der Rast folgen wir der Straße nach links und erreichen über die Wiesen bald den Krauthof, wo uns das Hofcafé zur Einkehr lockt.

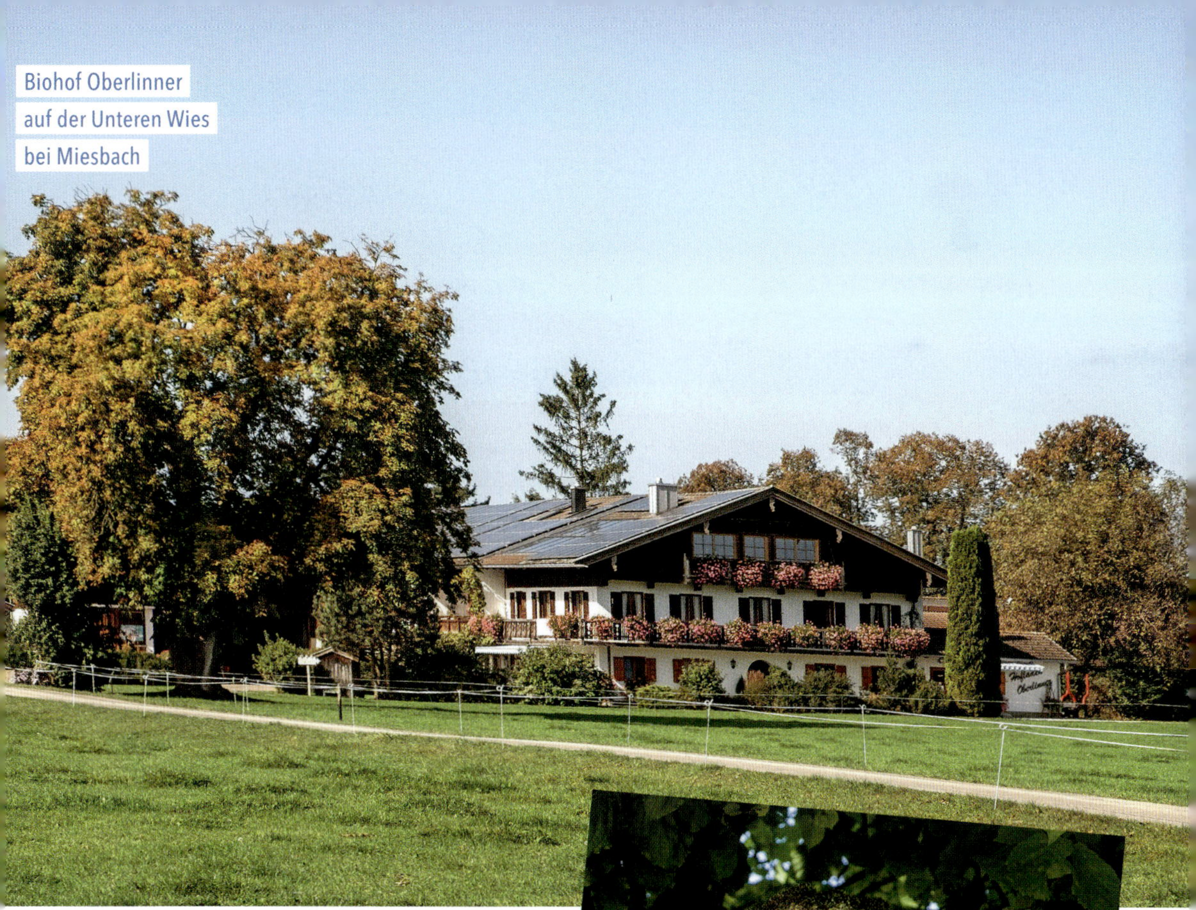

Biohof Oberlinner auf der Unteren Wies bei Miesbach

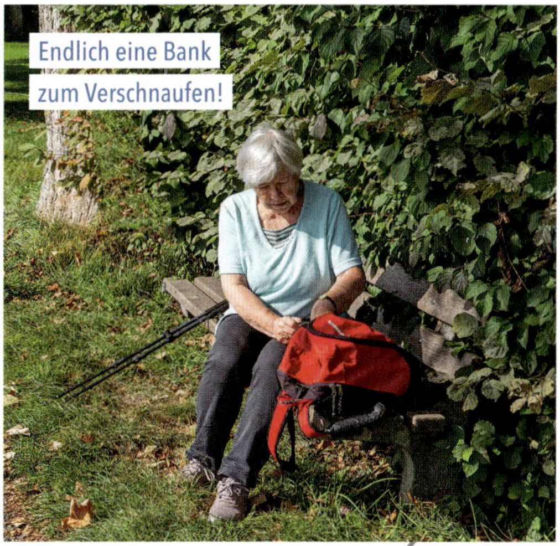

Endlich eine Bank zum Verschnaufen!

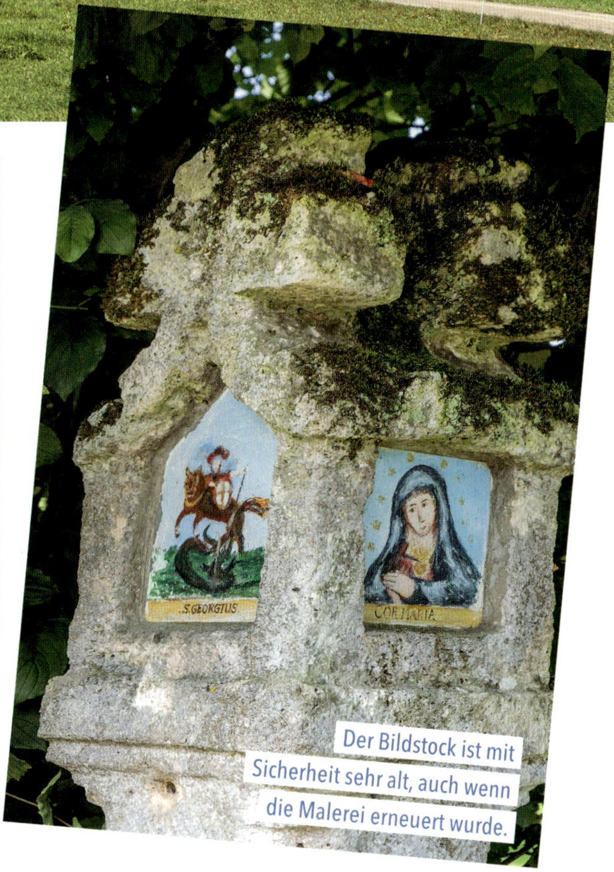

Der Bildstock ist mit Sicherheit sehr alt, auch wenn die Malerei erneuert wurde.

Sommerfeeling am Schliersee

36

Zur Rixneralm

Sommer am See, Badesachen im Rucksack, Zeit haben und von der Aussicht nie genug bekommen – so fühlt sich ein Tag am Schliersee an. Also nichts wie los und auf zu einer kleinen Wanderung entlang des Südufers zur Rixneralm.

Der Bahnhof von Fischhausen/Neuhaus am Schliersee ist unser Ausgangspunkt. Wir gehen auf der Wendesteinstraße nach Westen und unterqueren dann nach rechts die Bahngleise. Dahinter folgen wir der Linkskurve der Straße, die uns nun leicht abwärts zu den Bauernhöfen von Fischhausen bringt.

Zur Alm am See

Wo sich die Straße gabelt, halten wir uns rechts und erreichen weiter abwärts den Schliersee mit seinem Badestrand. Den herrlichen, von Bäumen leicht beschatteten Platz merken wir uns für den Rückweg vor, denn zunächst gehen wir noch nach links auf dem Seeuferweg (Westerbergstraße) weiter. Mit bester Aussicht über den See wandern wir nun nach Norden und erreichen recht schnell die Rixneralm, die minimal erhöht über dem Uferweg liegt.

Geheimtipp

Wer in Fischhausen am Bahnhof auf den Zug wartet, sollte unbedingt im Café La Stazione vorbeischauen – hier fühlt man sich wie in eine italienische Bar versetzt: Die Kaffeemaschine zischt, der Cappuccino duftet, die belegten Tramezzini schmecken lecker, und das Glas Aperol dazu sorgt für ganz viel »emozioni« unweit des Lago di Schliersee!

■ *servus-schliersee.de/essen-und-trinken/la-stazione*

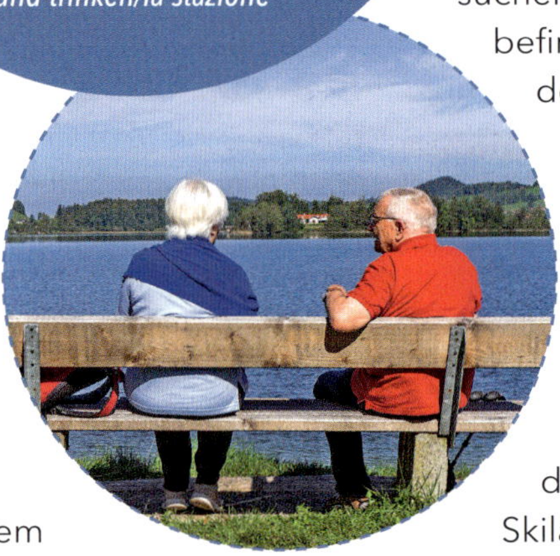

Zusatzprogramm am Rückweg

Nach der Einkehr wandern wir auf dem Hinweg zurück, wobei wir jetzt die Badesachen auspacken oder einen Abstecher zur einsam stehenden Wallfahrtskirche von Fischhausen unternehmen können. Sie ist das Ziel der alljährlich im November stattfindenden Leonhardifahrt am Schliersee. Wer noch etwas mehr Zeit hat, kann zusätzlich das Markus-Wasmeier-Museum besuchen – dessen Eingang befindet sich ganz in der Nähe des Bahnübergangs an der B 307. Das private Freilichtmuseum, das einem altbayerischen Dorf nachempfunden ist, wurde von dem ehemaligen Skiläufer mit viel Herzblut errichtet.

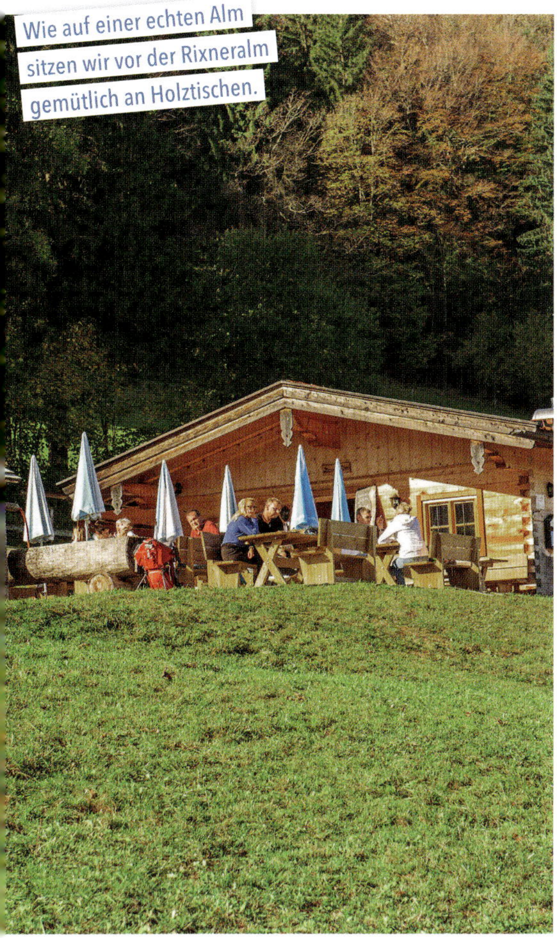

Wie auf einer echten Alm sitzen wir vor der Rixneralm gemütlich an Holztischen.

Schmankerltipp Rixneralm

Ursprünglich war die Alm eine Winterstube für Holzknechte, die sich hier nach getaner Arbeit aufwärmen konnten. Das alte Gebäude wurde jedoch irgendwann baufällig und durch den heutigen Neubau ersetzt – zur Freude vieler Wanderer, die die Rixneralm meist im Zuge einer Seeumrundung ansteuern. Hier werden verschiedene Brotzeiten und selbst gemachte Kuchen angeboten, darunter im Herbst auch Topfenstriezel und Auszogne, ein bayerisches Schmalzgebäck. Im Winter gibt's Suppen und Glühwein (Achtung, die Alm schließt schon um 17 Uhr! Mo/Di Ruhetage).

■ *rixnerhof.de/rixneralm*

leicht | 3,6 km | 30 Hm | 1 h

Auf einen Blick

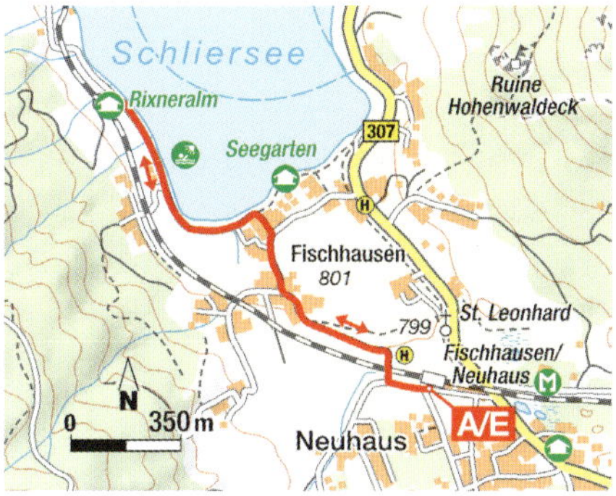

Tourencharakter
Kurzer Spaziergang über anfangs leicht abfallendes Gelände. Für Rollator und Rollstuhl gut geeignet, der Weg ist geteert. Der Rückweg verläuft auf dem Hinweg. Im Sommer Badesachen nicht vergessen

Ausgangs-/Endpunkt
Schliersee, Bahnhof Fischhausen/Neuhaus
GPS: 47.705838, 11.874086

Anfahrt
ÖPNV: Mit der BRB zum Schliersee bis Bahnhof Fischhausen/Neuhaus
Auto: A 8 bis Ausfahrt Weyarn, weiter über Miesbach (B 307) und Hausham nach Schliersee und am Ufer entlang nach Fischhausen am Südende des Sees; Parkplätze am Bahnhof

Weitere Informationen
■ *schliersee.de*

SPAZIERGANG MIT VIEL BERGGEFÜHL

37

Zur Wirtsalm

In einem kleinen Wiesentalkessel inmitten der weiten Wälder auf der Nordseite des Wendelsteins liegt die Wirtsalm. Von hier ergeben sich schöne Aussichten auf Breitenstein, Farrenpoint und Mitterberg – viel Berggefühl ist also garantiert, und das bei einem kurzen Anmarschweg, der für jeden zu schaffen ist.

Den Weg zur Wirtsalm kann man als Spaziergang an der frischen Luft bezeichnen. Und die ist wunderbar klar und sauber, genau so, wie sie am Berg sein soll. Doch erwartet uns dabei eben keine Bergtour: Die Wirtsalm erreicht man mit wenig Aufwand, aber mit größtmöglichem Berggefühl.

Mitten durchs Almgebiet

Wir beginnen unseren Spaziergang am Wanderparkplatz Oberes Jenbachtal und folgen ein kurzes Stück der Almstraße, die ab hier für den öffentlichen Verkehr gesperrt ist. Wo die Straße sich teilt, halten wir uns rechts über die Almwiesen. War man während der Auffahrt noch größtenteils im Wald unterwegs, spazieren wir nun durch ein weites Almgebiet. Die mächtige Hochsalwand vor uns lässt den Wendelstein mit seinen Antennen eben noch dahinter hervorspitzen.

Auf dem Wiesengelände, in dem locker verteilt einzelne Bäume und Büsche stehen, finden wir zwei schöne Bankerl, an denen wir rasten und vor allem die Almwiese bestaunen können, die zu jeder Jahreszeit anders aussieht und viel Leben in sich birgt.

Geheimtipp

Bad Feilnbach ist auch für seine Moorflächen und das große Obstanbaugebiet bekannt. Im Frühjahr verwandelten sich daher die Streuobstwiesen rundum in ein rauschendes weißes Blütenmeer. Im Moor können wir übrigens auch ganz bequem und flach wandern gehen – ein schönes Ziel ist dabei z. B. das Café Moosmühle.

■ *cafe-moosmuehle.de*

Wenig Aufwand, große Wirkung

Noch einmal geht es in den Wald hinein, neben uns plätschert friedlich der Jenbach dahin. Wir passieren die Abzweigung zur Hillsteineralm an einer Brücke, und kurz danach gäbe es einen Abkürzer (Schild zur Wirtsalm) über einen Pfad aufwärts. Wer gut zu Fuß ist, kann diesen Weg benutzen. Er führt kurz, aber knackig zu unserem Ziel. Wer es bequemer haben möchte, folgt der Zufahrtsstraße noch etwa 150 Meter weiter und biegt dann rechts ein, um ebenfalls gleich darauf die Wirtsalm zu erreichen. Mit Kaffee und Kuchen

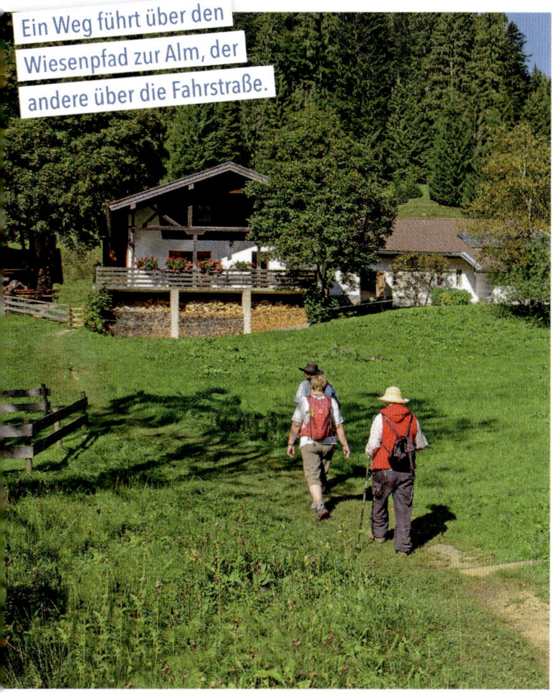

Ein Weg führt über den Wiesenpfad zur Alm, der andere über die Fahrstraße.

verwöhnt, registrieren wir hier einmal mehr: Auch wenig Aufwand kann zu großem Erfolg führen!

So genießen wir den Blick auf die Berglandschaft rundum und die kulinarischen Genüsse der Alm ausgiebig, ehe wir dann wohl oder übel unsere Plätze wieder freigeben und uns auf den Rückweg machen, und zwar auf demselben Weg, den wir auch gekommen sind.

Schmankerltipp Wirtsalm

Inmitten einer Almwiese liegt im oberen Jenbachtal unterhalb des Wendelsteins die Wirtsalm, die bereits vor gut 100 Jahren als Ausflugsziel sehr beliebt war. Dazu trug wohl auch die 1897 neu eröffnete Lokalbahn Bad Aibling–Bad Feilnbach bei, die es heute nicht mehr gibt. Die Wirtsalm hat je nach Witterung von Mitte Mai bis September geöffnet (Achtung, keine Kartenzahlung!).

■ *wirtsalm.de*

leicht | 3,5 km | 60 Hm | 1.15 h

Auf einen Blick

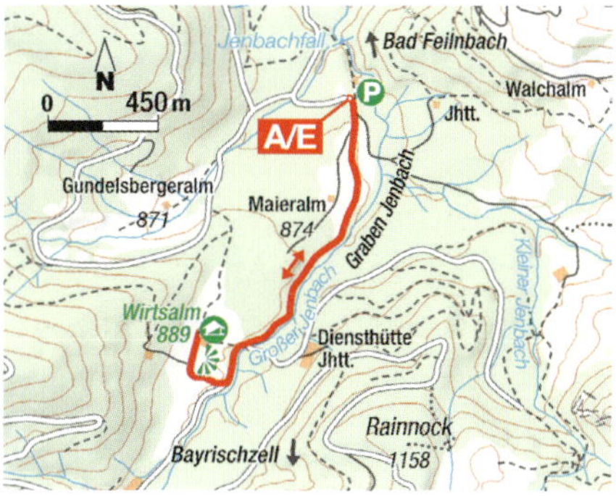

Tourencharakter

Einfache Tour auf bequemen, breiten Almwegen. Für Rollator und Rollstuhl geeignet, die ungeteerte Wege befahren können. Nur wenige, sanft ansteigende Höhenmeter

Ausgangs-/Endpunkt

Bad Feilnbach, Wanderparkplatz Oberes Jenbachtal
GPS: 47.73815, 12.01700

Anfahrt

ÖPNV: Nur eingeschränkt möglich – mit dem Zug nach Bad Aibling, weiter mit dem Bus nach Bad Feilnbach und von dort mit einem Taxi zum Wanderparkplatz
Auto: A 8 bis Ausfahrt Bad Aibling, weiter nach Bad Feilnbach, dort von der Hauptstraße (Kufsteiner Straße) in die Wendelsteinstraße und über das Bergsträßchen bis zum Wanderparkplatz

Weitere Informationen

■ *bad-feilnbach.de*

Register

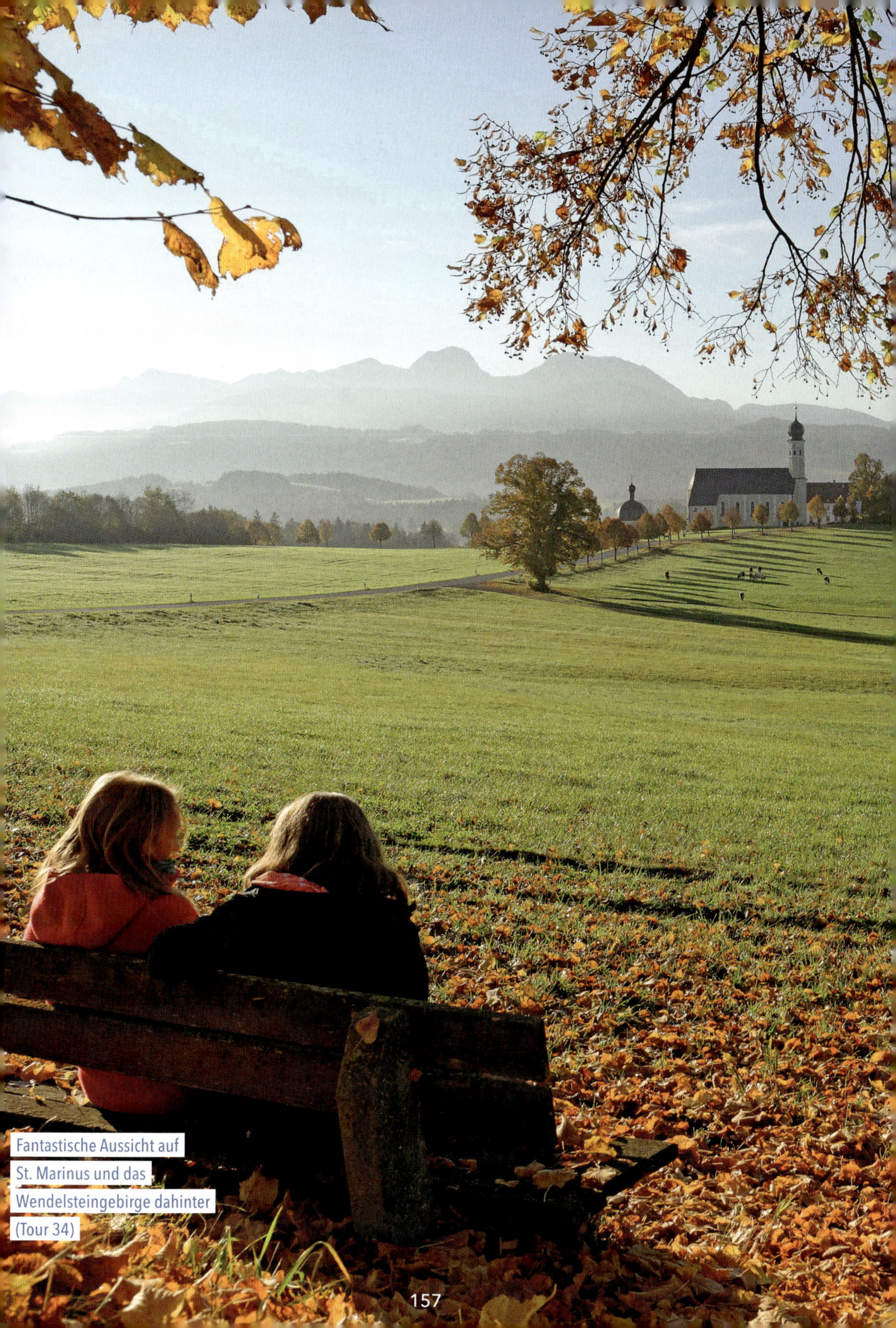

Fantastische Aussicht auf St. Marinus und das Wendelsteingebirge dahinter (Tour 34)

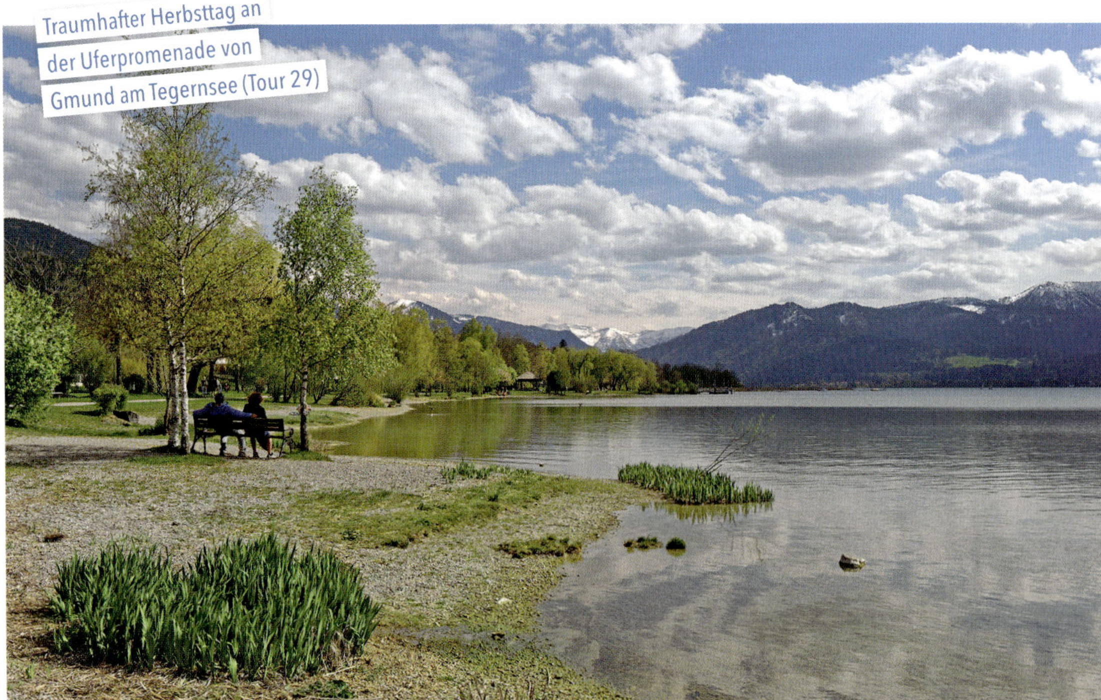

Traumhafter Herbsttag an der Uferpromenade von Gmund am Tegernsee (Tour 29)

Ebenfalls erhältlich ...

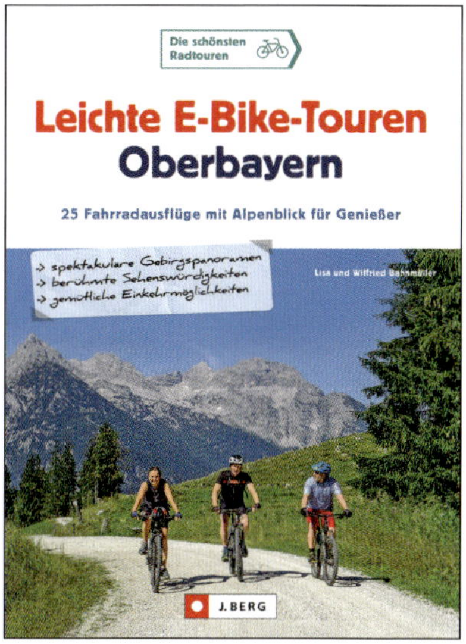

ISBN 978-3-86246-764-8

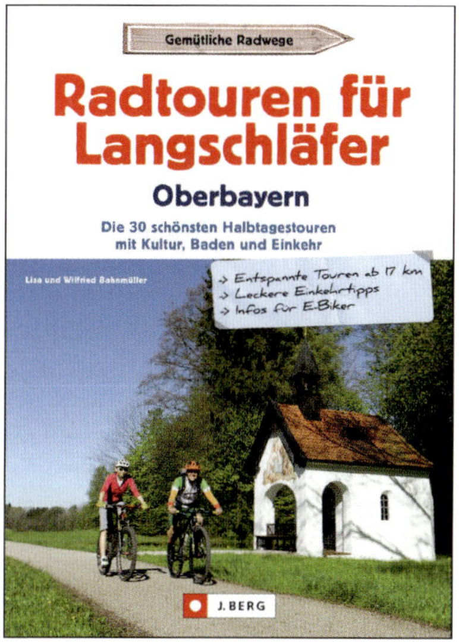

ISBN 978-3-86246-701-3

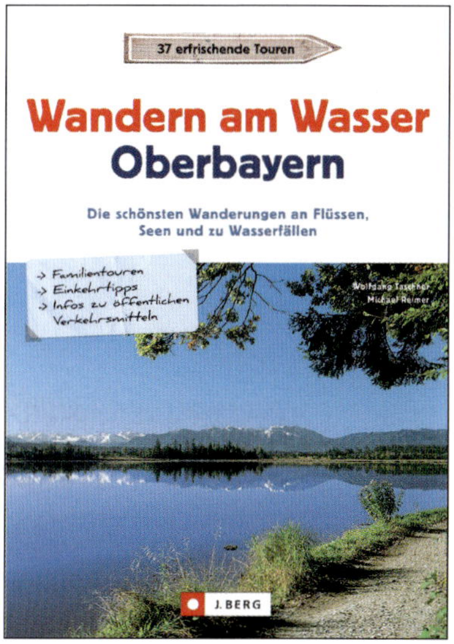

ISBN 978-3-86246-045-8

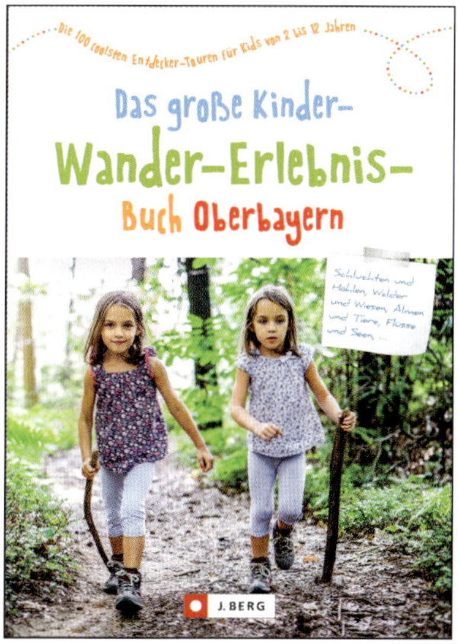

ISBN 978-3-86246-777-8

J. BERG

www.j-berg-verlag.de

Impressum

Verantwortlich: Sabine Klingan
Redaktion: Anette Späth
Umschlaggestaltung: Ina Zimmermann, Mathias Frisch
Layoutgestaltung: Anna Lena Ibis
Layout: Eva-Maria Klaffenboeck
Repro: LUDWIG:media
Herstellung: Bettina Schippel

Printed in Poland by CGS Printing

★★★★★

Sind Sie mit diesem Titel zufrieden? Dann würden wir uns über Ihre Weiterempfehlung freuen. Erzählen Sie es im Freundeskreis, berichten Sie Ihrem Buchhändler oder bewerten Sie bei Onlinekauf. Und wenn Sie Kritik, Korrekturen, Aktualisierungen haben, freuen wir uns über Ihre Nachricht an den J. Berg Verlag, Postfach 40 02 09, D-80702 München oder per E-Mail an lektorat@verlagshaus.de

Unser komplettes Programm finden Sie unter: www.j-berg-verlag.de

In diesem Buch wird aus Gründen der besseren Lesbarkeit das generische Maskulinum verwendet. Weibliche und anderweitige Geschlechteridentitäten werden dabei ausdrücklich mitgemeint, soweit es für die Aussage erforderlich ist.

Bildnachweis
Alle Bilder im Innenteil und auf der Umschlagrückseite stammen von den Autoren.
Illustrationen: Bankerl: shutterstock/Zdenek Sasek; Bergsilhouette: Adobe Stock; Bäume: shutterstock/akr11_ss; Brotzeit: shutterstock/bioraven; Kuchen: shutterstock/Prokhorovich; Vögel: shutterstock/Yurchenko Yulia; Wiese: shutterstock/barberry; Blumenstängel: shutterstock/alisun18;
Alle anderen (Bank mit Vogel, Bus, Fernglas, Fußspuren, Kompass, Mantel, Taschenlampe): www.freepik.com
Umschlagvorderseite: Paar auf einer Bank am Kochelsee (Tour 22): shutterstock/footageclips
Umschlagrückseite: Rixneralm (Tour 36)

Die Deutsche Nationalbibliothek verzeichnet diese Publikation in der Deutschen Nationalbibliografie; detaillierte bibliografische Daten sind im Internet über http://dnb.d-nb.de abrufbar.

Infanteriestraße 11a
80797 München

ISBN 978-3-86246-932-1